"Sou tentado a dizer que este não é um livro comum. Em uma cultura que se extasia com cada realização e idolatra muitos que se destacam, é fácil a igreja beber do mesmo elixir inebriante e delirar com as exceções talentosas. Como é agradável ler um livro que procura localizar a maturidade espiritual e teológica na fé e obediência comuns, nos relacionamentos corriqueiros, no serviço cotidiano, em pastores ordinários. Michael Horton não pretende depreciar os crentes com dons excepcionais, mas adverte corretamente contra erguer monumentos a eles — santuários que nos cegam à glória do evangelho que opera no fiel discipulado da vida cristã 'corriqueira', santuários que nos fazem esquecer que servimos a um Deus que não dará a outro a sua glória. É muito triste que precisemos de um livro assim; este livro, que trata bem e com sabedoria do problema é, francamente, extraordinário".

— **D. A. Carson, Professor Pesquisador de Novo Testamento,** *Trinity Evangelical Divinity School*

"Simplesmente Crente, de Michael Horton, é bem extraordinário. Pode ser descrito de muitas formas, uma delas a seguinte: um chamado para amar a Deus e ao próximo com liberdade e graça, na vizinhança em que você vive, com os dons e talentos (e pontos fracos!) que já possui. Heróis espirituais não precisam se candidatar".

— **Mark Galli, Editor,** *Christianity Today*

"Numa era de 'radicais' que sempre nos prometem a última "melhor coisa", Michael Horton aponta de forma sábia e atraente a fidelidade de Deus nos meios comuns de graça. Em uma época em que todo mundo parece ter começado uma ONG que vai transformar o mundo, Horton nos lembra da alegria encontrada nas congregações comuns, simples, não notadas, onde habita o Espírito. Em uma época onde parece que todo mundo está escrevendo suas memórias, Horton nos mostra que Deus se compraz de vidas que se importam, calma e fielmente, pelas almas perdidas. Esqueçam o próximo Grande Passo. Deus está trabalhando em coisas pequenas e boas".

— **James K. A. Smith,** *Gary & Henrietta Byker Chair in Applied Reformed Theology & Worldview, Calvin College*

MICHAEL HORTON

SIMPLESMENTE CRENTE
POR UMA VIDA CRISTÃ COMUM

H823s Horton, Michael Scott
Simplesmente crente : por uma vida cristã comum / Michael Horton ; [tradução: Elizabeth Gomes]. – São José dos Campos, SP : Fiel, 2016.

313 p.
Inclui referências bibliográficas.
Tradução de: Ordinary: sustainable faith in a radical restless world.
ISBN 9788581323404

1. Vida cristã. I. Título.

CDD: 248.4

Catalogação na publicação: Mariana C. de Melo Pedrosa – CRB07/6477

SIMPLESMENTE CRENTE:
por uma vida cristã comum

Traduzido do original em inglês
Ordinary: Sustainable Faith
in a radical restless world
por Michael Horton

Copyright © 2014 by Michael S. Horton

■

Publicado originalmente por
Zondervan
3900 Sparks Dr. SE,
Grand Rapids, Michigan 49546

Copyright © 2015 Editora Fiel
Primeira edição em português: 2016

Todos os direitos em língua portuguesa reservados por Editora Fiel da Missão Evangélica Literária

PROIBIDA A REPRODUÇÃO DESTE LIVRO POR QUAISQUER MEIOS, SEM A PERMISSÃO ESCRITA DOS EDITORES, SALVO EM BREVES CITAÇÕES, COM INDICAÇÃO DA FONTE.

Versão bíblica utilizada Almeida Revista e Atualizada da Sociedade Bíblica do Brasil

■

Diretor: Tiago J. Santos Filho
Editor: Tiago J. Santos Filho
Tradução: Elizabeth Gomes
Revisão: Márcia Gomes e Lege Publicações
Diagramação: Rubner Durais
Capa: Rubner Durais
ISBN: 978-85-8132-340-4

Caixa Postal 1601
CEP: 12230-971
São José dos Campos, SP
PABX: (12) 3919-9999
www.editorafiel.com.br

SUMÁRIO

Agradecimentos 7

Prefácio 9

PARTE UM: RADICAL E INQUIETO

1 – O novo radical 17

2 – Corriqueiro não é o mesmo que medíocre 43

3 – Jovens e inquietos 69

4 – A próxima grande coisa 101

5 – Ambição: como um vício se tornou uma virtude 131

6 – Praticar o que pregamos: não temos mais superapóstolos 157

PARTE DOIS: ORDINÁRIO E CONTENTE

7 – Contentamento 187

8 – Não precisamos de mais um herói 227

9 – O ecossistema de Deus 251

10 – Pare de sonhar e ame o próximo 281

11 – Depois do corriqueiro: antevendo a revolução 301

AGRADECIMENTOS

Tenho uma dívida especial com meus editores na Zondervan, Ryan Pazdur e Verlyn Verbrugge, pela forma final deste livro. No decorrer do processo, o manuscrito foi aprimorado pela sabedoria e sagacidade de uma grande amiga, Judith Riddell, ainda que as fraquezas que restaram não devam ser a ela imputadas. Como sempre, sou grato ao Senhor por minha esposa e filhos, que tornam especial aquilo que é corriqueiro, e aos pastores Michael Brown e Zachary Keele por sua dedicação aos meios comuns de graça.

Prefácio
OS SOLDADOS DESCONHECIDOS DE CRISTO

> *Se você ler a história, descobrirá que os cristãos que mais fizeram pelo mundo presente foram precisamente aqueles que mais pensaram no mundo vindouro.*
> C. S. Lewis

Em uma visita a Portugal, há alguns anos, dirigi até um de meus pontos favoritos, na região de Leiria: o mosteiro dominicano de Batalha. Uma construção fascinante, que teve início no século XIV, tendo alcançado a forma atual dois séculos depois e que, no melhor e mais opulento estilo gótico, nunca chegou a ser concluída. Seu teto altíssimo, com as abóbadas arqueadas e uma fileira de longas colunas de mármore rústico, faz o sujeito que entra ali sentir-se pequeno, numa clara e intencional alusão à pequenez do homem diante de Deus. A iluminação vem de fora e de cima e se vê pelos imensos vitrais coloridos, repletos de motivos bíblicos, representando bem o espírito daquele período, no qual as histórias das Escrituras eram ensinadas pela arte pictórica, apelando aos sentidos e imaginação mais que ao discernimento e intelecto, os quais, afinal, é que orientam os verdadeiros afetos da fé. Mas divago. Algo que parecia fora de lugar naquele edifício fantástico me chamou a atenção, numa sala que visitei, localizada no claustro do mosteiro. Nela há aquilo que os portugueses chamaram de "memorial ao soldado desconhecido". De cada lado de uma lápide com dizeres em homenagem a soldados mortos em batalha, permanecem em pé, arma em punho, farda alinhada, dois soldados portugueses, que guardam aquele local diuturnamente. Aquela era uma forma de homenagear a memória de heróis anônimos que empunharam o gládio em defesa de sua pátria. Achei aquilo formidável.

Muitas nações têm adotado esse procedimento, como o Reino Unido, que faz sua homenagem aos soldados mortos na Primeira Grande Guerra na Abadia de Westminster, e a França, que mantém em seu famoso Arco do Triunfo um memorial aos soldados franceses que deram sua vida pela nação. No Brasil, esse mesmo tipo de homenagem se encontra na cidade do Rio de Janeiro, no "Monumento Nacional em Homenagem aos Mortos na Segunda Guerra Mundial".

Isso me fez refletir um pouco sobre os heróis da fé cristã.

O apóstolo Paulo fala da igreja como um edifício, que tem em Cristo sua pedra angular e que exibe a multiforme sabedoria de Deus a este mundo caído. Jesus disse a Pedro que a Igreja dele avançaria e que as portas do inferno não prevalecerão sobre ela. Ele lembra que o reino de Deus é formado por grandes e pequenos, por trabalhadores, obreiros, chamados para edificar

Prefácio

o grande edifício; para lavrar o campo, plantar e ceifar; súditos de um reino em expansão, um reino que cresce e avança, no curso da história.

Nesses dois mil anos de fé cristã, miríades de milhares de incontáveis servos de Deus serviram na edificação do reino de Jesus Cristo. Muitos desses homens marcaram a história e serviram – e ainda servem – de referência para gerações posteriores. Os grandes homens de Deus do passado, os heróis da fé cristã, deixaram para a posteridade o legado de suas ideias, seus feitos e suas vidas. Eles, de alguma maneira, são como marcadores da história, estacas, os quais, com sua trajetória, ajudam a preservar também a história de seu tempo, de sua geração e os costumes daquela época.

Mas o reino é muito maior do que esses grandes heróis.

Jesus Cristo mesmo fala dos pequeninos, daqueles que com singelos gestos e dedicação integral, cooperam na edificação de seu reino (Mc 9.33-37; 10.42-45). Muitos deles são como o "soldado desconhecido": lutam pela fé, pregam o evangelho, ensinam com fidelidade, vivem vidas piedosas, servem a igreja de Cristo, e, todavia, sua história não é registrada, sua biografia não é escrita e não são conhecidos por ninguém.

São esses homens e mulheres, cristãos fiéis que vão estendendo o reino de Deus ao longo da história e que dedicam suas vidas em vilas insignificantes, cidades pequenas, lugares hostis, nas selvas, rios e mares. Ah, como Deus tem usado seus "soldados desconhecidos", para expandir seu grande jardim nesta terra, para usar a linguagem de Horton neste livro.

Horton aqui lembra que não é preciso ser extraordinário, espetacular ou grandioso para se viver uma vida cristã robusta, cheia de significado e alegria diante de Deus e do próximo. A sociedade de nossos tempos vai na contramão dessa ideia. Chega a ser extenuante viver em mundo tão competitivo e com desafios cada vez mais altos e insuperáveis, e é trágico constatar que essa tendência afeta a igreja cristã bem no seu cerne. Experiências espetaculosas, milagres extraordinários, superapóstolos, pastores celebridades, eventos hollywoodianos, teólogos e teologia de rede social e internet, enfim, todas essas coisas parecem fazer o frequentar os cultos dominicais e o viver a vida comum da igreja – ou o que é chamado de "chão de igreja" - uma coisa apática e insossa.

Este é um livro que chega na hora certa e que fala a todos os que são *simplesmente crentes* e percebem que é neste lugar, o lugar da humildade, do cumprimento da vocação, do contentamento, das coisas simples e boas da rotina familiar que Deus faz crescer o seu jardim, de modo que toda glória seja do jardineiro.

São José dos Campos, 25 de Janeiro de 2016.

Tiago J. Santos Filho[1]

---

1 Tiago José dos Santos Filho é membro da equipe pastoral da Igreja Batista da Graça, em São José dos Campos, SP; diretor pastoral do seminário Martin Bucer e editor-chefe da Editora Fiel.

Parte Um
RADICAL E INQUIETO

Capítulo 1
O NOVO RADICAL

Radical. Épico. Revolucionário. Transformador. Impactante. Mudança de vida. Máximo. Extremo. Incrível. Emergente. Alternativo. Inovador. Na crista da onda. O próximo grande sucesso. Manchete explosiva.

É provável que você consiga acrescentar à lista de adjetivos que, ironicamente, se tornaram parte das conversas *comuns* na sociedade e na igreja de hoje. A maioria de nós ouve expressões assim com tanta frequência que elas se tornaram ruídos de fundo. Nos desligamos, duvidando inconscientemente do que está sendo oferecido por ter se tornado tão previsivelmente comum. Como dizia minha professora de gramática: "Se toda frase que você fizer tiver um ponto de exclamação ou todo verbo estiver em negrito, nada ficará destacado".

Para prender — e manter — nossa atenção, tudo tem de ter ponto de exclamação. Estamos acostumados a sempre procurar, inquietos, algo novo, o mais recente e melhor, a ideia, o produto, a pessoa ou a experiência que resolverá nossos problemas, nos dará algum propósito na vida, e mudará o mundo. Embora as propagandas possam nos perturbar um pouco, estamos sempre dispostos a levar o nosso achado "a um nível totalmente novo".

"Corriqueira" com certeza é uma das palavras mais solitárias do nosso vocabulário hoje em dia. Quem quer um adesivo de carro que anuncia às pessoas que "Meu filho é um aluno comum na Escola de Primeiro Grau Riacho Borbulhante". Quem deseja ser aquela pessoa simples que vive numa cidade comum, é membro de uma igreja normal, igual às outras, tem amigos nada especiais e trabalha num emprego maçante? Nossa vida tem de *valer à pena*! Temos de deixar nossa marca, nosso legado, fazer diferença. Tudo isso deve ser algo que se pode gerenciar, manejar, medir e manter. Temos de viver de acordo com o nosso perfil do *Facebook*. Essa é uma das versões mais modernas de salvação pelas obras.

Percebo, porém, uma crescente inquietação com essa inquietação. Alguns se cansaram dos constantes apelos às transformações radicais através de novos esquemas melhorados. Eles já não têm tanta certeza de que querem participar da próxima tietagem nem abrir caminho para novos patamares de grandeza. Você sabe que tem coisa aí quando um jornal de sátira como *The Onion* (A Cebola) debocha dessa moda, reduzindo nossa vida hiperbólica a uma piada sarcástica:

> CAMDEN, ME — Antigos conhecidos confirmaram aos nossos repórteres esta semana que um homem de nossa cidade chamado Michael Husmer, um perdedor sem ambição

de vinte e nove anos de idade, goza de uma vida agradável e realizadora. Ainda vive na cidade em que nasceu e não tem o mínimo desejo de mudar de vida.

Afirmando que o cara sem propósito jamais morou mais de duas horas de distância da casa de seus pais e ainda conta com os amigos do ensino médio, fontes próximas a Husmer reportam que o fulano, que tem relacionamentos pessoais significativos e duradouros e uma vida equilibrada de trabalho, é um *vagal* desmotivado, que está perfeitamente de bem com a ideia de ser um *João Ninguém* para o restante de sua vida.

"Conheço Mike a vida inteira e ele é um cara legal, mas ainda vive na mesma rua onde cresceu e experimenta um profundo senso de satisfação pessoal. Isso é uma chatice", comentou o amigo de infância, David Gorman, com respeito ao amigo sem aspirações, que se diz completamente realizado. "Logo que Mike se graduou da faculdade, voltou para casa e começou a trabalhar numa companhia de seguros da cidade. Hoje ele tem quase 30 anos, vive onde sempre viveu, trabalha na mesma firma pequena e vive extremamente contente com todos os aspectos de sua vida no lar e na profissão. É muito triste..." Além do mais, indicando suas conexões especiais com esposa, pais, irmãos e vizinhos, algumas fontes reportam que a vida de Husmer é "humilhante" em diversos níveis.

Sua vida comum é livre de dívidas; ele se acomodou a ficar onde está em vez de ir, como a maioria dos colegas do segundo grau, para as luzes da cidade grande. Ele não dá a mínima quanto a impressionar pessoas estranhas todo dia a fim de galgar a escada corporativa. Prefere investir na vida das pessoas mais próximas a ele. Não tem mil amigos no

Facebook – somente uma família próxima e um pequeno círculo de amigos na sua cidade. "Ainda bem que consegui escapar dessa vida e não acabei como o Mike", disse a prima de Husmer, Amary Martin, 33, advogada em uma grande firma, que não vê o amigo de infância mais próximo, Husmer, há mais de seis anos. "Não quero saber de ter uma família amável por perto, sentir prazer ao refletir sobre minha vida e ser o grande fracasso que todos encontram quando vêm passar as festas em sua cidade uma vez por ano."[1]

Existe muita verdade no retrato do "coitado" do Mike Husmer. Ironicamente, hoje em dia não é difícil arrancar as raízes e tornar-se anônimo — começar a vida de novo — com um conjunto totalmente novo de relacionamentos. Nossa cultura móvel, individualista, torna possível nos reinventar sempre que quisermos começar de novo, com um novo conjunto de atores coadjuvantes em nosso filme personalizado de vida.

Até mesmo a companhia fabricante Lego entrou com um filme de sucesso em 2014 que faz uma paródia da cultura de exagero corporativo da qual ela faz parte. Diz um comentarista sobre *Uma Aventura Lego*:

> Trata-se de uma mini figura Lego de nome Emmet, cuja mente vazia ficou cheia de cega devoção a um império comercial indiferente. Graças à maldosa mente mestra conhecida como Presidente Negócios (mais tarde, Lorde Negócios), Emmet assiste os mesmos programas bobos de

---

[1] Ver www.theonion.com/articles/unambitious-loser-withhappy-fulfilling-life-still,33233/ (acessado em 7/30/2013).

TV e escuta as mesmas canções populares insípidas repetidamente ("Tudo é in-crí-vel!").²

No final do filme/informercial, Emmet apela ao Lorde Negócios: "Você não precisa ser o cara mau. Você é a pessoa mais talentosa, mais interessante, mais extraordinária do universo". Imediatamente em seguida, Emmet acrescenta: "Todo mundo é". O comentarista observou que isso faz parte de uma tendência crescente nas propagandas das companhias: zombar do exagero enquanto estão exagerando.

Não estou dizendo que existe algo errado em mudar para a cidade e seguir uma carreira cheia de adrenalina. Entendo o fato de que os propagandistas sempre tiveram como alvo apelar para nosso anseio por reconhecimento. O verdadeiro problema está em que nossos valores estão mudando e nos desgastando, enquanto simultaneamente impedem que formemos compromissos autênticos, significativos e de longo termo, que contribuam para a vida de outras pessoas. Com o tempo, o exagero de viver uma vida nova, assumir um chamado radical e transformar o mundo pode tomar conta de todas as áreas de nossa vida. E isso nos torna cansados, deprimidos e maus.

Dado o domínio do Próximo Grande Passo na nossa sociedade, não é de surpreender que a subcultura cristã seja apaixonada por superlativos. Muitos de nós fomos criados em uma subcultura cristã de expectativas, chamados para nos transformar ou mudar o nosso mundo, para ter resultados mensuráveis. Sempre tem de haver a *cause du jour* (causa do dia)

---

2 Heather Havrilesky, "All Hail Lord Business!" *The New York Times Magazine* (2 de março de 2014), 46 – 47.

que justifique nosso envolvimento. De outra maneira, a vida na igreja seria simplesmente ordinária demais. Como em todas as áreas da vida, passamos a acreditar que o crescimento em Cristo — tanto de indivíduos quanto das igrejas — pode e deve ser programado para gerar previsíveis resultados nada realistas e nem mesmo biblicamente justificados. Queremos grandes resultados — antes e não mais tarde. Esquecemo-nos de que Deus distribui seus dons extraordinários por meios ordinários de graça, nos ama através de portadores da sua imagem que são semelhantes e comuns, e nos envia ao mundo para amar e servir ao próximo em chamados comuns.

Tome, por exemplo, o depoimento de Tish Harrison Warren. Criada em uma próspera igreja evangélica, usando pulseiras WWJD (O que Jesus Faria), disse ela: "Comecei a almejar algo mais que um cristianismo confortável, focado na salvação de almas e a ser texanos republicanos respeitáveis". Sua história é a experiência típica de muitos crentes da sua geração — incluindo eu:

> Tinha quase 22 anos e acabara de voltar à cidade onde cursei faculdade depois de passar pela África, num local que estava três séculos atrasado. Enquanto ia até a igreja com minhas sandálias gastas, encontrei o novo pastor auxiliar e me apresentei. Ele deu um grande sorriso e disse: "Ah, você. Ouvi falar de você: a moça radical que quer gastar sua vida por Jesus". Ele dizia isso como elogio, e entendi assim, mas senti também muita pressão porque, de um modo novo, eu estava torturadamente incerta quanto ao que significava para mim o ser radical e viver por Jesus. Lá estava eu, de volta aos Es-

tados Unidos, precisando de um emprego e de seguro de saúde, pensando em namorar esse estudante de direito intelectual (que não era assim tão radical), incerta de como ser fiel a Jesus em minha vida corriqueira e normal. Nem tendo certeza de que isso fosse possível. Eu entrara na faculdade inquieta, cheia de perguntas, e gastei a casa dos vinte anos lendo Marx e São Francisco de Assis, sendo discipulada pelas obras de Rich Mullins, Ron Sider, e Tony Campolo, aprendendo a respeito do Novo Monasticismo (que ainda não tinha esse nome), e me apaixonando por Peter Maurin e Dorothy Day. Em meu último ano de faculdade, convidei todo mundo de nosso grande grupo de estudantes evangélicos a me acompanhar num protesto contra a Escola das Américas.[3]

Após passar um tempo em diversas comunidades cristãs "radicais", Warren começou a duvidar que fosse possível uma vida comum.

Agora estou na casa dos trinta anos, tenho dois filhos e vivo uma vida um tanto comum. Aos poucos reconheço que, para mim, é muito mais assustador e difícil estar em casa o dia todo com um bebê e um garotinho de dois anos do que viver num vilarejo africano destruído pela guerra. O que preciso é de coragem para o comum, para o corriqueiro, para a mesmice de todo dia da vida. Cuidar dos sem-teto é muito mais empolgante para mim do que escutar atentamente às pessoas da minha casa. Dar roupas e buscar comunidades cristãs na periferia requer

---

[3] Tish Harrison Warren, "Courage in the Ordinary", escrito quarta-feira, 3 de abril, 2013, em thttp://thewell.intervarsity.org/ blog/courage-ordinary (acessado em 26 de fevereiro de 2014).

menos de mim do que ser bondosa com meu marido numa manhã comum de quarta-feira ou telefonar de volta para minha mãe quando não sinto a mínima vontade de fazer isso.

Meu problema é a mesmice
O escritor Rod Dreher observa:

> A mesmice é meu problema. É fácil pensar no que você faria se estourasse uma guerra ou se um tufão passasse por aqui ou se você fosse passar um mês em Paris. O que aconteceria se seu candidato ganhasse as eleições ou você ganhasse na loteria ou comprasse aquilo que sempre sonhou. Muito mais difícil é saber como vai passar o dia de hoje sem se desesperar.[4]

Sei exatamente como ele se sente. Sou *aterrorizado* pelo tédio. Até mais do que pelo fracasso. Enfrentar mais um dia, com chamados corriqueiros para pessoas comuns à nossa volta é muito mais difícil do que correr atrás dos sonhos que projetei para a grande história da minha vida. Outras pessoas — especialmente aquelas que estão mais próximas de nós — podem se tornar muletas. "Os pobres" podem ser instrumentos do nosso projeto de vida. A luta contra "os socialistas" pode animar nossa autobiografia, a qual seria chata sem esse detalhe. Mudar o mundo pode, na verdade, ser uma maneira de evitar as oportunidades que temos todos os dias, exatamente onde Deus nos colocou, de glorificá-lo e ter nele prazer, enriquecendo a vida do próximo.

---

[4] Rod Dreher, "Everydayness," 14 de novembro de 2012, em www.theamericanconservative.com/dreher/everydayness-wallace-stevens/ (acesso em 7 julho de 2013).

O novo radical

É fácil demais fazer das outras pessoas um elenco de coadjuvantes para o filme de nossa vida. O problema é que elas não seguem o roteiro nem emitem as falas que nós lhes damos. São pessoas de verdade, com necessidades reais, que atrapalham nossa trama, especialmente se elas tiverem ambições tão fortes quanto as nossas. Às vezes, ir atrás dos nossos sonhos pode ser "mais fácil" do que sermos aquilo que somos, onde Deus nos colocou, com os dons que ele nos deu.

O cristianismo ocidental é uma história de contínuos transtornos em igrejas e em indivíduos. Começando com a extraordinária experiência de conversão, nossa vida é motivada por constante expectação pelo *próximo grande acontecimento*. Ficamos entediados com os meios ordinários da graça de Deus, frequentando a igreja semana após semana. Doutrinas e disciplinas que formaram o fiel testemunho cristão no passado muitas vezes são marginalizadas ou substituídas por novidades e métodos novos. O novo e melhorado pode nos deslumbrar no momento, mas logo se torna "tão ultrapassado" que perde a graça.

Até aqui, em minha própria vida, tenho testemunhado — e sido parte de — sucessivas ondas de entusiasmo que conduzem a igreja a um *frenesi*, para em seguida deixar muitas pessoas exaustas ou desiludidas. Tais modismos mudam a cada geração, e assim, sempre há novos recrutas para substituir os entusiastas queimados dos tempos passados. Porém, isso parece estar mudando. Pela primeira vez, a porcentagem de jovens adultos na América que dizem não ter filiação religiosa ficou maior (ainda que por pouco) do que aqueles que se identificam como cristãos evangélicos.

Com exceção do tempo em que fazia pós-graduação, passei toda minha vida na Califórnia. Morava a uma curta distância da Rua Azusa, berço do pentecostalismo, e do Templo *Angelus*, onde a Irmã Aimee Semple McPherson foi pioneira na *igreja como show de variedades*. Mais próximo ainda estavam a *Calvary Chapel* (centro do "Movimento de Jesus" dos anos 70) e a sede da rede de rádio e televisão *Trinity Broadcasting Network* (TBN). A *Catedral de Cristal* de Robert Schuller era descendo um pouco a rua, como também a Igreja *Comunidade Saddleback*, dirigida pelo pastor Rick Warren. Milhares de pastores iam regularmente a esses lugares para assistir conferências de crescimento de igreja.

Acometida de controvérsias, a Irmã Aimee Semple McPherson foi envolvida em um alegado escândalo de sequestro. Em anos recentes, A igreja *Calvary* sofreu diversos escândalos, e não ficou claro em que situação estará o "Modelo Moisés" de liderança após a recente morte de seu talentoso fundador Chuck Smith. "Como disse um pastor à *Christianity Today*, 'O Titanic bateu contra o *iceberg*. Mas a música continua a tocar'".[5] Dedicado nos anos 80 "à glória do homem, para maior glória de Deus", a Catedral de Cristal abriu falência em 2010 e dois anos mais tarde tornou-se *Catedral de Cristo*, fazendo parte da diocese católica romana do município de Orange County.[6]

Usando a Catedral de Cristal como prisma, um artigo de Jim Hinch, no periódico *The American Scholar*, observa que

---

[5] www.christianitytoday.com/ct/2007/march/7.53.html (acesso em 1 de dezembro de 2013).

[6] Meu colega, Pastor Kim Riddlebarger, escreveu uma série de reflexões perspicazes sobre a série de impérios cristãos de Orange County em http://kimriddlebarger.squarespace.com/the-latestpost/2013/12/18/the-changing-religious-climate-of-orangecounty-revisited-an.html (acesso 2 de novembro de 2013).

nenhuma dessas megaigrejas de Orange County, que simbolizavam as tendências, está crescendo hoje em dia.[7] Rob Bell, autor de *Love Wins* [O amor vence], chama o município de Orange County de sua casa, mas diz que surfa em vez de frequentar a igreja. "Os evangélicos são bons em conduzir as pessoas até que elas fiquem frenéticas", disse ele a Hinch, "para então a gente perguntar: 'O que foi isso?'" O rápido crescimento no condado agora está no maior templo budista do mundo (Itsi Lai) e na *Sociedade Islâmica* de Orange County. Recuando das igrejas "McMansões", muitos evangélicos mais jovens estão formando "comunidades espirituais" independentes, relata Hinch. "Noutras palavras, o futuro da igreja evangélica, conforme vislumbrada em Orange County, poderá ser nenhuma igreja".

Os modismos da geração *Boomer* (os que nasceram entre 1946 e 1964) eram programas orientados em volta de melhorias pessoais e crescimento da igreja. Os *Boomers* acreditavam que a experiência tradicional na igreja era demasiadamente ordinária — até mesmo chata — com sua rotina semanal de pregação, sacramentos, oração, louvor, ensino e comunhão. O que precisavam, em vez disso, era um novo plano para o crescimento pessoal, algo que levasse a caminhada com Deus a um "nível totalmente novo". Os *Boomers* tinham tendência de fazer a vida cristã — e a igreja — mais individualista, dirigida pelo desempenho, removendo averiguações e equilíbrios, estruturas e práticas que, no decorrer dos anos, historicamente, têm estimulado o crescimento sustentável da fé.

---

7 Jim Hinch, "Where Are the People", *The American Scholar*, em attp://theamericanscholar.org/where-are-the-people/#. UrSVQ2yA1dg (acesso 1 de dezembro de 2013).

Reagindo contra essa abordagem focada e consumista, muitos dos filhos e netos da geração *Boomer* começaram a olhar para fora, para os problemas do mundo. O *mantra* passou de "mude a sua vida" para "mude o mundo". A fala sobre alcance evangelístico passou a ser sobre chamados para ministrar com compaixão pelos pobres, ênfase de justiça social e exortação para viver a fé de modo a fazer uma diferença mensurável neste mundo.

Contudo, ambos esses modismos das gerações têm algo em comum: *impaciência e desprezo pelo corriqueiro*. Compartilham paixão por programas que obtêm resultados impressionantes, rápidos e observáveis. Nos dois casos, o convite é para quebrar o vínculo de fazer o que sempre se fez, para "pensar fora da caixinha", e fazer algo grande para Deus.

A tragédia em tudo isso é que, na verdade, algo genuinamente importante desses chamados está perdido. Somos chamados a crescer em um relacionamento pessoal com Cristo. Somos também chamados a amar e servir ao próximo — aos crentes como nós, e também aos nossos vizinhos descrentes. No entanto, a tendência do movimento evangélico sempre foi dar prioridade a métodos e exigências extraordinários acima dos meios comuns que Cristo instituiu para a missão sustentável. Estamos tornando mais difícil para a igreja ser uma comunidade onde os pecadores são justificados, renovados e conformados à imagem de Cristo, produzindo fruto de boas obras para o benefício do próximo e a glória de Deus? Claro, é verdade que Deus está fazendo grandes coisas por nosso intermédio. A questão verdadeira não é *se* Deus trabalha através de seu povo; ao invés disso a questão é o que queremos dizer por "grandes" e como Deus prometeu fazer essa obra. O que as pessoas realmente querem dizer quando falam de "mudar o mundo"?

Estou convicto de que nos desviamos do verdadeiro foco da atividade divina neste mundo. Ela não está no extraordinário, mas no que é ordinário e corriqueiro.

O problema não é a atividade exagerada, mas o fato de sermos irresponsavelmente frenéticos. Ficamos acostumados a consertos a jato e soluções fáceis. Acostumamo-nos a corridas curtas em vez de treinar para a maratona de longa distância. Temos muita energia. O perigo está em nos queimarmos pela ansiedade inquieta e expectativas irrealistas.

Esclarecendo, não é que todos os valores que estão sendo promovidos hoje pelos chamados sejam "radicais" ou que os convites para transformar o mundo sejam errados ou não bíblicos. Tirar férias de verão para construir poços na África é, para algumas pessoas, um chamado autêntico. Mas também o é consertar o encanamento da casa de um vizinho, alimentar a família e compartilhar o fardo e as alegrias de uma igreja local. Aquilo que somos chamados a fazer todos os dias, exatamente onde Deus nos colocou, é rico e compensador.

Isso não seria uma desculpa para nos manter confortáveis?
Quando eu retorno após passar tempo em outras partes do mundo, fico convicto da profundidade de meu próprio vício do conforto — de conseguir tudo do meu jeito. Contudo, há uma diferença entre o ídolo do conforto e o autêntico contentamento bíblico. Estar contente com a vida quer dizer aceitar as circunstâncias em que a providência de Deus me colocou. Isso pode significar estar contente com a pobreza, se Deus assim

quiser. Mas pode também significar estar contente com meu lugar como um cara normal de classe média, que mora em um subúrbio americano, tendo esposa e quatro filhos — alguém com vários chamados para a família, igreja e vizinhança.

Acabei não terminando de citar a postagem impactante de Tish Harrison Warren. Ao continuar, ela recorda de um colega de faculdade que dedicou a vida a ensinar em escolas de alto risco. Depois de sofrer uma crise nervosa, ele mudou de volta à cidade de origem, passando a trabalhar como garçom. Aos poucos ele se recuperou.

> Quando voltou para casa, cansado e abatido, conversamos sobre o que havia dado errado. Tínhamos cursado uma universidade de altíssimo grau, onde as pessoas conseguiam grandes coisas. Escreviam livros e começavam organizações não governamentais. Repetidamente, as pessoas nos diziam que transformaríamos o mundo. Fazíamos parte de um movimento cristão de jovens que nos estimulava a viver corajosa e significativamente, fazendo discípulos, que batizava esse ímpeto de mudar o mundo como a forma de realmente seguir a Jesus. Éramos desafiados a impactar e servir o mundo de formas radicais, mas nunca aprendemos a ser pessoas comuns, que vivessem a vida corriqueira de maneira bela. Uma conhecida casa de uma comunidade do novo monasticismo tinha uma famosa placa na parede que dizia: "Todo mundo quer revolução. Ninguém quer lavar a louça". Hoje em dia a minha vida está rica de louça (e fraldas) sujas e as revoluções estão em falta. Frequento uma igreja cheia de pessoas mais velhas, que vivem vidas normais de classe

média, em boas casas de classe média. Mas tenho realmente passado a valorizar essa comunidade, a ver o tempo delas em firme fidelidade a Jesus, seu compromisso com a oração e a generosidade palpável e bela que demonstram aos que os cercam, de maneiras não notáveis, não impressionantes, que não podem ser colocadas no mercado, nada revolucionárias. E a cada semana, nós pecadores medianos e santos chatos nos ajuntamos em volta de pão e vinho comuns, e o próprio Cristo está ali conosco.

Diz ela que ainda anseia por revolução e quer fazer diferença no mundo. Ela ainda despreza a mediocridade.

Mas cheguei ao ponto em que não tenho mais certeza sobre o que exatamente Deus considera radical. Suspeito que para mim, lavar a louça quando falta sono e paciência custa muito mais e necessita maior revolução em meu coração do que algumas das coisas mais arriscadas que vivi no passado. Assim, é o que preciso no momento: coragem para enfrentar um dia *comum* — uma tarde com um bebê com cólicas, quando provavelmente vou ser ríspida com meu garotinho de dois anos e me irritar com meu vizinho barulhento — sem desespero, é preciso coragem para crer que uma vida pequena ainda é uma vida significativa, e é preciso graça para saber que o Senhor me vê e me ama mesmo que eu não tenha feito nada poderoso ou ousado ou até mesmo interessante, e isto me basta.

O chamado ao "discipulado radical", diz Warren, nos ajuda a desafiar o nosso vício de sempre ter conforto. "Mas para aqueles de nós — e existem muitos — que são atraídos para uma espiritualidade de ponta, fervilhando, temos de assumir radicalmente o corriqueiro e nos fundamentar no desafio estável de uma vida Cristã bem vivida neste mundo". Ela conclui:

> Na cerimônia de nosso casamento, meu pastor avisou meu marido que de vez em quando eu entraria correndo no quarto, rosto marcado por ansiedade, certa de que tínhamos nos acomodado à mediocridade por não estarmos "entregando nossas vidas" e vivendo na longínqua Mongólia. Demos risadas. Todos os meus amigos radicais riram. E ele estava certo. Já tivemos essa conversa muitas vezes, mas estou começando a aprender que, quer na Mongólia quer no Tennessee, o tipo de "entregar a vida" que tem valor começa com o modo que me levanto numa terça-feira cinzenta. Isso nunca vende livros. Não vai ser lembrado. Mas é o que faz a vida. Quem sabe? Talvez no fim dos dias, uma oração apressada por um inimigo, uma bondade passageira a uma vizinha, ou planejar o orçamento numa quinta-feira chata serão as histórias revolucionárias de um Deus que faz novas todas as coisas.[8]

Tempo de quantidade

Pense nas coisas que são mais importantes para você. Como você mede seus relacionamentos? Como "mede", por exemplo, o seu casamento? Quando minha esposa e eu falamos a respeito de nosso relacionamento, muitas vezes temos perspectivas diferentes quanto ao andamento das coisas. Olhando o decurso

---

[8] Tish Harrison Warren, "Courage in the Ordinary". O entendimento da autora pode ser também ouvido numa entrevista que fiz com ela em www.whitehorseinn.org/ blog/2013/09/01/whi – 1169-courage-in-the-ordinary/.

de nossa vida de casados, vimos muitas maneiras em que o Senhor nos uniu mais desde nosso primeiro ano juntos. Vemos um contínuo crescimento e identificamos maneiras em que aprofundamos nosso relacionamento. Mas quando passamos a focar o curto prazo, semana após semana, fica mais difícil conseguir um medidor certo de como estamos nos saindo. O retiro extraordinário de final de semana foi memorável, mas são aqueles momentos ordinários, cheios de decisões, conversas e toques aparentemente insignificantes que possuem maior importância. É onde a maior parte da vida é vivida. As coisas mais ricas da vida são feitas de mais do que em fotos e selfies de celular.

É diferente em alguma coisa o fato de você estar criando os filhos? O mantra para muitos pais de hoje, especialmente os homens, é "Tempo de Qualidade". Mas, seria isso verdade? Pense em tudo que acontece naqueles momentos do dia a dia que não são planejados, não programados, sem horário marcado, desligados. Quase tudo! Apelidos são inventados, identidades e relacionamentos são formados. No carro, a caminho de casa depois de ir à igreja, seu filho faz uma pergunta sobre o sermão que coloca mais uma peça do quebra-cabeças de uma fé que perdura no lugar. Todos no carro se beneficiam com a troca.

Eu também já usei a linha de "tempo de qualidade", mas isso é apenas uma desculpa. Será que realmente podemos compensar nossa longa ausência (mesmo quando estamos fisicamente presentes), perdendo os detalhes simples da vida, com um refúgio dos sonhos ou gastando mil dólares para levar a criançada para ver o Mundo Mágico de Harry Potter? Qualquer relacionamento durável que queiramos desenvolver de maneira saudável necessita desses minutos, horas, dias, meses e anos corriqueiros. Isso é mais do que suportar passivamente esses momentos. Requer envolvimento do pensamento e esforço intencional, e também prazer. Isso também é verdade quanto a nosso relacionamento com o Deus trino em seu corpo, a igreja visível.

Na igreja de hoje, gostamos de chamar atenção, ter altas expectativas e fazer apelos radicais, os quais a maioria das pessoas não consegue atender. Se formos sinceros, nem esperamos que elas o façam. Entendemos que algumas pessoas viajam classe econômica enquanto outras viajam executiva. Existem aqueles poucos dedicados que são guerreiros realmente cheios do Espírito, vitoriosos, ganhadores de almas e transformadores da sociedade. O resto é simplesmente crente. Continuamos a frequentar a igreja com regularidade, recebendo as dádivas de Deus e as compartilhando, participando do louvor, comunhão e hospitalidade e continuando a sustentar o ministério financeiramente. Mas sabemos, bem no fundo, que não vamos mudar o mundo.

Nada disso é novidade, claro. O mesmo acontecia na igreja medieval. Tudo bem quando se era um leigo comum, mas todo mundo sabia que, se alguém quisesse caminho direto para uma experiência mais alta com Deus, era necessário ser sacerdote, monge ou freira. O casamento era bom, mas o celibato era visto como muito melhor. A comunhão ordinária na igreja da paróquia e os chamados no mundo eram ótimos, mas os que eram realmente dedicados faziam votos que os destacavam da turma cristã comum. Alguns escolhiam a vida monástica juntamente com outros colegas devotos. Outros ainda mais radicais tomavam um curso hermético de isolamento privado. Alguns tinham disciplinas espirituais como foco, enquanto outros — especialmente os franciscanos — se dedicavam a ajudar os pobres.

Nós, protestantes, temos nosso próprio modo de programar diversas aproximações "mais altas" da vida cristã. Claro, você pode ser membro da igreja local, mas se já experimentou o novo nascimento, vai pertencer ao cerne — à verdadeira igreja que se reúne em pequenos grupos. Frequentemente, esses eram chamados de "clubes santos" e "conventículos".

Então veio o avivalismo, derrubando as estruturas externas que ajudaram a formar crentes individuais em uma pulsante comunhão dos santos. Você pode ter sido beneficiado pelas bênçãos pactuais de Deus no decorrer de muitos anos em uma família e igreja cristã. Mas, no acampamento de verão ou na conferência de avivamento, nada tem importância em comparação com a experiência radical da conversão. Novamente, não estou tentando desprezar o entusiasmo das experiências de conversão. Mas é possível que queiramos esperar testemunhos de cair o queixo ou experiências inusitadas, e, consequentemente, criemos um ambiente de perpétua novidade.

Você pode ter sido "salvo", mas está "cheio do Espírito"? Talvez tenha sido batizado e orientado pelos pastores sob direção de Cristo numa igreja, aos poucos se unindo aos cânticos de Sião enquanto amadurecia, aprendendo a participar das orações de uma igreja e, eventualmente, da Mesa do Senhor. Talvez você tenha ouvido e orado as Escrituras com a sua família a cada dia, aprendendo em casa e na igreja as grandes verdades da Escritura por meio do catecismo. Porém, na cultura evangélica do novo e da novidade, nada disso conta. O que realmente importa é aquele evento espiritual extraordinário, aquela experiência transformadora de vida. Na verdade, o seu testemunho é capaz de ser considerado maior — mais autêntico — na mesma proporção em que sua experiência tenha acontecido sem nenhuma ligação com a vida corriqueira da igreja, como o batismo, a profissão de fé, a Ceia, as orações, louvor, lamentos e comunhão em comum no corpo de Cristo.

O problema é que, quando as pessoas passam a ser adultas, logo descobrem que uma experiência memorável não compensará um entendimento apenas superficial daquilo em que acreditam ou da razão pela qual acreditam — mais do que anos de exposição cotidiana e participação da comunhão de Cristo com o seu povo. No entanto, é precisamente o ministério corriqueiro, entra semana, sai semana, que oferece crescimento sustentável e estimula as raízes a crescer para o fundo. Se os grandes momentos de nossa vida cristã são produzidos pelos grandes movimentos no mundo evangélico, a igreja local ordinária parecerá bastante irrelevante. Contudo, se Deus é quem termina o que começou, a única conclusão razoável é fazer parte do jardim que ele cuida. Ele é Criador e cumpridor da promessa, até mesmo quando somos infiéis (2Tm 2.13).

Minha avó dizia, ao querer ressaltar uma conversão recente: Ela não foi apenas salva, foi *gloriosamente* salva". Reforçado por todas aquelas histórias de antes e depois da conversão, estava bastante ansioso por não ter um testemunho empolgante para dar, e era tentado a aumentar um pouco a estória. Afinal de contas, eu não conseguia me lembrar da data do Grande Momento! Para minha decepção, aparentemente, eu fora criado em um lar cristão e dentro de uma igreja. Eu não conseguia nem me lembrar da época em que não confiava em Cristo e sentia sua graciosa mão sobre minha vida. Ali estava eu, enternecido pelos benefícios de Cristo, crescendo na graça e no seu conhecimento. No entanto, estava sempre buscando (e esperavam de mim que eu buscasse) um *tsunami* cataclísmico que levasse toda a "igrejeirice" para o mar, para que finalmente eu pudesse ter um relacionamento *real* com Jesus.

Tentei muitos dos programas que ofereciam uma nova experiência, nova oportunidade de crescer e realizar grandes coisas para Deus. Fui salvo diversas vezes (especialmente depois de assistir ao filme "Um Ladrão na noite" e ler *A Agonia do Grande Planeta Terra*, de Hal Lindsey). Dei uma provada no movimento carismático, segui diversos programas de "fique espiritual depressa", fiz *Evangelismo Explosivo*, e por um tempo tive um pastor atraído pelo *Movimento Pastorear*. Fiquei interessado na direita cristã, depois na esquerda cristã, e quando chegou o movimento de crescimento de igreja, já estava um tanto cético.

Houve também ênfase nas disciplinas espirituais. Extraído da tradição contemplativa de piedade medieval, esse movimento provocou muitos crentes a levar mais a sério sua caminhada pessoal com o Senhor. Há grande sabedoria nessa ênfase, particularmente quando somos distraídos por todo lado das coisas que são mais importantes. Ainda assim, às vezes soava simplista e programada: siga estes passos e técnicas e você alcançará uma vida cristã vitoriosa. O foco era mais sobre aquilo que fazíamos quando estávamos sozinhos do que o que Deus fez por nós, em nós e através de nós quando juntos.

Até mesmo essas disciplinas pessoais podem se tornar corriqueiras demais. E se Jesus realmente falasse com você — independente das palavras da Escritura? Como nos conta Sarah

Young na introdução de seu incrível *bestseller*, *O Chamado de Jesus*, "Eu sabia que Deus comunicava comigo por meio da Bíblia, mas ansiava por mais. Cada vez mais, eu queria ouvir o que Deus tinha para me dizer pessoalmente em determinado dia". Esse "mais" era "a presença de Jesus", algo além dos meios ordinários da graça. "Assim, eu estava pronta a iniciar uma nova jornada espiritual", começando com *The Secret of the Abiding Presence*, de Andrew Murray. Depois que leu *Fale com Deus*, diz ela, "Comecei a perguntar se eu também não poderia receber mensagens durante meus tempos de comunhão com Deus". Ainda que Paulo dissesse que a presença de Cristo está "tão perto" quanto a palavra de Cristo proclamada (Rm 10.8 – 17), desejamos algo mais.

Em décadas recentes, o movimento emergente ganhou a atenção de uma geração, pelo menos por algum tempo. Prometeu mais um estímulo radical: "os próximos cristãos", "uma nova espécie de cristão", com o refrão: "Tudo tem de mudar". Sempre que uma nova geração anuncia uma mudança cultural radical e totalmente sem precedentes há um movimento evangélico que pressiona as igrejas a entrar na onda, isso se quiserem se adaptar e sobreviver na próxima maré. É duvidoso que as culturas realmente funcionem desse jeito. Porém, é especialmente desconcertante para o crescimento cotidiano dos crentes em um pacto de graça que se estende a toda cultura e "até mil gerações". Certamente existe mudança, mas que espécie de mudança, com que finalidade e por que meios? Para isso a Escritura, e não a cultura, tem de prover a resposta final.

Ser adaptado à cultura — e especialmente ao perfil de cada geração — tem sido uma força notável do evangelicalismo. Porém, o crescimento em Cristo como membros do seu corpo, através de todas as gerações e todos os locais, está sendo solapado por operações frenéticas de relevância. A dedicação paciente às disciplinas corriqueiras e frequentemente tediosas do culto público e familiar, o ensino, a oração, o discipulado e o aconselhamento têm sido erodidos por sucessivas ondas de entusiasmo.

Até mesmo o Calvinismo parece ter voltado à sua rota antiga, tomando seu lugar na lista de "Próxima Grande Coisa". Conforme diz a revista *Time* de março 2009, o "Novo Calvinismo" é uma das dez principais tendências a transformar o mundo de hoje. O título do livro de Collin Hansen, que define o movimento, resume isso muito bem: "Jovens, Inquietos e Reformados".[9] Mas será que isso significa que esse movimento também está destinado a se tornar mais um modismo? A parte problemática está no "inquietos". Isso ameaça dar nova definição ao que significa ser reformado. Os líderes talentosos formam os movimentos. Numa era digital, *blogs* frequentemente carregam mais autoridade do que sermões. Mas as igrejas formam as confissões que vivem nas trincheiras cavadas e habitadas pelo Espírito, por sua Palavra, em toda a terra e por todas as gerações. Fazer parte de uma igreja, mesmo em uma tradição mais ampla, não é o mesmo que aderir a um movimento. A autonomia pessoal tem de ser rendida a uma consciência comunal do Deus trino e de sua obra na história. Existe mais em ser reformado do que os "cinco pontos".[10]

---

9 Collin Hansen, *Young, Restless and Reformed: A Journalist's Journey with the New Calvinists* (Wheaton, IL: Crossway, 2008)

10 Veja James K. A. Smith, *Letters to a Young Calvinist: An Invitation to the Reformed Tradition* (Grand Rapids: Brazos, 2010).

De muitas formas, é mais divertido fazer parte de movimentos do que de igrejas. Podemos expressar nossa própria individualidade, escolher nossos líderes favoritos e subir às alturas nas conferências. Podemos ser anônimos. Embora sejamos encorajados por crentes de pensamento semelhante ao nosso, não estamos presos a eles a ponto de nos sentir compelidos a carregar os seus fardos ou a aceitar a sua repreensão. Porém, essa mentalidade de movimentos nos mantém inquietos e faz parecer que a vida comum e a submissão a uma igreja local seja intoleravelmente confinadora.

E terrivelmente corriqueira.

Em todos esses movimentos, uma coisa importante foi enfatizada. Leigos — incluindo estudantes universitários — se inscreveram animadamente na causa evangelística. O chamado para as disciplinas espirituais nos lembrava de que a vida cristã não é simplesmente questão de concordar com proposições, mas ter um relacionamento pessoal com o Senhor. Como qualquer relacionamento, ela tem de ser nutrida por atenção diária. É também crucial à fé que Deus esteja salvando corpos, não apenas almas — e nos conclama ao serviço tangível ao próximo, especialmente aos pobres e marginalizados da sociedade. No entanto, a manutenção da atenção dos cristãos a essas ênfases no decorrer das gerações é exatamente o que está em jogo quando cada geração sente que tem de deixar sua marca distintiva.

Apesar de todo o interesse em incorporar *insights* provenientes do mundo de negócios, muitos líderes de igreja parecem ter olvidado a sugestão de Thomas J. Peters e Nancy K. Austin em seu livro campeão de vendas *A Passion for Excellence* [Paixão por Excelência] de 1985:

Então, está se fomentando uma revolução. Que tipo de revolução? Em grande parte, é, na verdade, um "retorno ao que é básico". Os sistemas, esquemas, aparelhos e estruturas de gerenciamento revolucionários promovidos no último quarto de século, têm acrescentado às distrações das ideias principais: atingir crescimento sustentável e equidade. Cada esquema desses parecia fazer sentido naquele tempo. Cada qual parecia ser a resposta apropriada à crescente complexidade. Porém, o resultado foi que se perdeu aquilo que é básico numa confusão de palavreado sem sentido, mas de boa vontade, que nos levava cada vez mais longe do desempenho excelente em qualquer esfera.[11]

Precisamos recuperar não somente a sã doutrina, como também as práticas mais sadias que servem para nos aprofundar — e dar profundidade às gerações que se sucedem — na nova criação que Deus chamou à existência. Precisamos não apenas questionar o ensinamento falso, como também os valores, expectativas e hábitos falsos que absorvemos, consideramos normais e até mesmo adotamos com um verniz de piedade. A despeito do sentimentalismo tocante do hino favorito de minha avó: "No jardim", simplesmente não é verdade que se vem sozinho com Jesus ao jardim e "a alegria que partilhamos quando estamos lá ninguém jamais conheceu". Se o seu relacionamento pessoal com Jesus for totalmente singular e único, não será propriamente cristão.

---

11 Thomas J. Peters e Nancy K. Austin, *A Passion for Excellence: The Leadership Difference* (New York: Warner, 1985), xvii.

Embora a sugestão de uma cura requeira um diagnóstico, este livro não é primariamente uma crítica. Em primeiro lugar, estou escrevendo como quem sofre dos males que procuro entender e tratar. Além do mais, não tenho ninguém particular em mente. Este livro é dedicado a todos os pastores, presbíteros, e diáconos cujo serviço não é alardeado, mas é tão essencial ao discipulado sustentável; a todos os cônjuges e pais e mães que prezam os momentos comuns para amar e ser amado, e a todos os crentes que consideram as suas vocações comuns no mundo de Deus como parte normal de amar e servir ao próximo, exatamente onde eles se encontram, e todo dia.

Quem sabe? Talvez, se descobrirmos as oportunidades daquilo que é comum, com apreço pelo que é conhecido, maravilhando-nos com o que é corriqueiro, seremos, afinal, radicais.

Exercício

1. Quais coisas você sente que são um empurrão para o que é "radical" em oposição ao que é ordinário? Considere/discuta os diversos movimentos, tendências e programas que você tem encontrado, que parecem prender sua atenção e depois se dissipam.
2. Você tem um problema com a "mesmice"? Como a subcultura cristã contribui para isso?

Capítulo 2
CORRIQUEIRO NÃO É O MESMO QUE MEDÍOCRE

Já posso antever as objeções se formando. *Se as pessoas apreciarem o que é comum, não haveria gente como Steve Jobs, nada de irmãos Wright, nenhum Martin Luther King Jr; não teria Pais e Mães da igreja, reformadores e missionários pioneiros. Esse chamado de acatar o que é corriqueiro parece bíblico, mas isso não seria pedir que as pessoas se acomodem ao mínimo e desistam de seus sonhos?*

Reconheço que essa será a conclusão de alguns ao ler o título deste livro, portanto, quero dar uma resposta: comum não é o mesmo que medíocre.

Na verdade, longe de jogar um cobertor molhado sobre a paixão piedosa, o meu alvo é encorajar orientação e hábitos que resultem em crescimento mais profundo na graça, alcance mais efetivo e visão mais sustentável de serviço amável ao próximo no decorrer da vida. Este não é um apelo para fazer menos, mas para investir naquelas coisas que muitas vezes abrimos mão quando não vemos um retorno imediato. O fato de que "ordinário" tenha passado a significar medíocre e baixas expectações é sinal do problema que quero tratar.

Excelência distorcida

Não existem atalhos para a excelência em nenhuma área da vida. O seu compromisso com o que é comum é o que faz toda a diferença.

Muitos de nós tivemos pais que eram o vento sob nossas asas. Eles nos estimularam a mirar as estrelas. Talvez você se lembre de um treinador ou professor que acreditava em você, mesmo quando você se sentia inseguro e incapaz. Pessoas assim valem ouro. Sou totalmente a favor da leitura de *A Pequena Locomotiva* para os filhos, e admiro os imigrantes que trabalharam até ralar os dedos para obter uma vida melhor, com maiores oportunidades para os seus filhos. Não podemos viver sem sonhos, paixões e alvos. Deus nos criou dessa forma e pronunciou que isso era "bom".

Mas tudo que a Bíblia identifica como pecado, e nossa natureza reconhece como tal, é *algo essencialmente bom que passou a ser errado*. Mais precisamente, é algo que Deus fez e nós corrompemos. Agostinho definiu a essência do pecado como sendo *virado para dentro de nós mesmos*. Em vez de olhar para cima, para Deus, pela fé e ao nosso próximo em amor, viramos para dentro de nós. Usamos as boas dádivas de Deus como armas a serviço de nossa revolta contra ele e um contra o outro. Podemos até mesmo usar os programas espirituais para perpetuar esse narcisismo.

Excelência é ir além e acima do chamado ao dever. Mas para que fim? Mais que tudo, a excelência demanda um objeto digno e um alvo digno. Temos este objetivo digno: "O fim principal do homem é glorificar a Deus e gozá-lo para sempre", assim começa o *Breve Catecismo de Westminster*. O chamado à excelência por si só é inútil. Não podemos gerar uma paixão por excelência, assim como não conseguimos gerar uma paixão pelo amor. É somente ao descobrir um objeto digno do desejo que nos encontramos interessados em buscá-lo.

Excelência requer o se importar com alguém ou alguma coisa a ponto de investir nosso tempo, esforço e habilidades nisso, tendo como alvo a glória de Deus e o bem de nosso próximo. Biblicamente definida, a verdadeira excelência tem em mente os *outros* — primeiro Deus, depois nosso próximo. "Portanto, quer comais, quer bebais ou façais outra coisa qualquer, fazei tudo para a glória de Deus" (1Co 10.31). Comer e beber são aspectos bastante comuns da vida diária, no entanto, até mesmo as refeições ordinárias tornam-se significativas quando chamam nossa atenção mais uma vez a glorificar e ter prazer no Deus que provê.

A distorção da excelência ocorre quando achamos que "tudo é a nosso próprio respeito". O garoto desastrado só conseguirá jogar no time de basquete num nível mais alto quando o foco for o jogo, não o seu próprio desempenho. Ele tem de vencer a si mesmo, vencer as dúvidas que sentia e simplesmente fazer parte do time. Considere, por exemplo, um músico. Em vez de apenas tocar a música, talvez ele esteja ocupado demais admirando ou criticando seu desempenho. Quando isso ocorre, os "padrões de excelência" que criamos — na escola, no trabalho, na igreja e na vida familiar — podem facilmente se tornar em ídolos. Projetamos determinada imagem de nós mesmos ou da pessoa que queremos imitar, e a vigiamos a todo custo. Literal e figurativamente, desviamos o olho da bola.

É óbvio que o problema não está na excelência – nós somos o problema. A questão é se, por excelência, queremos dizer qualidade ou quantidade, tipo ou substância, novidade perpétua ou maturidade. Se medirmos excelência pelos padrões de Deus, a lista seria um tanto estranha: "amor, alegria, paz, longanimidade, benignidade, bondade, fidelidade, mansidão, domínio próprio" (Gl 5.22). Não exatamente as qualidades mencionadas em atribuições para o emprego de líderes dos dias atuais. Tenho de admitir — e isso não será surpresa para quem está envolvido no ministério — as coisas não estão tão diferentes na igreja.

Há momentos na história da igreja, bem como em nossa própria experiência eclesiástica, em que as divisões ocorrem sobre questões doutrinárias. No entanto, a nossa igreja, nosso casamento e nossa vida são mais ameaçados por uma falha em cultivar o fruto do Espírito. Amor, alegria, paz e paciência são fruto daquela fé que nos foi dada pelo Espírito mediante o evangelho. Contudo, ironicamente, o chamado para ser radical e extraordinário pode até mesmo cortar tal fruto pela raiz. Em vez de surgir como fruto de nossa união com Cristo, essas qualidades se tornam meio de separar as ovelhas dos cabritos — ou pelo menos as ovelhas premiadas do resto do rebanho.

Essa espécie de ambição impiedosa toma uma variedade de formas. As tribos se ajuntam em volta de uma figura carismática, e então o movimento se exalta acima das outras igrejas ou movimentos que ainda não conseguiram a "coisa nova" que Deus está fazendo. Paciência é precisamente o que a excelência requer, mas é um bem difícil de adquirir onde domina a adoração dos resultados imediatos. A fidelidade a longo prazo é solapada pela inovação perpétua.

Em igrejas mais conservadoras, amor, alegria, paz e paciência são impedidos por temperamentos censuradores, sempre prontos a criticar. A fidelidade pode ser evitada por uma recusa em aceitar reformas necessárias à luz da Palavra de Deus. É fácil demais asseverar nossa própria lista de ortodoxias e regras como sendo "algo mais" do que o que Deus tem revelado em sua Palavra. É mais fácil alienar do que ensinar com humildade e amor. Nós rapidamente descartamos as pessoas, em contraste ao Bom Pastor, que não quebra o ramo ferido nem apaga uma vela bruxuleante. Alcunhas de "fundamentalista" e "liberal" ricocheteiam a nosso redor em tiros descuidados.

Em qualquer caso, não estamos encontrando nossa fonte comum no evangelho nem restringimos o que é esperado de um estilo de vida conforme a Cristo ao que realmente é ordenado na Escritura. Em vez disso, inventamos nossos próprios ideais de "vivência missional" e "discipulado radical", ou nossa própria lista de doutrinas essenciais, para então impô-las sobre o povo de Deus como sendo essenciais para a fé e a vida. O resultado disso é que as qualidades maduras de bondade e autocontrole ficam subordinadas, pelo menos na prática, à espécie de juízos viscerais e muitas vezes desinformados que antes associávamos à adolescência.

Meu ponto é que tais qualidades — o "fruto do Espírito" — são cultivadas em terra fértil do evangelho; elas murcham na atmosfera tóxica da inovação inquieta, como também do tradicionalismo sonolento.

Buscamos excelência quando nos importamos com algo além de nossa própria excelência. Encontramo-nos desejosos de algo ou alguém cuja verdade inerente, beleza e bondade nos atraem. Amamos um objeto específico suficiente para suportar quaisquer revezes e desafios no caminho. Isso é verdadeiro com qualquer um que seja impulsionado por perspectiva, romance, causa ou chamado digno.

Mecânico de aviões da Segunda Guerra Mundial, meu pai era também excelente carpinteiro, bombeiro e eletricista. Quanto a essas qualidades, absolutamente nenhum desse seu material genético foi transmitido para mim. A maçã caiu muito, muito longe da árvore, rolou até um cruzamento de trânsito intenso e foi esmagada por um caminhão. Quando o meu pai me deu um emprego, eu o seguia de coração vacilante e geralmente deixava metade por fazer. Foi só quando cresci e tornei-me mais velho que pude cuidar melhor dessas tarefas, e o fiz porque eram importantes para o meu pai.

Não podemos nos importar com tudo de forma igual e ao mesmo tempo, mas a mediocridade resulta de não nos importarmos de maneira nenhuma. A mediocridade é possível tanto na construção apressada de uma catedral como na apatia preguiçosa. Se os impulsos míopes de entusiasmo falham em oferecer crescimento sustentável, a excelência é ameaçada também por um conservadorismo que se acomoda com o *status quo*. Incontáveis exemplos daqueles que consideramos bem-sucedidos na vida mostram que houve compromisso paciente com rotinas diárias, rotinas estas que para o observador de fora parecem tediosas, triviais e sem valor. Talvez admiremos a Madre Teresa e sua dedicação

Corriqueiro não é o mesmo que medíocre

diária para com os pobres, mas preferimos ganhar na loteria a ser como ela.

Considere a Catedral de Colônia. Iniciada em 1248, essa joia gótica seria o principal lugar de culto para os governantes do Sacro Império Romano. Frederico II sabia que não veria a obra completa. A construção consistente continuou até 1473. Parada durante o século XVI, a construção foi completada em 1880 conforme o plano original — 632 anos depois da enfiada da primeira pá. Até hoje imponente acima da linha do céu da cidade, o edifício deve sua sobrepujante grandeza ao projeto meticuloso e cuidadosa execução ao longo dos séculos. Mesmo tendo a engenharia e materiais modernos, seria impossível replicar a Catedral de Colônia. Jim Collins, autor de *Empresas Feitas Para Vencer* chamaria isso de "alvo grande, cabeludo, audacioso". Mas, para que fosse terminada, dependia da paciente habilidade de incontáveis indivíduos que sabiam que provavelmente jamais veriam a cerimônia de inauguração.

Então, como queremos crescer? Bem, tudo depende do que é e por que nos importamos com isso em primeiro lugar. McDonalds e a Catedral de Colônia refletem objetos, finalidades e meios diferentes — e, portanto, diferentes definições de excelência. É duro contestar a excelência com que a companhia de *fast-food* cumpre sua missão encontrada no *website*:

> A missão da marca McDonald's é ser o lugar favorito dos nossos fregueses e seu modo de comer e beber. Nossas operações em todo o mundo estão alinhadas sobre uma estratégia global denominada de Plano para Vencer, centrado em uma experiência excepcional para o freguês — Pessoas,

Produtos, Ponto, Preço e Promoção. Temos o compromisso de melhorar continuamente nossas operações e enriquecer a experiência dos nossos fregueses.

Porém, essa definição de excelência jamais teria levado à construção da Catedral de Colônia. O fruto da excelência é determinado por seu objetivo. Somente o valor do objetivo poderá sustentar a excelência de longo prazo.

Jesus Cristo também tinha um "grande, cabeludo e audacioso alvo". No seu caso, o resultado era certo. Fundamentado no pacto feito entre as pessoas da Trindade antes da fundação do mundo, foi dado um povo ao Filho. Como o seu mediador, ele tornou-se carne para redimi-los da condição em que haviam se lançado. Ao ascender ao lugar de toda autoridade, ele e o Pai enviaram o Espírito para ajuntar seu povo de toda tribo em uma só nação santa. Com base nesta autoridade que lhe foi dada, ele fez sua declaração de missão aos seus apóstolos: "Ide, portanto, fazei discípulos de todas as nações, batizando-os em nome do Pai, e do Filho, e do Espírito Santo; ensinando-os a guardar todas as coisas que vos tenho ordenado" (Mateus 28.19–20).

Podemos nos desanimar com as circunstâncias sobre a terra, em nossas igrejas e denominações. Contudo, não há dúvida de que o "pequeno rebanho" de Cristo centrado em Jerusalém agora se espalhou para todas as partes do mundo. Até mesmo em face da perene perseguição vinda de fora e corrupção vinda de dentro, a igreja ainda é o reino que Cristo está construindo, sendo ele mesmo a Pedra fundamental. Além da missão da igreja, os crentes possuem seus diversos chamados na comunhão dos santos, e também como pais e filhos, carpinteiros e

Corriqueiro não é o mesmo que medíocre

médicos, amigos e vizinhos, voluntários e cidadãos. Alguns são chamados para posições de liderança na Cidade de Deus e na Cidade do Homem, enquanto outros desempenham papéis mais humildes, mas não menos importantes. Em qualquer dos casos, somos todos chamados à excelência, de acordo com os critérios apropriados aos objetivos e alvos de cada chamado.

Algumas pessoas escolhem seguir um objetivo, mas falta-lhes compromisso para o crescimento sustentável. Mais uma vez, isso depende de quanto você o deseja — noutras palavras, quão desejável é esse objetivo para você. Talvez você queira perder peso ou ficar em forma, mas um atleta bem-sucedido sabe que não são lampejos repentinos, bebidas energéticas ou novos e melhores vídeos de treinamento que levam ao êxito; são os incontáveis minutos e horas passados fazendo exercícios. Se eu entrar no ginásio de esportes e falar a um bom treinador: "Ei, quero conseguir um abdômen de tanquinho em três semanas", ele vai me dizer (se ele for honesto) que estou me preparando para o fracasso. Mas as propagandas ainda nos vendem a promessa irreal, e caímos por ela.

Rosa Parks não acordou um dia e decidiu que seria a "Primeira Dama dos Direitos Civis". Ela simplesmente tomou o ônibus que tomava todos os dias para ir ao trabalho, e resolveu que hoje ela não sentaria nos fundos como esperavam das pessoas negras nos anos 1950 em Montgomery, Alabama. Rosa sabia quem era e o que ela queria. Sabia o preço, e tomou a decisão de buscar o que acreditava a ponto de sacrificar a sua própria segurança. Naquela altura, ela nem estava se juntando a um movimento. Era simplesmente a pessoa certa no lugar e tempo certos. O que fez dela a pessoa certa foram incontáveis influências, relacionamentos e experiências — a maioria delas aparentemente insignificantes e esquecidas. Deus já havia formado nela o tipo de pessoa que faria uma coisa dessas. Pelo menos para ela, era uma coisa ordinária recusar sentar nos fundos do ônibus nesta viagem em particular. Mas, para a história, teve repercussões radicais.

As pessoas que realmente sabem qual será o custo eventual e quão pouca mudança pode ser vista rapidamente são mais propensas a aconselhar a paciência. Contudo, somos propensos a acreditar nas propagandas. Achamos que com um estojo que compramos poderemos nos tornar conhecedores de vinhos finos; construímos uma varanda simplesmente ao assistir clipes do *YouTube*; dominamos uma nova língua com um conjunto de CDs que ouvimos a caminho do trabalho. Mas o crescimento real, o cultivo da excelência, não funciona assim. A chave está no cuidado amoroso, paciente, atencioso para com as coisas que realmente importam — coisas que somos propensos a ignorar em nossa corrida para alcançar relevância e impacto radical. Excelência significa que, quer Deus me chame para servir aos pobres de Calcutá ou para jantares elegantes em um restaurante francês, o simples fato de ser este o chamado de Deus o torna precioso. "Portanto... fazei tudo para a glória de Deus" (1Co 10.31).

A excelência não pode ser cultivada por lobos solitários. Talvez nos lembremos de alguns dos grandes cientistas, artistas e filantropos da história. Eles, porém, jamais teriam adquirido seu conhecimento ou habilidade se não tivessem sido formados por uma comunidade de especialistas no decorrer do tempo. Os padrões de excelência em cada um desses campos não são algo que cada pessoa inventa ou mesmo se dedica. Eles se desenvolvem com o passar de gerações, por meio de incontáveis negociações, fracassos e sucessos.

Por essa razão é que Cristo nos coloca em uma expressão local do seu corpo visível. Especialmente nós, americanos, pensamos que conseguimos resolver as coisas por conta própria. Estamos apenas a um "guia faça você mesmo", seminário ou clique para nos fazer mestres de qualquer coisa que queiramos fazer ou ser. Porém, em qualquer que seja o campo, a excelência requer disciplina — submeter-se a uma comunidade que cultive a proficiência. Disciplina requer discípulos, assim como o artesanato requer aprendizes. Muita sabedoria para esse aprendizado pode ser encontrada nos recursos acumulados da comunidade. Porém, os livros não bastarão. Não precisamos de mais conferências, mais programas e mais celebridades em nossa igreja atual. Precisamos de igrejas onde o Espírito esteja imergindo os pecadores em Cristo dia a dia, uma viva comunhão dos santos, onde não podemos simplesmente saltar para nosso capítulo predileto ou pesquisar no *Google* o que é o nosso interesse momentâneo.

Excelência versus *perfeccionismo*

A excelência é uma virtude quando tem em vista a glória de Deus e o bem de nosso próximo. No entanto, como acontece com todas as virtudes, o amor próprio transforma este impulso nobre em vício. Ele pode assumir muitas formas. Uma delas é o perfeccionismo.

No caso de aspirantes perfeccionistas, o anseio por aprovação pode impedi-los de receber a misericórdia de

Deus e de servir ao próximo de modo simples — e imperfeito. Eventualmente, muitos dessa classe reconhecem sua derrota e se fecham dentro de si mesmos. "Nunca mais vou fazer *isso*", dizem a si mesmos. O desejo de agradar a outros — de derivar sua identidade das palavras de algum outro que não seja Deus — tem efeito debilitante em seu coração. Em vez de viver *a partir da* justificação dos ímpios em Cristo realizada por Deus, eles vivem *para* a aprovação e o aplauso de outros pecadores. Quando falta essa aprovação, eles se fecham, se retraem, se afastam do mundo — talvez até de Deus. O medo de falhar, o temor da rejeição e o desejo de evitar a dor faz com que deixem de buscar a excelência de modo saudável, que honre a Deus.

No caso de perfeccionistas iludidos, o sucesso tem efeito oposto: intoxicá-los com a ilusão da autojustiça. Isso pode ser uma droga terrível. Em vez de colocar nossa confiança em Deus, aprendemos a confiar em nossa própria dedicação e piedade. Nosso serviço incansável é impelido mais por desejo de justiça própria e autovalorização do que por segurança suficiente em Cristo para tratar das verdadeiras necessidades do próximo.

Quando encontro somente em Cristo a minha justificação, estou livre para amar e servir aos outros de formas ordinárias e não alardeadas. Um ato relativamente insignificante e imperfeito de generosidade é, contudo, útil a meu próximo, e, portanto, glorifica a Deus. Nosso perfeccionismo, contudo, torna os outros e suas necessidades simplesmente em instrumentos para amar e servir a nós mesmos. Pode ser que tenhamos o chamado "complexo de messias", e essa necessidade interior insaciável

Corriqueiro não é o mesmo que medíocre

nos impulsione a fazer aquilo que, no final, levará outros a fazer bons elogios sobre nós. Queremos "uma vida excelente" inscrita na lápide de nosso túmulo como prova de que somos gente de valor e importância.

Tristemente, até mesmo algo simples como oferecer um lindo jantar pode ser deturpado por nosso desejo de impressionar. Logo não será mais o prazer das visitas, mas sua aclamação que faz com que todo o esforço valha à pena. Se eu puser grande importância na sua aclamação, não pouparei esforços, e irei a distâncias extravagantes para garantir sua aprovação. Em contraste, a verdadeira excelência — realizada por amor ao próximo, para a glória de Deus, pela fé em Cristo — pode envolver apenas ter mais um prato para o caso de alguém chegar na hora de comer o ensopado.

É precisamente isso que Jesus encontrou num sábado, ao ser convidado para jantar com visitas de destaque na casa de um líder dos fariseus. À primeira vista, esse episódio parece um exemplo de falta de noção social por parte de Jesus. Depois de causar espanto por curar um homem no sábado, Jesus transforma o ataque velado (com a pergunta genérica, "É legítimo ou não curar no sábado?") em sermão sobre hospitalidade. Ele revela que os líderes religiosos, na verdade, não estavam interessados em excelência, pelo menos não na que é realizada pela fé e em serviço de amor ao próximo. Para eles, a excelência tinha a ver com seguir regras morais que eles inventaram. Em sua idolatria da excelência legalista, perderam uma oportunidade de serem salvos — de si mesmos.

Jesus vira a mesa e fala-lhes sobre a etiqueta correta para os jantares em seu reino. Começa com o arranjo dos assentos:

> Quando por alguém fores convidado para um casamento, não procures o primeiro lugar; para não suceder que, havendo um convidado mais digno do que tu, vindo aquele que te convidou e também a ele, te diga: Dá o lugar a este. Então, irás, envergonhado, ocupar o último lugar. Pelo contrário, quando fores convidado, vai tomar o último lugar; para que, quando vier o que te convidou, te diga: Amigo, senta-te mais para cima. Ser-te-á isto uma honra diante de todos os mais convivas. Pois todo o que se exalta será humilhado; e o que se humilha será exaltado (Lucas 14.8-11).

Em essência, não espere até que o anfitrião passe você para a mesa das crianças. Jesus não está apresentando lições gerais sobre a etiqueta nos jantares. Ele chama os pecadores e rejeitados ao seu banquete, enquanto os líderes religiosos que recusaram a sua generosidade foram deixados para fora, no frio. Ele é o anfitrião dessa refeição – não o convidado. Se eles não se permitirem serem servidos à sua mesa — junto com os outros pecadores da rua, passarão fome. De qualquer modo, ficarão surpresos se achavam que teriam lugar de honra à mesa de Deus.

Jesus até mesmo dá a seu anfitrião uma advertência em forma de parábola sobre um banquete de casamento: "Quando deres um jantar ou uma ceia, não convides os teus amigos, nem teus irmãos, nem teus parentes, nem vizinhos ricos; para não suceder que eles, por sua vez, te convidem e sejas recompensado". Num primeiro momento isso não faz sentido: *"para não suceder* que eles te convidem e sejas recompensado"? Essa não é simplesmente a lei da hospitalidade? Se você der uma festa que agrade às pessoas, não é provável que seja recompensado recebendo convites delas? Porém, não é isso que Jesus lhes diz.

> Disse também ao que o havia convidado: Quando deres um jantar ou uma ceia, não convides os teus amigos, nem teus irmãos, nem teus parentes, nem vizinhos ricos; para não suceder que eles, por sua vez, te convidem e sejas recompensado. Antes, ao dares um banquete, convida os pobres, os aleijados, os coxos e os cegos; e serás bem-aventurado, pelo fato de não terem eles com que recompensar-te; a tua recompensa, porém, tu a receberás na ressurreição dos justos" (Lucas 14.12-14).

Jesus diz aos líderes religiosos que eles deveriam convidar exatamente as pessoas a quem excluíram dos lugares do templo. Esses líderes certamente estavam confusos. Afinal de contas, essa gente sórdida tinha sido excluída para que a excelência e pureza do templo fosse preservada. Por que *essa gentalha* seria convidada para o banquete?

Encurtando a parábola, Jesus manda ao mordomo do grande banquete que envie os servos para convidar as pessoas para a festa. Um a um, os convites delicadamente lavrados são polidamente recusados. Se definirmos a excelência em termos autocentrados, são eles rejeitados por boas razões. Finalmente, o mestre manda seu servo para os atalhos e as vielas:

> Sai depressa para as ruas e becos da cidade e traze para aqui os pobres, os aleijados, os cegos e os coxos. Depois, lhe disse o servo: Senhor, feito está como mandaste, e ainda há lugar.

Respondeu-lhe o senhor: Sai pelos caminhos e atalhos e obriga a todos a entrar, para que fique cheia a minha casa. Porque vos declaro que nenhum daqueles homens que foram convidados provará a minha ceia (Lucas 14.15-24).

Seguido a este episódio, Lucas insere a instrução de Jesus às multidões sobre o preço do discipulado, concluindo: "Assim, pois, todo aquele que dentre vós não renuncia a tudo quanto tem não pode ser meu discípulo" (Lucas 14.33). Isso não é uma advertência abstrata, muito menos um texto-prova para uma visão monástica de pobreza. O que Jesus está afirmando é que toda desculpa para recusar o convite do mestre — até mesmo a busca por "excelência" religiosa — nos tornará estrangeiros em seu reino. A sua excelência religiosa não lhe fará merecer um lugar à mesa de Deus. Seus esforços próprios jamais merecerão um lugar de honra. O convite não é Cristo mais qualquer outra coisa, mas somente Cristo. A autossuficiência material, moral ou espiritual é mortal, e tem consequências eternas.

Tudo que Jesus diz nessa parábola ele está cumprindo no meio deles. Ele prepara a mesa e convida seus amigos. Acaba sendo que os líderes religiosos são, na verdade, os que estão do lado de fora e os excluídos — os rejeitados da vida no templo — agora são feitos íntimos pela fé em Cristo. Quando transformamos uma piedosa paixão por excelência (ou seja, glorificar e ter prazer em Deus e amar o próximo) em ídolo de nossa própria autojustificação, perdemos a coisa realmente radical que Deus está fazendo bem debaixo do nosso nariz.

Ser "corriqueiro" significa rejeitar a idolatria de buscar a excelência por razões egoístas. Não cavamos poços na África para provar nosso valor ou importância. Não servimos a sopa para os sem-teto nem nos envolvemos em disciplinas espirituais por desejo de sermos especiais, radicais e diferentes. Quando fazemos essas coisas por razões egoístas, Deus se torna ferramenta para que ganhemos nosso prêmio pelo tempo de nossa vida. Nosso próximo, se torna instrumento na criação de nosso senso de significado, impacto e identidade. Aquilo que fazemos para Deus é, na verdade, feito para nós mesmos.

Em lugar disso, temos de realinhar nossos afetos e reordenar nossas prioridades. Jesus Cristo cumpriu toda a justiça durante seus mais de trinta anos de perfeita obediência a tudo que o Pai ordenara. Ele fez isto por nós. Tendo realizado a obra que nós devíamos fazer, ele carregou a sentença da justiça divina e pagou nossa dívida acumulada. Agora ele está ressurreto, sentado à destra do Pai, intercedendo por nós. Aqui, diante da face do Salvador exaltado, contemplamos o retrato da verdadeira excelência. Somente ele é o substituto único — a oferta pela culpa por sua morte, para que agora sejamos não somente perdoados mas possamos nos oferecer como "sacrifício vivo" de louvor e gratidão (Rm 12.1). Admitimos que isso é paradoxal: somente ao descansar em Cristo é que nos encontramos ativos em boas obras, não apenas para as corridas curtas, mas para toda a maratona de longa distância.

Chamado à ação
O chamado à ação, a ter fé ativa, é bem apoiado pela Escritura. "Corriqueiro" não quer dizer passivo. Todos os crentes devem viver aquilo que creem, devem praticar aquilo que pregam. Mas o ativismo mal direcionado ou caótico nos torna desleixados. A

questão verdadeira é: Que espécie de ação? Por que — e para que propósito? Existe uma diferença entre o ativismo frenético e a atividade fiel nas lutas e alegrias diárias da vida.

Algumas pessoas, ao defender a doutrina de "somente pela graça" dão impressão de que não existe nada que necessitamos fazer como cristãos. Certamente é verdade que nada podemos fazer para ser considerados justos no tribunal de Deus. Como poderemos merecer a misericórdia e perdão de um Deus santo? Sendo transgressores da sua lei. (Noutras palavras, todos se encaixam nisso.)

Não podemos fazer nada para nos levantar da morte espiritual. O novo nascimento é uma dádiva. Nem nossa fé pode causar esse novo nascimento. Em qualquer caso, a fé não é algo que possuímos, não é nossa contribuição ao empreendimento; é dom de Deus (Ef 2.8 – 9). Os chamados à ação não podem assumir o evangelho. De outra feita, a própria igreja — mesmo em nome do evangelismo — conspira com o mundo para nos impelir mais profundamente para dentro de nós mesmos.

O poder do ativismo, de nossas campanhas, movimentos e estratégias não perdoa pecados nem ressuscita os mortos. "Pois não me envergonho do evangelho, porque é o poder de Deus para a salvação de todo aquele que crê, primeiro do judeu e também do grego" (Rm 1.16). É por isso que frases como "viver o evangelho", "ser evangelho", e "ser cooperadores com Jesus na redenção do mundo" são perigosas distorções da mensagem bíblica das boas-novas. O evangelho não trata do que fizemos ou fomos chamados a fazer, mas é o anúncio da obra salvadora de Deus em Jesus Cristo. "Porque não nos pregamos a nós mesmos, mas a Cristo Jesus como Senhor e a nós mesmos como vossos servos, por amor de Jesus" (2Co 4.5).

Primeiro e acima de tudo — e sempre — somos receptores diante de Deus. Ele é o benfeitor e nós os beneficiados. Não podemos dar nada que ele precise, mas recebemos tudo das *suas* mãos (Atos 17.25; Rm 11.35 – 36; Tg 1.17). O evangelho não é um aquecimento para os raios em volta de nossos esquemas de autoajuda e transformação do mundo. Precisamos ouvir as boas-novas a cada dia.

Porém, toda a razão do evangelho é ressuscitar os mortos, justificar o ímpio, nos transformar e libertar, para que glorifiquemos e tenhamos prazer em Deus e para que amemos e sirvamos ao próximo! Escolhidos, justificados e adotados pelo Pai, no Filho, somos unidos a Cristo pelo Espírito mediante o dom da fé. Este é o mesmo Espírito Santo que separou as águas na criação e no êxodo, para a passagem segura do povo do pacto até a terra santa; o mesmo que, com sua glória, encheu o templo; o mesmo que fez o Filho eterno encarnar no ventre de uma virgem, guiou e sustentou-o em sua provação terrena, deu-lhe poder para realizar maravilhas e o ressuscitou dos mortos.

Este mesmo Espírito Santo não somente nos deu o novo nascimento, unindo-nos à Cabeça viva; ele também passou a habitar em nós. A sua habitação nos torna santos, assim como, no passado, fez santo o templo e toda a terra de Israel. Diferente do templo, a presença e habitação do Espírito em seus santos não podem ser retiradas. A sua habitação é o bom depósito sobre nossa redenção final (Romanos 8.23). Medite nestas palavras:

Se habita em vós o Espírito daquele que ressuscitou a Jesus dentre os mortos, esse mesmo que ressuscitou a Cristo Jesus dentre os mortos vivificará também o vosso corpo mortal, por meio do seu Espírito, que em vós habita. Assim, pois, irmãos, somos devedores, não à carne como se constrangidos a viver segundo a carne. Porque, se viverdes segundo a carne, caminhais para a morte; mas, se, pelo Espírito, mortificardes os feitos do corpo, certamente, vivereis. Pois todos os que são guiados pelo Espírito de Deus são filhos de Deus. Porque não recebestes o espírito de escravidão, para viverdes, outra vez, atemorizados, mas recebestes o espírito de adoção, baseados no qual clamamos: Aba, Pai. (Romanos 8.11-15)

Somos ainda pecadores, mas não estamos mais "mortos em nossas transgressões e pecados" (Ef 2.1). Embora no ato da justificação a fé seja apenas descansar em Cristo e recebê-lo com todos os seus dons, essa mesma fé se agarra a Cristo também para a santificação. O Espírito cria fé mediante o evangelho e a fé salvadora produz o fruto do amor e de boas obras. Somos unidos a Cristo para a justificação *e a* renovação. Estas têm de ser distintas, mas jamais separadas. A fé salvadora não é inimiga das boas obras, e sim sua única fonte possível.

Diante de Deus, somos sempre receptores de dons. Porém, diante de nosso próximo, somos tanto receptores quanto doadores. Mesmo o nosso louvor é oferecido como sacrifício de ações de graças, não como sacrifício de expiação. Em vista das misericórdias de Deus, não na esperança de alcançá-las, é que oferecemos nossos corpos em sacrifício vivo (Rm 12.1 – 2). Como disse Lutero: "Deus não necessita nossas boas obras; nosso próximo é que precisa delas".[12] Calvino diz o mesmo quando discute o compartilhamento dos dons no corpo de Cristo. "Sendo que nossas boas obras não conseguem alcançar a Deus, ele nos dá outros crentes a quem podemos fazer boas obras. Quem quer amar a Deus pode fazê-lo ao amar os crentes".[13]

Nunca oferecemos nossas boas obras a Deus para obter a salvação, mas as estendemos ao nosso próximo para o seu bem. Como resultado disso, todos se beneficiam. Deus, que não precisa de nada de nós, recebe toda a glória; nosso próximo recebe dons que Deus deseja dar-lhe por nosso intermédio; ambos nos beneficiamos tanto pelos dons de outros como pela alegria que o dar nos traz. Ninguém ganha se esse fluxo é revertido. Deus não é glorificado, o próximo não é servido e vivemos frustrados, ansiosos, descontentes, aguardando a ira de um Deus santo.

O evangelho produz paz e nos dá poder para vivermos pela fé. Não somos mais ansiosos, porém seguros e revigorados, porque estamos crucificados e ressurretos com Cristo. Não estamos mais estrelando num enredo produzido por nós mesmos, mas vivemos a história de Cristo. Nada temos a provar – apenas muito trabalho a fazer. Boas obras não são mais vistas como condição da nossa união com Cristo, mas seu fruto. Não somos mais escravos, mas filhos de Deus — co-herdeiros com Cristo, nosso irmão mais velho. A primeira pergunta e resposta do Catecismo de Heidelberg resume bem essa fé:

---

12 Citado por Gustav Wingren, *Luther on Vocation* (trad. Carl C. Rasmussen; Evansville, IN: Ballast, 1994), 10.

13 Herman Selderhuis, *Calvin's Theology of the Psalms*, 235.

P 1. Qual é o seu único consolo na vida e na morte?
R. Que não pertenço a mim mesmo, mas pertenço de corpo e alma, tanto na vida quanto na morte, ao meu fiel Salvador Jesus Cristo. Ele pagou completamente todos os meus pecados com o seu sangue precioso e libertou-me de todo o domínio do diabo. Ele também me guarda de tal maneira que sem a vontade do meu Pai celeste nem um fio de cabelo pode cair da minha cabeça; na verdade, todas as coisas cooperam para a minha salvação. Por isso, pelo seu Espírito Santo, ele também me assegura a vida eterna e faz-me disposto e pronto de coração para viver para ele de agora em diante.[14]

Como criaturas de Deus, criados à sua imagem, "não somos nossos" já na criação. Mas nossa redenção redobra essa verdade. Criado por Deus e salvo por sua graça, verdadeiramente "não sou meu, mas pertenço — corpo e alma, na vida e na morte — a meu fiel salvador, Jesus Cristo".

Próximo do final do Catecismo de Heidelberg (depois de tratar dos Dez Mandamentos), é feita a pergunta:

P 114. Mas os que se converteram a Deus são capazes de guardar esses mandamentos perfeitamente?
R. Não. Pois até mesmo os mais santos nessa vida só têm um leve começo dessa obediência. Mesmo assim, eles começam a viver — com sincero fervor e propósito — não apenas segundo alguns mandamentos de Deus, mas conforme todos eles.[15]

---

14 Catecismo de Heidelberg, P & R 1, da tradução: www.crcna.org/welcome/ beliefs/confessions/ heidelberg-catecismo.
15 Ibid., P & R 114.

Corriqueiro não é o mesmo que medíocre

Observe que não buscamos equilíbrio entre passividade e perfeccionismo. Ambos são rejeitados. Em sua própria experiência, Paulo lamenta que, mesmo quando peca, ainda está amando a lei e o doador da lei (Rm 7.14 – 25). É precisamente esse dilema que torna a vida cristã em luta tão grande.

Com essa confiança é que podemos abraçar as exortações da Escritura a prosseguir, a crescer em conhecimento e maturidade, em passo com o Espírito, em vez de entristecê-lo; e oferecer nossos corpos à justiça, fazendo morrer as obras de nossa natureza pecaminosa. Em vez de subir ao céu com ambição por autojustiça, estendemos a mão aos que estão bem próximos de nós a cada dia, os quais necessitam algo que temos a oferecer. Cristo é nossa rocha. Quando caímos, voltamos a subir na rocha, seguros na identidade que ele nos outorgou, procurando distribuir seu amável dom ao próximo.

Quando chegamos a passagens que nos chamam a viver de modo que agrade ao Senhor, nós as ouvimos como quem já foi justificado e é adotado como herdeiro. A mesma ordem inspira terror ou prazer, dependendo se quem ordena for nosso Pai ou nosso Juiz. Não podemos agradar a Deus como Juiz, mas podemos agradá-lo como nosso Pai. Nós não podemos oferecer qualquer sacrifício que tire nossa culpa — isso seria sacrilégio depois que o Cordeiro de Deus foi morto de uma vez por todas. Seu sacrifício expiatório nos liberta para, agora, oferecermos nosso corpo em "sacrifício vivo" de louvor e ações de graça (Rm 12.1; Fp 4.18; Hb 13.16; 1Pe 2.5).

Nossas falhas são generosamente perdoadas em Cristo por um Pai misericordioso, portanto, lutamos por "viver de modo digno do Senhor, para o seu inteiro agrado, frutificando em toda boa obra e crescendo no pleno conhecimento de Deus". Não somos motivados por medo de rejeição ou por busca de aprovação. É, em vez disso, uma vida "em toda a perseverança e longanimidade; com alegria, dando graças ao Pai, que vos fez idôneos à parte que vos cabe da herança dos santos na luz". Por quê? "Ele nos libertou do império das trevas e nos transportou para o reino do Filho do seu amor, no qual temos a redenção, a remissão dos pecados" (Cl 1.10 – 14).

Não vivemos mais voltados para nós mesmos, alternando entre o desespero e o orgulho, e sim mudamos o foco de luz para Cristo, para sua glória, como testemunha aos que estão de fora, a quem ele tornará co-herdeiros conosco nesta herança. Quer vivamos ou morramos, Paulo diz: "É por isso que também nos esforçamos, quer presentes, quer ausentes, para lhe sermos agradáveis" (2Co 5.9).

Assim, existe alívio para os perfeccionistas que estão por aí: Desistam! Parem de querer subir. Caiam nos braços graciosos de Deus. "Porque morrestes, e a vossa vida está oculta juntamente com Cristo, em Deus" (Cl 3.3). Acordados por um verdadeiro entendimento da lei de Deus e de nossa própria vida, nunca mais seremos perfeccionistas, pelo menos não em princípio (Acostumar-se com isso é outra história). Assim, vamos em frente com a vida, com amor, com serviço — reconhecendo plenamente que Deus já tem serviço perfeito que requer de nós no seu Filho e que agora o nosso próximo necessita de nossa ajuda imperfeita. Agora, com confiança no evangelho, usamos a lei de Deus como guia em lugar de meio de autojustificação. Precisamente porque nos atemos somente a Cristo, por nossa paz com

Corriqueiro não é o mesmo que medíocre

Deus, fomos libertos para amar e servir aos outros sem tentar ganhar pontos de merecimento.

Observe que todos os Dez Mandamentos são dirigidos aos outros: a Deus e ao próximo. Muito de nossa piedade é focada em "eu e minha vida interior". Para provar isto, basta dar uma olhada na a seção de *vida cristã* de uma livraria cristã mediana. Mas os mandamentos de Deus estão focados no que significa estar em relacionamento com os outros: confiar somente em Deus e amar e adorá-lo da forma que ele aprova, procurando o bem de nosso próximo, os quais são também portadores da imagem de Deus. Seguindo a pergunta e resposta acima, o Catecismo de Heidelberg pergunta:

> P 115. Se nessa vida ninguém consegue obedecer perfeitamente aos Dez Mandamentos, por que Deus manda que sejam pregados com tanto rigor?
> R. Primeiro, para que ao longo das nossas vidas possamos cada vez mais estar conscientes da nossa natureza pecaminosa, e assim busquemos com mais fervor o perdão dos pecados e a justiça de Cristo. Segundo, para que, ao orarmos a Deus pela graça do Espírito Santo, jamais deixemos de batalhar para sermos cada vez mais renovados à imagem de Deus até que, após esta vida, alcancemos o alvo da perfeição.[16]

"Somente por Cristo, abraçado somente pela fé, para a glória de Deus e o bem de nosso próximo, com base somente na Palavra de Deus" — e nada mais. Este é o lema do cristão ordinário (Lucas 10.27).

---

16 Ibid., P & R 115.

SIMPLESMENTE CRENTE

Exercício
1. O que é excelência?
2. Como tornamos essa virtude em vício? Pense/fale sobre a diferença entre excelência e perfeccionismo.
3. Será o chamado para abraçar o que é corriqueiro uma fuga para a mediocridade?
4. Será um chamado à passividade? Se não for, qual a razão para nossa atividade como cristãos?

Capítulo 3
JOVENS E INQUIETOS

"Agora somos todos adolescentes", escreve Thomas Bergler. "Quando é que vamos crescer?"[17] Bergler explica que as igrejas e organizações paraeclesiásticas começaram primeiro a oferecer programas dirigidos aos jovens — principalmente para ajudar jovens da cidade que corriam riscos (por exemplo, a Associação Cristã de Moços). Depois o "adolescente" foi inventado como um item demográfico singular na sociedade. Como resultado, foi criado o grupo de jovens, oferecendo versões de igreja amigáveis aos adolescentes na igreja. "No segundo estágio, surgiu um novo estado adulto muito parecido com a velha adolescência. Cada vez menos pessoas abandonaram as espiritualidades cristãs adolescentes que aprenderam nos grupos de mocidade; em vez disso, as igrejas começaram a ceder a elas". Eventualmente, as igrejas *se tornaram* esses grupos.[18]

---

17 Veja www.christianitytoday.com/ct/2012/june/when-are-wegoing-to-grow-up.html.
18 Ibid. Veja também de Thomas E. Bergler, *The Juvenilization of American Christianity* (Grand Rapids: Eerdmans, 2012).

Não é novidade que os jovens queiram que as igrejas se moldem a eles. O que é novo é a extensão a que as igrejas concederam. Em gerações anteriores, os presbíteros — tanto os oficiais quanto simples membros mais velhos e sábios — não permitiriam que isso acontecesse. Tomavam os jovens sob suas asas e os ensinavam por palavras e exemplo o que significa aceitar os privilégios e as responsabilidades de sermos membros do corpo de Cristo. Os jovens não eram um *mercado* a ser explorado, mas ovelhas a serem alimentadas e guardadas. Igrejas viam os jovens não como a medida de seu sucesso, nem como "a igreja de amanhã", mas como parte integral da igreja de hoje.

Pela primeira vez na história da igreja, tornou-se possível passar do berçário para o culto infantil, para a classe juvenil de escola dominical, para o grupo de adolescentes, para os estudantes universitários sem jamais ter experimentado o que significa ser membro da igreja. São abundantes os estudos chocantes dizendo que muitos de nossos filhos saem da igreja quando chegam aos seus anos de faculdade. Mas isso não devia ser tão chocante porque, para início da conversa, eles na verdade nunca estiveram envolvidos na igreja.

Cada vez mais, encontro jovens que nunca, ou raramente, experimentam os meios ordinários de graça no culto semanal. Alguns nunca foram batizados, muito menos instruídos num catecismo comum em preparação para a profissão de fé e participação na Santa Ceia. Infelizmente, as pessoas que tenho em mente não foram convertidas quando adultos, mas pertenciam a uma família cristã e assistiram a inúmeros eventos cristãos e ministérios apadrinhados por uma igreja. Todo o plano de maturidade gradativa no corpo de Cristo foi deixado de lado para uma adolescência perpétua. Todo o seu mundo era uma cultura de juventude. Muitos foram criados mais por seus pares do que por seus pais e pastores. E hoje muitos deles são, eles mesmos, ambas as coisas.

Assim, talvez não surpreenda que, como a cultura em geral, muitas igrejas consideradas mais "vivas" e "de última geração" refletem quase que uma obsessão com a mocidade. Meu mentor, James Montgomery Boice, costumava dizer que, em vez do padrão mais bíblico dos filhos que cresciam rumo à maturidade, as igrejas estavam transformando adultos em filhos. Positivamente, essa orientação jovem oferecia energia e zelo, mas também mudou nossa ecologia espiritual.

Jovem é *Inquietação*

Com toda razão — e experiência isenta de idade —associamos a infância com um espírito de exploração inquieta, senso de maravilha e distração. Essas características às vezes poderão criar frustração, mas normalmente não as associamos ao vício. Fascinados pela novidade de tudo, sua atenção vai para lá e para cá, para cima e para baixo. Cumprimentamos quando engatinham e depois quando começam a andar, mas a alegria é de curta duração, quando os pequenos amados arrancam toda panela do armário e fogem de nós no supermercado. Eles ainda não aprenderam como antever o perigo ou discernir o importante do trivial; *tudo* é interessante! Assim, é possível tirar vantagem de crianças e até mesmo abusar delas.

Crianças confiam, mas se elas permanecerem assim serão facilmente levadas. Quando crianças, não gastávamos tempo para mastigar corretamente, muito menos para meditar profundamente sobre a verdade. Perguntávamos: "Já estamos chegando?", vinte minutos depois de sair de nossa casa. Não esperamos que os bebês cuidem dos outros ou considerem os outros como sendo mais importantes do que eles. Não repreendemos crianças de cinco anos por deixarem de encontrar um emprego. É o breve e brilhante momento da vida em que o holofote está sobre nós e em nossas necessidades, sem qualquer expectativa de que pudesse ser de outro jeito.

Ao amadurecer, as expectações mudam. Porém, assim como no aprendizado de como andar de bicicleta, é basicamente uma questão de tentativa e erro. O aspecto mais exasperador de levar meus filhos para pescar era que eles não deixavam a linha na água tempo suficiente para atrair qualquer ser vivo. Sim, essa espécie de impaciência é infantil — o que é perfeitamente normal numa criança. Levada, porém, à idade adulta, é irritante.

Amadurecer

Somos chamados a entrar no reino como crianças (Mateus 18.3; Lucas 18.16), mas não a permanecer trancados na inquietação perpétua da infância e adolescência. Eventualmente, aprendemos a assumir compromissos, desenvolver raízes e investir a vida em relacionamentos a longo prazo, em vez de procurar constantemente o mais novo, maior e mais recente. Por meio de seu ministério, pastores-mestres atuam

> com vistas ao aperfeiçoamento dos santos para o desempenho do seu serviço, para a edificação do corpo de Cristo, até que todos cheguemos à unidade da fé e do pleno conhecimento do Filho de Deus, à perfeita varonilidade, à medida

da estatura da plenitude de Cristo, *para que não mais sejamos como meninos*, agitados de um lado para outro e levados ao redor por todo vento de doutrina, pela artimanha dos homens, pela astúcia com que induzem ao erro. (Ef 4.12 – 14, itálicos acrescentados)

Parem de ser "arrastados pelo erro desses insubordinados, descaiais da vossa própria firmeza". De modo semelhante Pedro adverte: "antes, crescei na graça e no conhecimento de nosso Senhor e Salvador Jesus Cristo" (2Pe 3.17 – 18).

A nossa geração não é a primeira em que pessoas jovens acham que sabem mais do que os mais velhos. Dar livre vazão a nossos desejos, ambições e línguas é nossa corrupção do bem — o zelo, a curiosidade e a paixão por ação dos jovens deveríamos levar conosco por toda a vida. Quando crianças pequenas, basicamente tomamos como normal o mundo descrito por nossos pais e outras figuras de autoridade. Mais tarde, começamos a questionar as coisas (isso se chama "ser adolescente"). É assim que deve ser. A adolescência é o tempo maravilhoso de explorar aquilo que cremos e a razão pela qual acreditamos, de "assumir" nossa fé por nós mesmos. Isso, claro, presume que a gramática nos foi dada para que saibamos fazer boas perguntas e juízos bem informados. Uma igreja que para de fazer (e permitir) perguntas trai o seu próprio tênue entendimento da verdade de Deus.

Portanto, existem características maravilhosas de adultos jovens que deveriam ocupar um lugar importante na vida da igreja. Ao mesmo tempo, como ressaltarei em outros capítulos, temos a tendência de transformar virtudes em vícios. A suspeição de autoridade, confiança exagerada, o andar inquieto e sem propósito, a ansiedade com o assumir de compromissos sempre foram fraquezas para as quais necessitamos de todo o corpo, para que nos ajude a amadurecer e vencer.

Paulo diz à igreja de Corinto que uma das marcas das crianças é um certo nível de inquietação, o qual conduz à superficialidade — uma espiritualidade rasa e autocentrada. Em Corinto, em vez de edificarem-se mutuamente, as personalidades mais dotadas dominavam o palco, colocando-se acima dos outros. Era mais como *American Idols* do que corpo de Cristo:

> Eu, porém, irmãos, não vos pude falar como a espirituais, e sim como a carnais, como a crianças em Cristo. Leite vos dei a beber, não vos dei alimento sólido; porque ainda não podíeis suportá-lo. Nem ainda agora podeis, porque ainda sois carnais. Porquanto, havendo entre vós ciúmes e contendas, não é assim que sois carnais e andais segundo o homem? Quando, pois, alguém diz: Eu sou de Paulo, e outro: Eu, de Apolo, não é evidente que andais segundo os homens? Quem é Apolo? E quem é Paulo? Servos por meio de quem crestes, e isto conforme o Senhor concedeu a cada um. (1Co 3.1 – 5)

A igreja de Deus não é um palco onde apresentamos nossos solos. É o jardim de Deus. É um edifício que Deus está construindo em seu Filho, por sua Palavra e seu Espírito (1Co 3.6 – 9). Contra seu culto caótico, ele exorta: "Irmãos, não sejais meninos no juízo; na malícia, sim, sede crianças; quanto ao juízo, sede homens amadurecidos" (1Co 14.20).

Ao crescer, começamos a assumir responsabilidades — por nós mesmos e pelos outros. Encontrando nossa vida escondida com Deus em Cristo, não somos mais o centro de nosso universo. Prosseguimos adiante até sermos completos em Cristo. "Não que eu o tenha já recebido ou tenha já obtido a perfeição", Paulo reconhece, "mas prossigo para conquistar aquilo para o que também fui conquistado por Cristo Jesus".

> Irmãos, quanto a mim, não julgo havê-lo alcançado; mas uma coisa faço: esquecendo-me das coisas que para trás ficam e avançando para as que diante de mim estão, prossigo para o alvo, para o prêmio da soberana vocação de Deus em Cristo Jesus. Todos, pois, que somos perfeitos, tenhamos este sentimento; e, se, porventura, pensais doutro modo, também isto Deus vos esclarecerá. Todavia, andemos de acordo com o que já alcançamos. (Fp 3.12 – 16)

Aqui, o que é verdade para indivíduos é também verdade para as igrejas no decorrer do tempo. Prossiga. Não repouse sobre as honras da graça do passado. Com todos os meios, prove e examine o que você aprendeu. "Todavia, andemos de acordo com o que já alcançamos". Se continuamente começamos do zero, permaneceremos infantes. O conhecimento salvador de Cristo é o alvo que procuramos,

> o qual nós anunciamos, advertindo a todo homem e ensinando a todo homem em toda a sabedoria, a fim de que apresentemos todo homem perfeito em Cristo; para isso é que eu também me afadigo, esforçando-me o mais possível,

segundo a sua eficácia que opera eficientemente em mim. (Cl 1.28 – 29).

O escritor de Hebreus também nos encoraja a amadurecer, a pararmos de nos comportar como crianças. Logo que nos lança na instrução impressionante sobre o cumprimento que Cristo fez do sacerdócio de Melquisedeque, ele se interrompe:

> A esse respeito temos muitas coisas que dizer e difíceis de explicar, porquanto vos tendes tornado tardios em ouvir. Pois, com efeito, quando devíeis ser mestres, atendendo ao tempo decorrido, tendes, novamente, necessidade de alguém que vos ensine, de novo, quais são os princípios elementares dos oráculos de Deus; assim, vos tornastes como necessitados de leite e não de alimento sólido. Ora, todo aquele que se alimenta de leite é inexperiente na palavra da justiça, porque é criança. Mas o alimento sólido é para os adultos, para aqueles que, pela prática, têm as suas faculdades exercitadas para discernir não somente o bem, mas também o mal. (Hb 5.11 – 14)

Ser jovem é ser inquieto. Contudo, ao amadurecermos, aprendemos a Palavra de Deus e — é importante, conforme vimos acima — "as faculdades exercitadas (treinadas pela *constante prática*) para discernir". Crescimento envolve deixar para trás esse espírito de inquietação, aprendendo disciplinas que conduzem à maturidade na fé. Se não amadurecermos, a apostasia passa a ser um perigo real (Hb 6.1 – 12).

Até mesmo em sociedades seculares através dos tempos, tem havido um consenso de que a sabedoria vem com a idade e experiência. Isso não é idolatrar os idosos. Afinal de contas, "os patriarcas" da Escritura são um termo que se refere frequentemente à geração do deserto, que não creu na promessa de Deus. Em contraste, Paulo encoraja Timóteo: "Ninguém despreze a tua mocidade; pelo contrário, torna-te padrão dos fiéis, na palavra, no procedimento, no amor, na fé, na pureza" (1Tm 4.12). Noutras palavras, ele deve mostrar que é maduro pela conduta e discurso, não obstante sua idade. Timóteo foi bem catequizado por sua mãe e avó, lembra o apóstolo. Mais que tudo isso, Paulo recorda a sua ordenação pública ao ofício. A autoridade de Timóteo não vem de seu carisma pessoal, charme da juventude ou autopromoção. Pelo contrário, provém do "dom que há em ti, o qual te foi concedido mediante profecia, com a imposição das mãos do presbitério" (4.14). Portanto, Paulo diz: "Até a minha chegada, aplica-te à leitura, à exortação, ao ensino" (4.13).

Nas instruções a Tito para a vida na igreja, Paulo menciona "domínio próprio" quatro vezes no espaço de doze versículos (Tito 2.1 – 12). "Quanto aos moços, de igual modo, exorta-os para que, em todas as coisas, sejam criteriosos" (2.6). Inclinados à autoindulgência, jovens rapazes especialmente precisam prestar contas a seus pastores e presbíteros. Tragicamente, o autocontrole é cada vez mais abandonado entre os adultos mais velhos de nossa sociedade insolente e provocativa. Antigamente, a pressão social imposta por presbíteros para inibir as explosões mais entusiasmadas e para a reflexão das pessoas antes de se expressarem tinha valor considerável. A igreja poderá tornar-se novamente lugar onde a maturidade é estimulada por bons exemplos.

Tito não era uma pessoa comum que afirmava a sua liderança, mas tinha um ofício público na igreja. Assim, ele não deve ser coagido à passividade: "Dize estas coisas; exorta e repreende também com toda a autoridade. Ninguém te despreze" (Tito 2.15). Afinal, ele exerce seu ofício, como representante de Cristo, não cumprindo sua agenda pessoal. Embora advertisse contra "sórdida ganância" e "domínio daqueles que lhes forem confiados", Pedro exorta os presbíteros a assumir seu papel vital.

> Pastoreai o rebanho de Deus que há entre vós, não por constrangimento, mas espontaneamente, como Deus quer; nem por sórdida ganância, mas de boa vontade; nem como dominadores dos que vos foram confiados, antes, tornando-vos modelos do rebanho. Ora, logo que o Supremo Pastor se manifestar, recebereis a imarcescível coroa da glória. Rogo igualmente aos jovens: sede submissos aos que são mais velhos; outrossim, no trato de uns com os outros, cingi-vos todos de humildade, porque Deus resiste aos soberbos, contudo, aos humildes concede a sua graça. (1Pe 5.2 – 5)

As gerações de Deus e nossas gerações

É avassalador contemplar o fato de que o Criador do cosmos, transcendente, majestoso, soberano se identifique com um povo certo, com uma história particular, de tal maneira que se identifica como "Deus *de Israel*", "o Deus *do pacto*". "Serei o vosso Deus para vós e vossos filhos depois de vós", ele promete; "até mil gerações", ouvimos repetidamente na Escritura. Pedro reafirmou essa visão pactual no seu sermão de Pentecostes: "Pois para vós outros é a promessa, para vossos filhos e para todos os que ainda estão longe, isto é, para quantos o Senhor, nosso Deus, chamar" (Atos 2.39).

O chamado de Deus nos vem individualmente, mas também como famílias, e se estende àqueles que ainda não pertencem ao povo do pacto de Deus. A ênfase do seu chamado está em transmitir aquilo que foi visto e ouvido: os poderosos atos de Deus na história. Os membros mais velhos e mais sábios ensinam e guiam os mais jovens.

O calendário de festas de Israel marcava esses poderosos feitos e traziam ao conhecimento dos jovens aquilo que Deus havia realizado. Tome, por exemplo, a Páscoa. "Quando vossos filhos vos perguntarem: Que rito é este? Respondereis: É o sacrifício da Páscoa ao Senhor, que passou por cima das casas dos filhos de Israel no Egito, quando feriu os egípcios e livrou as nossas casas. Então, o povo se inclinou e adorou" (Ex 12.26 – 27). O cristianismo é uma fé inerentemente intergeracional, porque Deus é fiel de geração em geração, e guarda seu pacto a despeito da infidelidade de seu povo. Em vez de inventar crenças e ritos que fossem considerados mais relevantes a uma geração específica, eles levavam essa geração para o ambiente do pacto.

O pacto da graça de Deus agora une não somente as gerações, mas as pessoas entoavam novo cântico, dizendo: "Digno és de tomar o livro e de abrir-lhe os selos, porque foste morto e com o teu sangue compraste para Deus os que procedem de toda tribo, língua, povo e nação" (Ap 5.9). Este pacto não segue as tendências consumistas desta era passageira, que divide as pessoas conforme as gerações, etnias, gênero, classe ou partidos políticos. Em Cristo, essas paredes foram derrubadas. Cristo agora é nosso local verdadeiro, o marcador de nossa identidade máxima (Gl 3.28).

Unidos a um corpo, tendo uma Cabeça, são as nossas *diferenças* uns dos outros que dão a cada parte do corpo aquilo que ele necessita. Os mais novos necessitam dos mais velhos. Crentes mais abastados precisam dos dons dos membros mais pobres. Em vez de alimentar um confortável narcisismo, precisamos ser enriquecidos pela percepção, comunhão e correção de irmãos de origens étnicas, políticas e econômicas diferentes das nossas. Uma igreja não é uma roda de amigos, mas a família de Deus. O pacto da graça conecta as gerações, dando-lhes raízes naquela comunidade de adoradores com a "nuvem de testemunhas" no céu e também aqui e agora (Hebreus 12.1).

Contudo, o mercado hoje se tornou em novo Faraó, desafiando a ordem de Deus de deixar seu povo ir, a fim de adorá-lo no deserto em sua montanha. "Divida e conquiste" é a lógica desse novo senhor. Ao separar as gerações em nichos de mercado, os poderes e principados desta era atual esburacam o tecido pactual da nova sociedade de Deus. Satanás trabalha incansavelmente para criar lacunas entre as gerações numa igreja — lacunas que pais e mães não conseguem transpor a fim de passar adiante o bastão. Disse alguém sabiamente: "A igreja está sempre a uma geração da apostasia".

Continuidade é a abordagem pactual às gerações; *novidade* é o decreto de nossa era. Cada geração é bombardeada com propagandas, ideais, sonhos e expectações que fazem apelo a nosso narcisismo coletivo. Somos especiais, únicos, destinados à grandeza. Nossa é a geração *verdadeiramente* revolucionária. Para aqueles de nós criados com o refrão "Este não é o carro do seu pai", vai ser difícil cantar o Cântico de Moisés: "O SENHOR é a minha força e o meu cântico; ele me foi por salvação; este é o *meu* Deus; portanto, eu o louvarei; ele é o Deus *de meu pai*; por isso, o exaltarei" (Ex 15.2, itálicos acrescentados).

No que ele chama de "uma curta, mas pessoalmente importante história da Geração *Baby Boomer*", Joe Queenan, escritor da *New York Times* e *GQ*, debocha da "absoluta incapacidade de aceitarmos o ordinário" da sua geração.[19]

> Porque os *Baby Boomers* são obcecados por viverem o momento, insistem que toda experiência é divisora de águas, toda refeição é extraordinária, toda amizade memorável, todo concerto supremo, todo pôr do sol meta-celestial. A vida não é assim... Pôr do sol é apenas pôr do sol. Quando transformam ocorrências espetacularmente sem graça em ritos formais, os *Baby Boomers* transmutam até mesmo as atividades mais banais em "eventos" que requerem reflexão, planejamento, pesquisa, apoio logístico e deslumbrantes massas de dados. Isso tem estragado essencialmente as coisas para tudo mais, porque nada poderá ser exatamente como era em primeiro lugar: algo cujo charme é resultado direto de ser acessível, próximo, fácil de obter, *ordinário*.[20]

Hoje sentimos a pressão de ter casamentos que se pareçam com capa de revista de noivas ou de cinema. Os casamentos têm de ser feitos no céu, mesmo que estejamos bem fincados sobre a terra. As nossas apresentações no trabalho têm de deslumbrar os ouvintes. Os filhos têm de estar na lista dos me-

---

19 Joe Queenan, *Balsamic Dreams: A Short but Self-Important History of the Baby Boomer Generation* (New York: Henry Hold, 2001), 23.
20 Ibid., 24.

lhores e serem aceitos nas melhores escolas de pós-graduação. A pesquisa acadêmica não pode apenas contribuir para o conhecimento dentro de determinado campo; nada menos que "brilhante" e "quebrando o solo" vai satisfazer se você almeja um bom emprego. Quando paramos para sentir o cheiro das rosas, tem de ser um pacote inesquecível em um *resort* incrível. Não basta gostar da recreação no parque público – o que realmente nos interessa são os esportes *radicais*.

A propósito, não estou fazendo moralismos quanto a essas coisas para criticar os outros. De fato, descubro-me atraído aos mesmos altos de adrenalina e escapadelas convidativas. Meu ponto é que nós, como cristãos modernos, vivendo sob as luzes atraentes de uma cultura de Las Vegas, achamos difícil ter prazer nas atividades mais familiares, rotineiras e comuns. Parte do problema é que queremos provar algo a nós mesmos e aos outros. Mesmo em nosso tempo de lazer, estamos ansiosos por nos destacar do resto das pessoas.

Considere como a participação nos esportes mudou nos anos recentes. Esportes profissionais se tornaram em altos negócios, parte da indústria de entretenimento. Agora parece que cada ano os seus valores vão descendo aos segmentos cada vez mais novos da população. Esportes organizados (mas não profissionais) antigamente tinham a meta de construir o caráter. Era sua razão de ser. Hoje em dia a novidade não está em mais esforços e maiores medidas de excelência, mas alvos diferentes que requerem meios e padrões e formas diferentes. Antes *jogar pelo time* era a meta, agora é apenas uma ocasião para nós (ou nossos filhos) nos destacarmos. As atividades extracurriculares se tornam cada vez mais num palco para atores virtuosos que atraem as multidões e ganham salário estelar. Um jogo não é mais apenas um jogo; tem de ser um espetáculo. Tragicamente, o mesmo pode ser dito de muitas igrejas.

O paradoxo hedonista

Por trás da ambição egoísta e desse exuberante culto da experiência imediata já paira um niilismo assombrador. Viemos do nada e não vamos a lugar nenhum, mas em algum lugar no meio disso tudo, temos de fazer uma grande onda. Cada momento tem de estar carregado de emoção. "Se os mortos não ressuscitam", Paulo famosamente concluiu, citando uma linha de uma comédia grega, "comamos e bebamos, que amanhã morreremos" (1Coríntios 15.32). O termo técnico disso é *narcisismo*.

Mesmo quando oramos como Agostinho, muitas vezes vivemos como o filósofo ateísta Friedrich Nietzsche. O seu catecismo reza:

> O que é o bem? Tudo que enaltece o sentimento de poder no homem, a vontade de poder, o próprio poder. O que é mal? Tudo que nasce da fraqueza. O que é a felicidade? O sentimento de que aumenta o poder — que uma resistência foi vencida.[21]

Noutras palavras, vencer *é* tudo hoje em dia. O ponto nem é *o que* ganhamos, mas *que* ganhamos. O alvo foge de vista — ou melhor, muda de alguém ou alguma outra coisa para nós mesmos. O problema é que ninguém pode nos fazer *tão felizes assim*, nem mesmo tão felizes quanto achamos que merecemos ser.

---

21 Friedrich Nietzsche, *The Antichrist* §2.

Os moralistas denunciam nossa era como *hedonista*. Mas isso não seria dar crédito demasiado a nós mesmos? Pelo menos o hedonismo tem o mérito de amar a vida. O hedonista não ama ao Deus que dá a vida, nem reconhece qualquer responsabilidade para com sua vontade revelada; contudo pode pelo menos fantasiar os dons sem reconhecer o Doador. Agostinho teria chamado isso de "desejos desordenados": anseios por aquilo que é bom, mas sendo colocados acima de Deus, se tornam idólatras. Com todas as suas faltas, os hedonistas amam a vida — pelo menos a vida conforme a conhecem sem Deus.

Em geral, nossa era demonstra tendência oposta. Ironicamente, em algumas coisas ela é mais parecida com o estoicismo. Pode ser que conheçamos o estoicismo como uma abordagem séria da vida, que evoca a imagem de um sábio sentado em contemplação como de Buda, imune ao constante fluxo — e prazeres — do mundo externo. Os estoicos enfatizaram dever e disciplina acima dos impulsos hedonistas. Porém, no cerne do estoicismo existe a noção de autonomia: alegria perfeita no ser completo em si mesmo. O mestre estoico ideal transcendeu a dependência de outros. Nenhuma necessidade externa o compele, nenhuma ameaça externa perturba a tranquilidade de sua existência fechada em si mesmo.

Agora, considere personagens icônicos como James Bond. Eles encontram sua felicidade inteiramente em si mesmos. Sua promiscuidade em série parece ser impelida, não por necessidade, nem mesmo por desejo, mas apenas por vontade arbitrária ou uma transação calculada para servir seus objetivos profissionais. Uma das características prazerosas de personagens como Jason Bourne é que seu exterior duro se derrete e sua dependência dos outros para a felicidade é revelada. Diferente de outros personagens que ele atuou, Tom Cruise, em *Jerry McGuire*, é capaz de dizer à sua namorada: "Você me completa". Ele é capaz de entrar numa nova fase do relacionamento precisamente porque está disposto a reconhecer sua vulnerabilidade: a necessidade de ser amado e também de amar. A barreira cai e convida o outro a entrar — até o fundo da alma.

Porém, o vagabundo estoico não é um amante. Não há nele nem mesmo o senso de paixão adolescente que se apaixona e perde facilmente a paixão. Diferente do antigo hedonista, o problema dessa pessoa não é que ela ama demais, mas que simplesmente não ama — ou não tentou não amar — de modo algum. Friedrich Nietzsche — " o homem de isolamento azul", como o chamava Karl Barth — é o tipo de pessoa que tenho em mente aqui, e é a sua atitude que caracteriza a modernidade mais recente. Essa espécie de pessoa trabalha demais para criar uma barreira impenetrável entre seu ser e o outro. Se você se permite tornar dependente dos outros para ter felicidade, jamais será feliz, porque no fim todo mundo o decepcionará. Portanto, decida encontrar em si mesmo o que te completa. Não deixe outros entrarem.

Quando é feita a combinação dessa resolução estoica com impulsos sexuais arbitrários, a última coisa que se consegue é o amor da vida — ainda menos o amor de outra pessoa. O sexo ocorre puramente no outro lado da barreira, num âmbito de alívio mútuo — apenas físico e externo — que não nos ameaça nem consegue nos tirar de nosso casulo para descobrir, deleitar-se, e desejar o outro. "Sem compromisso". Não há nenhum pacto — nenhuma troca livre de pessoas e de dons. Alguém pode dar seu corpo no ato sexual, mas jamais dará coração e alma. É apenas um contrato entre "adultos que consentem".

O cristianismo, porém, está longe de ser estoico. O cristianismo afirma o desejo muito mais do que aquilo que chamamos erradamente de hedonismo. Conforme observa C. S. Lewis: "Nosso Senhor encontra nossos desejos, não fortes demais, mas demasiadamente fracos". "Somos criaturas de coração dobre", ele acrescenta, "mexendo com a bebida e o sexo e a ambição quando é-nos ofertada a alegria infinita, como uma criança ignorante que quer continuar fazendo bolinhos de lama na favela porque não consegue imaginar o que significa a oferta de passar férias na praia à beira-mar. Nos contentamos com muito pouco e com muita facilidade."[22]

Não, certamente o "hedonismo" é uma palavra nobre demais para isto. Nem é amor à vida, um anseio por algo que em si mesmo é um bom dom de Deus. Não é mais erótico do que a copulação dos gatos do lado de fora da minha janela em outubro, e falta o charme e a sociabilidade de diversos rituais de acasalamento no reino animal.

Existe um problema com nossa procura pela próxima grande experiência, nossa tentativa de alimentar o apetite insaciável por significado. Como a excelência e a ação, a felicidade exige um objeto digno. A procura da felicidade como fim em si mesmo é "vaidade", conforme nos ensina o livro de Eclesiastes. Os filósofos chamam isso de "paradoxo hedonista": a ironia de que a busca por prazer, na realidade, espanta o objeto de busca para longe. "A felicidade é como um gato", escreve William Ben-

---

22   C. S. Lewis, *The Weight of Glory* (new ed.; New York: HarperOne, 2009), 26 [publicado em português sob o título *O Peso de Glória*, pela Mundo Cristão]

nett. "Se tentar o atrair ou chamar, ele o evita e não vem nunca. Mas se não prestar atenção ao gato e continuar na sua, logo o encontrará roçando contra as suas pernas e saltando para seu colo".[23] A felicidade é algo que acontece quando estamos procurando alguém ou algo que não seja a felicidade. Não se encontra significado, realização ou propósito procurando por isso, mas somente ao descobrir outra coisa. Essa descoberta vem com cuidadoso discernimento, que leva tempo, intencionalidade e comunidade.

O mesmo é verdadeiro quanto ao sucesso ou impacto que desejamos. Muitos jovens hoje estão cheios de ansiedade quanto à escolha do curso de faculdade. Depois são obcecados sobre se devem assumir um emprego que não tem nada a ver com a profissão pela qual se prepararam. Dizem: "Quero fazer algo de mim que deixe a minha marca" — ou, mais altruisticamente, "fazer uma diferença" no mundo. Mas quando fazemos desses desejos o objeto de nossa vida, eles se tornam ídolos. Como todos os ídolos, prometem muito e entregam pouco. Quando nos falham, ficamos amargamente infelizes. Como não conseguimos muita reação de um ídolo, começamos a ressentir as outras pessoas que eram os seus mensageiros.

Uma pessoa não encontra sucesso tentando ser bem-sucedido, nem felicidade tentando ser feliz. Pelo contrário, encontramos estas coisas ao atentar para as habilidades, hábitos, e — honestamente — para as rotinas muitas vezes *maçantes*, as quais nos tornam, mesmo que modestamente, bem-sucedidos em qualquer coisa. Se estivermos sempre buscando impacto,

---

23 "William Bennett Quotes" http://thinkexist.com/quotes/ William – Bennett/ (último acesso 18 de março de 2014).

legado e sucesso, não teremos tempo para cuidar das coisas que realmente têm importância.

Queremos tudo: Autonomia e Comunidade

Muitos livros em anos recentes apontam a tendência narcisista que torna virtualmente difícil o crescimento e a comunidade autênticos em todas as áreas da vida. Há mais de uma década, David Brooks identificou a geração *Boomer* como sendo "Bobos no Paraíso".[24] Por um lado, exigem autonomia, resistem às crenças resolvidas, às normas e aos valores. Querem fazer e obter o que querem, do seu jeito. Por outro lado, anseiam comunidade e pertencer a algo e alguém. Mas não se consegue obter ambos. Pertencer a uma comunidade requer que os indivíduos vivam certo nível de responsabilidade mútua.

Mas a miséria ama companhia e tomamos algum consolo perverso em aprender que esse ansioso narcisismo não é apenas um fenômeno dos *Boomer*. Conduzidos por Jean Twenge, um grupo de psicólogos seguiu as tendências entre os *Busters*, conhecidos também como Geração X (1965 – 83) e especialmente os Mileniais ou Geração Y (depois de 1984). É revelador o título do livro de Twenge que reporta o que descobriu: *Me Genaration: Why Today's Young Americans Are More Confident, Assertive, Entitled — and More Miserable Than Ever Before* [Geração Eu: Por que jovens americanos de hoje são mais confiantes, assertivos, com direitos— e mais miseráveis que nunca].[25]

---

24 David Brooks, *Bobos in Paradise: The New Upper Class and How They Got There* (New York: Simon and Schuster, 2001)

25 (New York: Atria, 2007).

Jovens e inquietos

A julgar por recentes estudos, os filhos e netos dos *Boomers* são, se nada mais, mais intensos nessa luta da contradição interior entre autonomia e comunidade. Querendo pertencer, fazer parte de algo maior que eles mesmos, logo percebem que as comunidades são inerentemente limitadoras. Não existe comunidade sem um consenso: uma concordância básica, partilhada, sobre as coisas que a definem. Você tem de aparecer se quiser pertencer. Concordâncias partilhadas têm de ser patrulhadas (disciplinadas), a fim de serem mantidas e suportarem às diversas crises que membros individuais possam provocar.

Sendo assim, as pessoas ficam ansiosas quanto a fazer compromissos. "É melhor você deixar abertas as suas opções", dizem-lhes. E puxa, quantas opções existem! Podemos vasculhar as redes sociais para pequenos bocados e pedaços de identidade que estamos criando para nós mesmos e os acessórios que achamos que nos ajudarão a conseguir o resultado. As escolhas são infinitas — portanto, avassaladoras, como também produtoras de muita ansiedade. Parece que as pessoas estão no meio de uma nova escolha que vai mudar sua vida (ou pelo menos esperam que mude) a cada momento.

Para os *Boomers*, este país das maravilhas do consumismo é fascinante — e ainda um pouco de novidade. Mas para os Mileniais e os que vêm depois deles, é tudo normal — tão normal que fica chato. O mundo de escolhas e opções sem limites não é mais uma visita ao parque de diversões; é a sua casa. A experiência de jovens hoje em dia não é de ser arrancado de suas raízes, mas de não possuir raízes para começo de conversa. Conforme indicam numerosos estudos, isso ocorre também em igrejas evangélicas, onde a pessoa média criada em nossos círculos não consegue nem articular a mensagem básica do cristianismo. (Isso está em forte contraste aos mórmons e muçulmanos, por exemplo).

A Internet é a pedreira de onde as gerações mais jovens fabricam a si mesmos e depois, no *Facebook*, fazem propaganda da persona desejada. Uma palavra nova foi inventada para descrever a fonte de informação e identidade: *wiki,* a palavra havaiana para rápido. Devido em parte à instabilidade econômica, os *mileniais* são mais cautelosos — até mesmo um pouco ansiosos — quanto ao futuro. Casando mais tarde e tendo filhos ainda mais tarde, a ideia de estar "preso" se torna ainda mais desconcertante.

Mergulhar em mares profundos numa era de Jet-Ski

O psiquiatra Keith Ablow se junta ao coro de colegas, e também de sociólogos e historiadores em um recente artigo na rede em que defende uma premissa simples: "Estamos criando uma geração de narcisistas iludidos".[26] Os estudantes universitários de hoje em dia "são mais propensos que nunca a se chamarem talentosos e impelidos ao sucesso, mesmo quando suas notas nas provas e seu tempo gasto estudando estejam diminuindo". Numerosos estudos recentes destacam o "impacto tóxico das psicologias da mídia e tecnologia sobre crianças, adolescentes e jovens adultos, particularmente no que refere a torná-los em falsas celebridades — o equivalente a atores principais nas suas histórias fictícias de vida". Ele acrescenta:

---

26 Dr. Keith Ablow, "We Are Raising a Generation of Deluded Narcissists" (FoxNews.com, 8 de janeiro de 2013). Ver também a entrevista *White Horse Inn* com Jean Twenge at www.whitehorseinn.org/blog/2012/06/24/ whi-1107-the-narcissism-epidemic/.

Jovens e inquietos

No *Facebook*, jovens se enganam e pensam ter centenas ou milhares de "amigos". Podem apagar comentários desagradáveis. Podem bloquear qualquer pessoa que discorde deles ou fure sua autoestima inflada. Podem escolher mostrar ao mundo somente suas fotos elogiosas, *sexy* ou engraçadas (aliás, em dezenas de álbuns cheios); "falam" em postagens curtas e sem graça e se conectam publicamente a estrelas de cinema, atletas profissionais e músicos que "curtem". Usando o *Twitter*, jovens fingem que são dignos de serem "seguidos", como se tivessem verdadeiros fãs, quando tudo que realmente acontece é o inchaço de falso amor e falsa fama. Usando jogos de computador, nossos filhos e filhas podem fingir serem deuses do Olimpo, Campeões de Diamante da League of Legends, estrelas do rock ou francoatiradores... Na MTV e outras redes, jovens podem ver vidas como as suas mostradas na TV em *reality shows*, fomentados por tão incrível envolvimento e amor de si mesmo que qualquer das personagens da "vida real" deveria fazer psicoterapia para ter a mínima chance de vida normal. Estas são as drogas psicológicas do século 21, e elas estão deixando nossos filhos muito doentes.

Tragicamente, o narcisismo com frequência leva ao desprezo de si mesmo. Como diz Ablow: "O falso orgulho jamais poderá ser sustentado". Os jovens estão buscando lugares mais altos para se definir e destacar. "Fazem qualquer coisa para se distrair do fato de que se sentem vazios e indignos interiormente". Porém, a bolha de sabão vai estourar. Ablow adverte: "Esperem pela epidemia de depressão e suicídios, sem falar em homicídios, quando vier à tona o verdadeiro desprezo de si e ódio do próximo que jaz sob todo esse narcisismo".

A tecnologia sempre tem rearranjado nossos móveis sociais e psíquicos. Como ressalta o sacerdote jesuíta e estudioso da mídia John Culkin: "Damos forma a nossas ferramentas e depois disso elas nos formam". [27] Desde a invenção da imprensa, os evangélicos têm sempre estado na linha de frente das novas tecnologias para espalhar a Palavra. Rádio, TV, *Internet* e cultos com bandas de rock, videoclipes e apresentações em *PowerPoint* se tornaram comuns.

Existem duas respostas fáceis para a inovação tecnológica: abraçá-la ou rejeitá-la. Como evangélicos, temos a tendência de abraçar a cultura popular, com sua inclinação ao que é efêmero. Ironicamente, enquanto incrementamos nossos espaços de culto com apetrechos e luxo, geralmente são os especialistas de tecnologia e cultura que acautelam por maior reflexão. Alguém pode pensar em *The Medium Is the Message* [A mídia é a Mensagem] de Marshal McLuhan e *Amusing Ourselves to Death* [Divertindo-nos até a morte] de Neil Postman. Em seu campeão de vendas, *The Shallows* [Os rasos], Nicholas Carr argumenta que, na era da *Internet*, estamos perdendo nossa capacidade de pensar, ler e conversar profundamente. Em vez de mergulhadores em mar profundo, diz ele, praticamos *jet ski* sobre um mar de palavras e especialmente de imagens.[28] Tendo ensinado toda uma geração de estudantes a desenvolver novas tecnologias, a professora do MIT Sherry Turkle levanta a questão a partir de uma perspectiva de bom senso. O título de

---

27 John Culkin, "A Schoolman's Guide to Marshal McLughan", Saturday Review, 18 de março de 1967.
28 Nicholas Carr, *The Shallows: How the Internet Is Changing Our Brains* (New York: Norton, 2011).

um de seus livros recentes diz tudo: *Alone Together: Why We Expect More of Technology and Less of Each Other*[29] [Sozinhos juntos: Por que esperamos mais da tecnologia e menos uns dos outros]. A despeito de sua predileção por novidades teológicas, o protestantismo liberal é tipicamente mais devedor à alta cultura com a sua suspeita conservadora da tecnologia.

O desenvolvimento do discernimento faz parte do amadurecimento. Até mesmo onde a Escritura não oferece direção explícita, temos de perguntar-nos como as ferramentas que usamos ajudam ou impedem o crescimento do jardim de Deus (crescimento em profundidade, como também amplitude). As novas tecnologias não podem ser todas más, porém elas também não podem ser todas boas. É aí que entra a sabedoria. Sabedoria discerne não somente entre o bem e o mal, mas entre o que é um pouco melhor e o que é melhor de tudo. Contudo, antes mesmo de desenvolver habilidades de crítica, as gerações mais jovens estão submersas em um mar de dados, imagens e propagandas.

A maioria de nós tem de expandir a imaginação histórica para entender um mundo que era normal não tanto tempo atrás. Com uma cultura dirigida pelo automóvel nos bairros suburbanos de clima controlado, o individualismo anônimo nos deposita em nossas garagens sem termos sequer de nos preocupar com os outros. Agora acrescente a isso o isolamento de ter o mundo ao toque dos dedos em uma tela – televisão, *Internet*, telefone – e é fácil ver como nos tornamos pessoas muito diferentes em menos de uma geração. Numa recente reportagem na Rádio Pública Nacional, uma senhora idosa falava sobre como

---

29 (New York: Basic Books, 2011).

os passageiros dos trens costumavam levar cestos de comida na viagem de Madri até Paris, trocando queijo, carnes e frutas entre si. Agora não têm mais cestas; todos sentam sozinhos, grudados aos seus aparelhos.

A palavra falada, como meio de comunicação, é socializadora. Ela nos coloca em meio ao evento em vez de diante da tela. Conforme a Escritura, Deus falou a palavra, fazendo com que a palavra viesse a existir, por meio de seu Verbo poderoso (Sl 33.6). O Filho Eterno é o *Verbo* de Deus. Jesus disse: "As palavras que vos tenho dito são espírito e vida" (Jo 6.63). Os apóstolos ensinavam que a fé vem pelo ouvir, e o ouvir pela palavra de Cristo" (Rm 10.17), mediante a pregação do evangelho (Rm 1.16; Ef 1.13 – 14; 1Ts 1.5; 1Pe 1.23; Tg 1.18). Contudo, somos criaturas caídas, viradas para dentro de nós mesmos; nosso crescente cativeiro a postagens e *tuítes* só serve para aumentar essa tendência. Não ouvimos quando Deus nos fala na igreja nem "guardamos a palavra de Deus em nosso coração" (Sl 119.11), porque conseguimos acessar os dados que queremos em nossos *smartphones*.

Por um lado, somos viciados em distrações (eufemisticamente denominadas de "multitarefas"). Por outro lado, como amendoins salgados, todos esses cliques, cortar e colar, acessar *google* e participar de *chats*, postar textos e *blogs*, apenas cria mais sede por algo de maior significado. As gerações mais jovens dirão que anseiam por comunidade, mas os hábitos que eles adquiriram — e que estão profundamente entretecidos em sua personalidade — tornam difícil pertencer a qualquer grupo específico com investimento sério a longo prazo. Desligar-se da manada para "ser você mesmo" pode ter sido uma rebeldia empolgante nos dias passados. Mas quando *todo mundo* está fazendo o que quer sem levar em conta o outro, não é mais divertido ser rebelde.

Existem muitas maneiras maravilhosas em que a mídia social nos conecta, mas chamar a qualquer dessas maneiras de *comunidades* parece hipérbole. Comunidade requer coerência, coesão e consenso — com o tempo e, dependendo do tipo de comunidade, também deverá haver limites espaciais. Diferente das conexões da *Internet*, a comunidade profunda requer envolvimento pessoal, rosto a rosto, e responsabilidade. Não se pode "desfazer a amizade" com o vizinho do lado de sua casa, muito menos com seu cônjuge ou filhos, sem que haja repercussões diárias. O relacionamento também requer concordância de viver dentro desse consenso. Isso é verdade com relacionamentos contratuais como os que temos com provedores de serviços e bancos, mas ainda mais com instituições pactuais como o casamento, a família e a igreja.

Além do problema de estarmos constantemente à procura de significado, desejosos, ansiosos mesmo para que nossa vida tenha um impacto que perdure, existe nosso vício por conseguir resultados instantâneos. As gerações mais jovens estão ainda mais habituadas à gratificação imediata do que os seus pais e avós. Isso se deve menos às escolhas conscientes do que às práticas sociais que as tornaram no que elas são — práticas que reformulam a todos nós de modo profundo. Por exemplo, muitos das gerações mais jovens não recordam ter visto ou recebido uma carta escrita à mão. Em vez de compor uma carta a mão, talvez repensando algo que dissemos e voltando para corrigi-la, emitimos de supetão dezenas de mensagens triviais. Certo, muito se conseguiu com o e-mail e com as mensagens de texto — especialmente a facilidade de nos comunicar com muitas pessoas. Assim mesmo, muito foi perdido, como intimidade, interação, relacionamentos reflexivos e cuidado carinhoso. O meio faz diferença.

Hoje em dia, tudo tem de ser rápido e fácil, porque é assim que o mundo parece funcionar. Assumimos falsamente que temos de mudar senão seremos deixados para trás. Nas últimas duas décadas ouvimos dizer que as igrejas que ainda têm compromisso com o ministério público da pregação, sacramentos e culto de adoração serão como os telefones públicos (orelhões) — que precisamos "recarregar" o cristianismo. Um escritor sugere até que as igrejas de amanhã serão semelhantes à *Wikipédia*: *desinstitucionalizadas*, velozes e democráticas.

Fato é que os movimentos que nos inundam são, em grande parte, determinados pela atração do evangelicalismo à cultura *pop*, que inevitavelmente significa cultura jovem. Isso pode ser, por um momento, empolgante, mas não é sustentável e não serve bem a um pacto da graça intergeracional. Alcançar não cristãos com a "fé que uma vez por todas foi entregue aos santos" (Judas 1.3) requer zelo *e* conhecimento. Manter as gerações conectadas requer amor e paciência de todas as partes. Os mais velhos devem estar atentos a qualquer desconexão expressada pelos crentes mais novos, e as gerações mais jovens precisam estar menos enamorados de sua própria relevância ao assumirem seu importante lugar no corpo de Cristo.

A chave para a maturidade é *tempo* e *comunidade*. Discernimento leva tempo e muito aprendizado piedoso, que atravessa gerações e etnias. Há uma razão pela qual os Salmos têm sido cantados por milhares de anos, e por que jovens ainda conhecem a música de "*Amazing Grace*", mesmo que mal conheçam "Brilha, Jesus, brilha em mim" e (felizmente) nunca tenham ouvido falar de "No jardim". Um consenso de crentes nas igrejas através das gerações tem um jeito de "carpir" as canções menos edificantes.

Se permanecer com o que é familiar (por pior que seja) é a tendência de um temperamento conservador, o ideal da criatividade e novidade — como fim em si mesmo — torna-se destruidor das longas conversas. No final de um semestre, um estudante descobriu a avaliação do professor que explicava a nota baixa: "O seu trabalho é original e criativo. As partes criativas não são originais, e as partes que são originais não são muito boas". As melhores mudanças acontecem devagar, são incrementais e deliberadas. Em vez de trilhar seu próprio caminho, elas estendem a antiga fé até a próxima geração.

A sabedoria desafia nossa inquietação de juventude sem abafar o seu zelo. Não reduz a fé a algumas poucas doutrinas importantes de um cardápio de opções para que criemos nossa própria fé. Lembre-se de que o passado e o presente são basicamente o mesmo em pelo menos um aspecto importante. Ambos ocupam o período identificado na Escritura como "este presente século" que "passa". São os poderes da "era vindoura" que estão rompendo agora sobre nós, como fizeram com nossos antepassados. Se isto for verdade, então nem o passado nem o presente são normativos. É o Cânon da Escritura que torna a ambos relativos e abertos à correção.

A chave é saber discernir entre alvos que possam ser alcançados rapidamente e aqueles que exigem maior tempo e cuidado, e ser capaz de valorizar esse último como algo pelo qual vale à pena de esperar. Não é difícil comparar uma lista de coisas rápidas e fáceis, em que obtemos resultados imediatos, com uma lista de bens que requeiram investimento a longo prazo, cuidado, habilidade crescente e maturidade. Não são a maioria das coisas que mais valorizamos dessa segunda lista? Não é de admirar que somos miseráveis se não nos importamos com as coisas que levam tempo, requerem submissão a uma comunidade e não produzem resultados imediatos e mensuráveis?

Está na hora de todos amadurecerem. É hora de comunicadores e líderes habilidosos se tornarem pastores, para que as almas inquietas se submetam ao encorajamento e à correção dentro do corpo, para que os movimentos cedam lugar às igrejas. Conforme muitos estão aprendendo nas nações emergentes, especialmente depois da Primavera Árabe, a energia das massas ajuntadas na praça poderá ser empolgante; o que é difícil é formar um conjunto de instituições que funcionem e cresçam e possam sustentar um estado no decurso todo. Tipicamente, os movimentos não gostam das instituições. Vivem pela memória do momento extraordinário, e acham difícil mexer de modo conjunto em direção a um ambiente sustentável durante muitas gerações. Mas a igreja, a despeito das aparências atuais, é o ecossistema emergente de Deus da nova criação.

Em vez de permitir que a paixão juvenil pelo que é novo e revolucionário domine nossa família e igreja, vamos começar a recuperar nosso papel como adultos que descobrem e então cedem os tesouros escondidos sobre os quais estivemos tropeçando a cada dia em nossa própria fuga do ordinário.

Exercício

1. Divida uma folha de papel no meio. No lado esquerdo escreva as coisas que são rápidas e fáceis e conseguem resultados imediatos. No lado direito, faça uma lista das coisas que requerem investimento a longo prazo, cuidado, habilidade crescente e maturidade. Avalie em sua folha o valor relativo de cada lado.
2. Quais são algumas das características da juventude (positivas e negativas), e como a Escritura estimula a maturidade? O cristianismo em nossa cultura hodierna parece ser impulsionado exageradamente pela juventude?
3. O que é o "Paradoxo Hedonista"? Você sente contradição interna entre autonomia (conseguir as coisas do seu jeito) e comunidade (submeter-se aos outros)?
4. Como a tecnologia que usamos nos forma, no que é melhor e no que é pior? Divida as duas colunas sob os títulos, "Apropriado" e "Não apropriado", e considere quais os usos de tecnologia.

Capítulo 4
A PRÓXIMA GRANDE COISA

"Setembro de 2003 marcou uma virada no desenvolvimento da civilização ocidental". Assim começa um estudo intrigante feito por Joseph Heath e Andrew Potter.[30]

Esse foi o mês em que a revista *Adbusters* começou a aceitar encomendas para o *Black Spot Sneaker*, sua marca própria de tênis de corridas "subversivos". Depois desse dia, nenhuma pessoa racional podia acreditar que houvesse uma tensão entre a cultura "*mainstream*" e a "alternativa". Depois desse dia, ficou óbvio para todos que a rebeldia cultural, do tipo exaltado pela revista *Adbusters*, não era mais uma ameaça ao sistema — ela *era* o sistema.

Tênis de corrida subversivos! Sério? O que era radical agora é comum e o "contracultural" hoje simplesmente define a cultura. O rock alternativo rapidamente tornou-se comum. Até

---

30 Joseph Heath e Andrew Potter, *A Nation of Rebels: Why Counterculture Became Consumer Culture* (New York: Harper Business, 2004).

mesmo a banda da garagem pioneira de um novo som logo se torna em bem de mercado. Para ser lembrado, você tem de destacar a sua marca no mercado. Mas, é claro, isso significa que a cultura *pop* simplesmente é oposta à cultura — ou seja, não apenas ofertas correntes, mas a qualquer coisa e tudo que veio antes dela. Não se pode apenas construir com engenhosidade sobre a sabedoria do passado – é necessário reinventar. Até mesmo calçados têm de ser "subversivos".

Enamorada por sua surpreendente maravilha exposta, cada geração derruba o império até suas fundações e começa tudo de novo, até que a próxima geração se lance a fazer o mesmo. Isto quer dizer, claro, que todo mundo nascido de mulher tem de sentir no fundo de si o dever primal de balançar as coisas. O problema é que resta pouco contra o que nos rebelar — e com certeza é pouco que tem estado por aí tempo bastante para representar uma tradição para derrubar. Não são mais fortalezas de pedra, nossas "Bastilhas" se tornaram conjuntos de isopor em um palco da Disney. A reforma de algo substancial tem uma influência que perdura. Mas, a reinvenção perpétua, por sua vez, condena as culturas — e igrejas — a sombras passageiras de *glamour* momentâneo, com poucos legados duradouros além daquilo que é trivial. Como posso dizer isso com tanta confiança? Porque os engenheiros e marqueteiros de cada movimento novo reportam, eles mesmos, com análises detalhadas, a derrota daquele que acabou de preceder o movimento deles.

O choque perpétuo é também normal numa igreja. Parece que Jesus precisa de uma reinvenção a cada duas décadas. É comum que a retórica radical em igrejas, na verdade, espelhe a nossa cultura, até mesmo — não, *especialmente* quando — ela invoca o linguajar "contracultural", "subversivo", "alternativo", "extremo", e assim em diante. Pessoas como Atanásio, Agostinho, Bernard, Lutero e Calvino procuraram *reformar* a igreja. Porém, agora por séculos, os protestantes radicais têm tentado reiniciar, reinventar, começar do zero e reconstituir a igreja *verdadeira* de santos de verdade, em contraste com as igrejas comuns. Para tal nível de entusiasmo, é claro, tem de se estar em estado de perpétua inovação, como a *Apple* e o Tênis *Black Spot*.

Cada nova onda de avivamento entra com força de *tsunami* e leva de volta ao mar grande parte da costa firmada antes. Conquanto em eras passadas a fidelidade fosse medida pela continuidade, agora todo movimento novo tem de provar-se no mercado pela extensão com que rompe com tudo que a precedeu. Parodiando a última linha na observação acima sobre a revista *Adbusters*, a rebeldia eclesiástica não é uma ameaça ao sistema — ela *é* o sistema. De fato, os historiadores nos dão muitas razões para crer que o protestantismo evangélico hodierno está sendo formado pela seita da novidade perpétua.

De vez em quando, claro, as coisas realmente precisam ser sacudidas. Mas em nossa cultura, é difícil saber quando termina um terremoto e outro novo começa — especialmente com todos os choques menores entre os grandes. Porque a Palavra de Deus é "viva e ativa", sempre rompendo na era presente de pecado e morte com sua energia penetrante de juízo e graça, a igreja sempre está sujeita à correção. Isso é o que a mantém sem se curvar para dentro de si, como qualquer outra corporação que funcione por muito tempo. Contudo, esta Palavra não somente derruba, ela constrói; e a construção leva muito tempo e cuidado, atravessando muitas gerações. As ervas daninhas têm de ser arrancadas. Galhos têm de ser podados. Às vezes, uma árvore aqui e acolá tem de ser cortada antes que sua doença se espalhe para as outras plantas. Mas não é necessário usar uma retroescavadeira no jardim para começar de novo.

Em seu livro *Cartas do Inferno*, C. S. Lewis faz o demônio veterano dizer a seu aprendiz que "o horror da mesma velharia" é "uma das mais valiosas paixões que produzimos no coração humano". Segue a discussão sobre como a *moda, novidade e mudança*, ironicamente, certamente produzem um desejo insaciável por mais do mesmo. "Essa demanda é valiosa de várias formas. Em primeiro lugar ela diminui o prazer enquanto aumenta o desejo. O prazer da novidade é, por sua própria natureza, mais sujeito que qualquer outro à lei de retornos cada vez mais diminutos".[31] Eis aqui mais do Coisa Ruim sobre o assunto:

> O jogo consiste em fazer com que corram por aí com extintores sempre que houver uma inundação, e abarrotem o lado do barco que já está a ponto de virar. Assim, fazemos com que esteja na moda a exposição dos perigos do entusiasmo no exato momento em que eles estão ficando mundanos e mornos; um século mais tarde, quando os estivermos tornando como Byron, bêbados de emoção, o protesto elegante será dirigido contra os perigos de mero "entendimento".[32]

O capítulo atual segue naturalmente o capítulo anterior. Afinal, o culto ao próximo grande passo é sempre uma asseve-

---

[31] C. S. Lewis, *The Screwtape Letters* (New York: Macmillan, 1945), cap. 25. [Publicado em português sob o título: Cartas do inferno]

[32] Ibid., 118.

A próxima grande coisa

ração da nova geração de adultos emergentes. Os movimentos são, em grande parte, impelidos pelos jovens, enquanto as instituições geralmente são dirigidas pelos mais velhos. O desafio, especialmente numa igreja em que somos unidos em Cristo, vindos de diferentes etnias, origens socioeconômicas e gerações é "esforçando-vos diligentemente por preservar a unidade do Espírito no vínculo da paz" (Ef 4.3).

Nossa cultura celebra *A Próxima Grande Coisa*, mas a Escritura fala de um pacto da graça intergeracional. Você não pode ficar tirando sua linha da água enquanto pesca, replantando as mudas, constantemente medindo a temperatura ou redirecionando todo o foco e a estratégia a todo instante. Temos de deixar que o Rei governe o seu reino, seguir as suas instruções e tornar-nos discípulos, assim como também fazer discípulos. "Uma panela vigiada nunca ferve", diz o *chef* experimentado a seu impaciente aprendiz.

Não estou sugerindo que o tradicionalismo seja uma boa alternativa. Mediante a Palavra, o Espírito Santo quebra as harmonias deste presente século. No entanto, sempre que ele as derruba, ele também as constrói. Construir leva tempo. Conforme G. K. Chesterton observou em 1924:

> Todo o mundo moderno tem se dividido em Conservadores e Progressistas. O trabalho dos Progressistas é continuar cometendo erros. O trabalho dos Conservadores é evitar que os erros sejam corrigidos. Mesmo quando o revolucionário se arrepende pessoalmente da sua revolução, o tradicionalista já está defendendo a mesma como parte da sua tradição. Temos assim dois grandes tipos — a pessoa avançada que

corre para nos levar à ruína e a pessoa retrospectiva, que fica a admirar as ruínas. Ela as admira especialmente à luz do luar, quando não à luz da bebida embriagante.[33]

A resposta ao progressismo bem como ao tradicionalismo é a mesma: estar aberto para o poder que nunca muda, mas é sempre novo, da Palavra de Deus como nossa única norma de fé e prática. Portanto, deixemos a banda passar por nós enquanto ela desfila atrás da *Próxima Grande Coisa*. Em vez de fazer o mesmo, vamos fazer um pouco de faxina a cada dia. Encontraremos alguns tesouros esquecidos em meio ao muito entulho. "Julgai todas as coisas, retende o que é bom" (1Ts 5.21).

A próxima grande coisa é *uma tradição*

Criado em igrejas evangélicas, eu não me achava formado por uma tradição. De fato, "tradição" geralmente não era um termo positivo. Éramos cristãos que criam na Bíblia. Apenas dizíamos e fazíamos o que a Bíblia ensinava. Eram os outros — especialmente "da alta igreja formal" — que seguiam a tradição. Nós, porém, éramos simples cristãos.

Na realidade, contudo, eu fui criado em uma tradição. Era, de muitas formas, uma tradição rica e edificante. Especificamente, era um protestantismo evangélico de matiz específica. Muitas vezes, sem saber, essa tradição preservou muitos elementos do cristianismo ortodoxo que as igrejas chamadas tradicionais estavam jogando fora.

Embora essas igrejas não se ativessem a credos e confissões, eram, em muitas maneiras, mais compromissadas com doutrinas

---

33 G. K. Chesterton, *Illustrated London News* (19 de março de 1924).

ortodoxas do que muitas igrejas que as recitavam toda semana. Essa tradição mediava a mim, geralmente de modo informal, familiaridade básica com a Bíblia e um conhecimento vivo do evangelho da salvação pela graça, mediante a fé em Cristo. No entanto, essa tradição também era produto da Reforma Radical, do pietismo, e do avivamentismo norte-americano. Assim, as ênfases dos reformadores como Lutero e Calvino estavam assentadas de modo inconfortável junto às principais ênfases arminianas — até mesmo semi-pelagianas e totalmente pelagianas — ênfases de Charles Finney e Benjamin Franklin. Foi a tradição do avivamentismo distintamente americano, com sua curiosa mistura de separatismo e religião civil.

Simplesmente identificar as fontes e trajetórias históricas das comunidades cristãs não faz parar a conversa ("Você tem a sua tradição e eu tenho a minha"). Pelo contrário, isso nos permite reconhecer nossa própria tradição, analisá-la em seus particulares por fidelidade à Escritura e envolver com respeito as outras tradições. O teólogo e estadista holandês Abraham Kuyper notou, em 1898:

> Existe, certamente, uma ilusão teológica se expandindo... a qual transmite a impressão de que, com as Escrituras Sagradas na mão, podemos construir teologia independentemente... Essa ilusão nega o caráter histórico e orgânico da teologia, e, por esta razão, é intrinsicamente não verdadeira. Nenhum teólogo que siga a direção de sua própria bússola teria descoberto por si mesmo aquilo que agora confessa e defende com base na Sagrada Escritura. Certamente a maior parte dos seus resultados é por ele adotada a partir da tradi-

ção teológica, e até mesmo as provas que cita das Escrituras, pelo menos como regra, não foram descobertas por si, mas sugeridos a ele por seus precursores.[34]

Uma das "tradições" cristãs mais destacadas dos dias atuais é a do evangelicalismo não denominacional. Negar que isso seja uma tradição é cortar a possibilidade de uma avaliação interna, crítica e de reforma. Ironicamente, isso tende a criar a espécie mais resistente de tradicionalismo. Privado das críticas pela Palavra de Deus no passado ou por representantes de outras tradições do presente, as igrejas que alegam ser não denominacionais e não tradicionais ficam presas em seus próprios círculos de professores bíblicos vivos, movimentos e ênfases que têm sua própria história não reconhecida.

Por exemplo, as igrejas da minha mocidade teriam dito que a igreja na rua debaixo estava seguindo a tradição e não a Escritura. No entanto, quando comecei a perguntar por que nós não batizávamos as crianças, era difícil encontrar uma boa explicação além de "cremos na Bíblia". Mesmo em idade jovem, isso me fazia perguntar se não seria mais um jeito de dizer "seguimos a nossa tradição".

Quero esclarecer que não estou afirmando que não haja gente que defenda seus pontos de vista sobre tópicos como este através da Escritura, muito menos que a própria Escritura não nos ofereça respostas claras. Também não estou dizendo que a tradição determina a verdade. Mas é importante reconhecer que jamais chegamos à Bíblia como os primeiros cristãos, mas

---

34 Abraham Kuyper, *Principles of Sacred Theology* (trad. J. Vriend; Grand Rapids: Baker Academic, 1980), 574–75.

sempre como quem foi induzido a certo conjunto de expectações sobre o que encontramos na Escritura. Eu não descobri a doutrina da Trindade sozinho. Essa doutrina faz parte de uma rica herança na comunhão dos santos do passado e do presente. A melhor maneira de ir adiante é respeitar e avaliar as nossas tradições, não idolatrar ou ignorá-las. O atual impulso em direção ao cristianismo radical é, em si, parte de uma tradição arraigada nas sucessivas ondas de protestantismo radical.

Os reformadores magisteriais, como Lutero e Calvino, procuraram reformar a igreja – não começar do zero. Diferente dos radicais, eles acreditavam que a igreja havia continuado desde o tempo dos apóstolos. Foi a igreja medieval que introduziu novidades na doutrina e no culto, eles argumentavam e procuravam recobrar o melhor da igreja antiga. O cristianismo norte-americano — mesmo em denominações que se identificam como luteranas e reformadas — tem estado mais próximo, de muitas formas, às seitas radicais do que dos reformadores evangélicos.

Os reformadores reconheciam a supremacia da Palavra de Deus sobre a doutrina e prática da igreja. Contudo, reconheciam também que o Espírito ilumina a igreja a fim de entender o texto inspirado. A história da igreja é a história tanto da iluminação do Espírito quanto da pecaminosidade contínua dos seres humanos, inclusive dos crentes, em ler e segui-lo corretamente. Embora seja subserviente à Escritura, a tradição era levada a sério como guia para a interpretação. Os credos e confissões refletiam entendimento comum dos ensinamentos básicos da Bíblia. Todos os crentes tinham de ter acesso igual a Cristo e à sua Palavra, mas não existia o "direito à interpretação particular". Em vez disso, todos nós lemos juntos a Bíblia, submetendo-nos à mente em comum de uma igreja, por meio de seus representantes.

Os reformadores acreditavam que todo crente era sacerdote, capaz de ir diretamente a Deus e de interceder uns pelos outros. Mas afirmavam também que o Novo Testamento designa os pastores para pregar, batizar e administrar a comunhão e para supervisionar a saúde espiritual da igreja.

Os reformadores acreditavam que só Deus salva. A salvação não é atribuição ou tesouro que pertença a uma hierarquia, sendo administrado aos que seguem as regras prescritas. É favor e dom gratuito de Deus. No entanto, ensinavam claramente que Deus opera ordinariamente por meio do ministério de seres humanos que pregam, batizam, administram a Ceia do Senhor e guiam a doutrina e a vida dos crentes, em nome de Cristo.

Em cada um desses pontos, os radicais foram mais longe. Diziam: a igreja visível é falsa; e a igreja invisível dos verdadeiramente nascidos de novo e cheios do Espírito tem de reinventar a igreja de Atos. O sacerdócio de todos os crentes significava que todo verdadeiro crente era ministro e podia pregar, batizar ou servir a comunhão. O Espírito opera direta e imediatamente, e frequentemente, através de revelações extraordinárias. Não é a "Palavra externa" e os sacramentos que importam, mas a voz "interna" do Espírito e um lavar interior com a presença de Jesus à parte da água, pão e vinho. Tudo que for externo, institucional, visível, físico, formal e oficial se opõe ao que é interno, individual, invisível, imaterial e informal. A fé autêntica é espontânea, não mediada por ministérios estruturados. De acordo com o líder separatista John Smyth, aqueles que "nasceram de novo... não precisariam mais usar os meios de graça", já que as pessoas da Divindade "são melhores do que todas as escrituras, ou quaisquer criaturas".[35]

Embora os evangélicos de hoje possam discordar dos detalhes (tais como não necessitar da Escritura), parece que John Smyth ganhou a batalha. Não é mais uma reforma, mas uma revolução. Não se reparam mais os balaústres que caíram, mas faz-se demolição e reconstrução. Não é mais o crescimento normal — tanto dos crentes durante seu tempo de vida quanto de igrejas em geral através da história — mas são movimentos extraordinários que nos conduzirão à *Era do Espírito*. A autoridade mudou da Palavra externa, comumente ouvida, acatada e vivida, para a experiência do indivíduo. Tudo isso levanta a pergunta quanto à extensão a que o evangelicalismo tem sido, por algum tempo, tanto o facilitador quanto a vítima da autonomia moderna.

Todo novo movimento vem com novas manchetes e matérias liberadas para publicação, falando sobre restaurar a igreja caída (em vez de reformar a igreja que é parcialmente fiel/parcialmente infiel), um renascer da igreja de Atos, um novo Pentecostes, e até mesmo uma nova ligação que mudará todas as coisas. Contudo, no fim das contas, todas elas refletem uma tradição razoavelmente contínua das seitas radicais dos séculos passados. Cada movimento começou como um nivelamento democrático, erradicando estruturas, ofícios especiais, liturgias, às vezes, até mesmo a pregação e os sacramentos. Contudo, os movimentos não denominacionais logo

---

35 Citado por Miroslav Volf, *After Our Likeness* (Grand Rapids: Eerdmans, 1993), 161–62.

se tornaram em... denominações. As inovações radicais logo se tornaram tradições inquestionáveis.

Ansiando por Avivamento

Muito do que distingue a cultura norte americana — o culto da celebridade, da juventude e da inovação — nasceu na trilha de serragem dos avivalistas. O culto da *Próxima Grande Coisa* — quer fosse uma nova banda de *rock*, modismo de dieta, movimento político ou explosão espiritual ou cruzada religiosa — não é resultado simplesmente de nosso cativeiro à cultura; o fenômeno cultural mais amplo talvez nunca tivesse surgido não fosse os avivamentos. Numa sociedade anterior à televisão, os avivamentos não eram apenas influenciados pela cultura *pop*. *Eram* a cultura popular.

Há duas maneiras de entender os avivamentos. A primeira é ver o avivamento como uma "surpreendente obra de Deus", uma "bênção extraordinária de Deus sobre seus meios ordinários de graça". Foi assim que Jonathan Edwards via, conforme Ian Murray sumariza.[36] Deus é totalmente livre para impedir ou enviar o avivamento conforme ele deseja.

A segunda abordagem vê o avivamento como algo dentro de nosso controle — algo que pode ser encenado e gerenciado com resultados previsíveis. Se seguir os passos certos, você consegue os resultados certos. Basicamente, esta é uma abordagem tecnológica à religião. Como um gênio da garrafa, até Deus está sujeito às leis de causa e efeito. Nas palavras do evange-

---

36 Ian Murray, *Revival and Revivalism: The Making and Marring of American Evangelicalism, 1750 – 1850* (Edinburgh: Banner of Truth, 1994). Acho persuasiva e útil sua distinção entre avivamento e avivamentismo. No entanto, fica aberta e pergunta se a ênfase anterior também não prejudicou o ministério ordinário.

lista do século XIX, Charles Finney (principal promotor desse segundo ponto de vista): "Um avivamento não é milagre nem depende em qualquer sentido de um milagre. É simplesmente o resultado filosófico do uso correto dos meios como qualquer outro efeito". O impulso radical protestante por evidências extraordinárias e métodos extraordinários tornou-se especialmente marcante com Charles Finney. Finney definiu suas "novas medidas" como "induções suficientes para converter os pecadores".[37]

Ironicamente, sob o verniz do derramamento do Espírito, essa espécie de avivamento era mais como o deísmo: Deus estabeleceu estas leis e agora depende de nós. Sinto a mesma espécie de coisa quando me deparo com evangelistas da prosperidade. Por mais que se fale em milagres, essas maravilhas acabam sendo totalmente naturais. Siga os passos que mando e você conseguirá o seu milagre. Será que Deus realmente é necessário nesse esquema, exceto como arquiteto original que estabeleceu tudo desse jeito?

Era feita constante pressão sobre a engenhosidade do evangelista para manter a temperatura emocional. Não era necessário somente a experiência inicial de conversão, mas uma perpétua experiência de tremedeira e abalos. "O avivamento pode diminuir ou acabar", advertia Finney, "a não ser que os

---

37 Ironicamente, Finney tinha ponto de vista *ex opere operato* das próprias novas medidas que jamais permitiram o batismo e Ceia. Quanto à carga pelagiana, a *Systematic Theology* (Minneapolis: Bethany, 1976) de Finney nega explicitamente o pecado original e insiste em que o poder da regeneração está nas mãos do próprio pecador, rejeitando qualquer noção substitutiva da expiação em favor das teorias de influência moral e governo moral, considerando a doutrina da justificação por justiça de outrem como sendo "impossível e absurdo. Na verdade, Roger Olson, em sua defesa do Arminianismo, vê a teologia de Finney como estando muito além do âmbito arminiano (*Arminian Theology* [Downers Grove, IL: InterVarsity Press, 2006], 27). É assim ainda mais notável que Finney tenha ocupado lugar tão distinto entre os evangélicos, como ilustra o tributo a ele no Centro Billy Graham (em Wheaton, Illinois). Não nos admira que a religião norte-americana pareceu a Bonhoeffer como sendo "Protestantismo sem a Reforma".

cristãos sejam frequentemente reconvertidos".³⁸ Um avivamento podia ser planejado, encenado e manejado. A Grande Comissão dizia apenas "Ide", de acordo com Finney.

> Ela *não prescrevia fórmulas*. Não as admitia... e o objetivo dos discípulos era tornar conhecido o *evangelho da maneira mais efetiva*... a fim de obter a atenção do maior número possível. Ninguém pode encontrar qualquer *forma* de fazer isso estabelecida na Bíblia.³⁹

Assim como o novo nascimento está inteiramente nas mãos do indivíduo, por meio de quaisquer "emoções" propensas a "induzir o arrependimento", a igreja é concebida principalmente como uma sociedade de reformadores da moral. Em uma carta sobre avivamento, Finney escreveu o seguinte: "Ora, a grande empreitada da igreja é reformar o mundo — acabar com toda espécie de pecado. A igreja de Cristo foi originalmente organizada como corpo de reformadores... para reformar as pessoas individuais, comunidades e governos". Se as igrejas não querem seguir isso, elas terão simplesmente de ser deixadas para trás.⁴⁰ Noutras palavras, têm de pensar como um movimento e não uma igreja.

John Williamson Nevin, contemporâneo reformado de Finney, contrastou o que chamou de "sistema do banco" (precursor do chamado ao altar) e o "sistema do catecismo":

---

38 Charles G. Finney, *Revivals of Religion* (Old Tappan, NJ: Revell, n.d.), 321.

39 Citado por Michael Pasquarello III, *Christian Preaching: Trinitarian Theology of Proclamation* (Grand Rapids: Baker Academic, 2007), 24.

40 Charles Finney, *Lectures on Revival* (2nd ed.; New York: Leavitt, Lord, 1835), 184 – 204. "Lei, recompensas e castigos — essas coisas e afins estão no coração e alma da persuasão moral... Meus irmãos, se os corpos eclesiásticos, faculdades, e seminários apenas avançassem — quem não lhes desejaria a bênção de Deus? Mas se eles não progridem — se nós não ouvirmos deles nada senão queixas, denúncias, repreensões com respeito a quase todos os ramos de reforma, o que poderá ser feito?"

A próxima grande coisa

> A antiga fé presbiteriana em que eu nasci, foi baseada na ideia de uma religião familiar do pacto, ser membro da igreja por meio do ato santo de Deus no batismo, e seguir a isso num treinamento catequético regular dos jovens, com referência direta a eles virem à mesa do Senhor. Numa palavra, tudo procedia sobre a teoria de religião sacramental e educativa.[41]

Esses dois sistemas, concluiu Nevin, "no fundo envolvem duas teorias da religião diferentes".

A conclusão de Nevin tem sido provada pela história subsequente. Perto do final de seu ministério, ao considerar a condição de muitos que haviam experimentado os seus avivamentos, o próprio Finney indagava se esse anseio infindo por experiências cada vez maiores poderia conduzir à exaustão espiritual.[42] De fato, sua preocupação era justificada. A região onde os avivamentos de Finney eram especialmente dominantes hoje é referida por historiadores como "distrito queimado e apagado", um berço de desilusão e proliferação de seitas esotéricas.[43]

Eventualmente, o ideal de uma experiência de conversão mensurável não apenas aumentou, como também era posta em oposição ao crescimento constante e real, o qual não se podia copiar com uma fórmula padronizada de medidas. Havia passos e sinais óbvios que eram marcas verificáveis do fato de uma pessoa realmente estar "por dentro". A rotina dos procedimentos de conversão acabaram sendo — como os das fábricas na

---

41 John Williamson Nevin, *The Anxious Bench* (London: Taylor & Francis, 1987), 2 – 5.

42 Veja Keith J. Hardman, *Charles Grandison Finney: Revivalist and Reformer* (Grand Rapids, Baker, 1990), 380 – 94.

43 Veja, por exemplo, Whitney R. Cross, *The Burned-Over District: The Social and Intellectual History of Enthusiastic Religion in Western New York, 1800 – 1850* (Ithaca, NY: Cornell University Press, 1982).

Revolução Industrial — calculada, medida e reproduzida. Foi isto que aconteceu ao *avivamentismo* anglo-americano.

Cada despertamento sucessivo ou novo avivamento dizia ser radical, dispensando a bagagem do passado que pesa em sobrecarga à missão. Em relação à história da igreja, esses movimentos são, na verdade, radicais. Contudo, não tem sido nada contraculturais, especialmente no contexto americano. Os valores da democracia e da livre iniciativa — fundamentados na escolha individual — tornaram-se o próprio evangelho no Segundo Grande Despertamento.

O movimento de crescimento da igreja era tão culturalmente (e até mesmo politicamente) atado quanto seus críticos têm argumentado. No entanto, um dos mais alardeados críticos de movimentos — o movimento emergente — não parece menos preso aos modismos culturais. Mais uma vez ouvimos as mensagens usuais de "entre nessa ou seja deixado para trás". Temos de começar tudo de novo, dizem, com igrejas de ministérios comuns comparados a telefones públicos: ainda existem, mas ninguém os utiliza. Como na maioria das rebeliões, isso reflete reações sem discernimento para com o que identifica, quem sabe legitimamente, como sendo consumismo impensado. É fácil simplesmente mudar de partido político. Não requer esforço determinar nossas convicções doutrinárias, simpatias culturais e morais, e práticas eclesiais simplesmente por antíteses. "Tudo tem de mudar!" Acabem com os pastores que pregam sermões; vamos fazer um diálogo com a Bíblia como um dos parceiros da conversa. Compartilhamos nossa jornada. Em qualquer caso, não se trata de frequentar a igreja e sim de *ser* igreja, não se trata de ouvir o evangelho, mas *ser* o evangelho. O discernimento informado é algo de que o evangelicalismo, através de todas as suas "tribos", agora parece carecer desesperadamente.

Há muitos hoje que pensam como Edwards, mas agem como Finney. Em *Head and Heart (Cabeça e Coração)*, o historiador católico Garry Wills observa:

> A reunião no acampamento marcou o modelo para o credenciamento dos ministros evangélicos. Eram validados pela reação da multidão. O credenciamento organizacional, a pureza doutrinária e a educação pessoal eram inúteis aqui — de fato, alguns ministros mais cultos tinham até de fingir ignorância. O pastor era ordenado pelo seu inferior, pelos convertidos que ele conseguia. Isso era um procedimento ainda mais democrático do que a política eleitoral, onde um candidato representava um ofício e gastava algum tempo fazendo campanha. Esta era uma proclamação espontânea e instantânea realizada pelo Espírito. Essa religião *faça você mesmo* pedia um ministério "realize por você mesmo".[44]

Wills repete a conclusão de Richard Hofstadter de que "o sistema de estrelas não nasceu em Hollywood, mas na trilha de serragem dos avivalistas".[45]

Existem numerosas instruções no Novo Testamento sobre ofícios da igreja e as qualificações dos oficias, pregação, os sacramentos, oração pública e disciplina. Em marcante contraste, não há instruções sobre avivamentos — nem mesmo exemplos. Encontramos no livro de Atos o relato da obra

---

44 Garry Wills, *Head and Heart: American Christianities* (New York: Penguin, 2007), 294.
45 Ibid., 302.

extraordinária do Espírito por meio dos apóstolos. Por todo o relato de Lucas, encontramos a expressão, "E se espalhava a Palavra de Deus". Era assim que o jardim de Deus crescia. O ministério deles, junto dos sinais e maravilhas que o certificavam, permanecem como as marcas indeléveis da verdade da sua mensagem para nós hoje. Como a *Sexta-feira Santa* e a Páscoa, Pentecostes foi um evento não repetível na história da redenção, e é um presente que continua frutificando, por meio do ministério corriqueiro.

Muitas das razões que damos para a necessidade de avivamento (letargia no evangelismo e missões, falta de uma experiência genuína da graça de Deus, frieza na oração, aumento dos vícios e da infidelidade, dos males sociais, etc.) são problemas que o ministério *comum* precisa tratar a cada semana. O anseio por avivamento não somente pode levar-nos a tratar esse ministério como inócuo; pode sutilmente justificar um estado inaceitável no ínterim. Outra questão é a extensão à qual um anseio por avivamento tem sido entretecido na religião civil. O antídoto ao nervo moral decaído e ao fervor patriótico é o avivamento. Entre outros problemas, isso transforma o evangelho em meio para se atingir um fim. A missão da igreja não é mais entregar Cristo com todos os seus benefícios salvíficos aos pecadores; é principalmente agir como "alma da nação", conduzi-la adiante e para cima até seu destino excepcional.

Este tem sido o ciclo vicioso do avivalismo evangélico desde então: um pêndulo que oscila entre entusiasmo e desilusão, ao invés de manter firme maturidade em Cristo mediante a participação na vida ordinária da comunidade do pacto. A pregação regular de Cristo a partir de toda a Escritura, Batismo,

Santa Ceia, orações de confissão e louvor, e todos os demais aspectos da comunhão cristã ordinária são vistos como comuns demais. Se concordamos com isso depende em grande parte se cremos que é Deus que salva os pecadores ou se achamos que salvamos a nós mesmos com a ajuda de Deus.

Impelidos para lá e para cá com todo vento de doutrina e muitas vezes nenhuma doutrina, aqueles que foram criados no evangelicalismo se acostumaram ao super e a eventos cataclísmicos de intensa experiência espiritual que, no entanto, se desgastam. Quando as experiências acabam, frequentemente existe muito pouco para impedi-los de tentar formas diferentes de terapias espirituais ou de caírem totalmente fora da corrida religiosa.

Não será surpresa que eu prefira a primeira abordagem: avivamento como uma bênção extraordinária de Deus sobre seus meios ordinários de graça. Olhando em retrospectiva para a história da igreja, vemos alguns momentos notáveis em que — contra todas as condições humanas — o Espírito abençoou o ministério de sua Palavra de maneiras extraordinárias. Se o Senhor for enviar outra bênção dessa espécie, devemos nos deleitar em sua surpreendente graça.

Os pregadores de avivamento do passado, mais notavelmente Edwards e Whitefield — e em grande extensão John Wesley — ainda acreditavam que o avivamento era uma bênção extraordinária sobre os meios ordinários da graça de Deus. No livro de Atos encontramos muitos exemplos de experiências óbvias de conversão — frequentemente associadas a fenômenos extraordinários. Porém, é sempre mediante o ministério da Palavra. Mesmo quando um anjo apareceu ao centurião romano, Cornélio, em Atos 10, a mensagem era mandar chamar a Pedro para que ele viesse pregar o evangelho a ele, à sua casa e aos seus soldados. Ouvindo a mensagem, Cornélio e muitos outros creram e foram batizados. Assim, mesmo na era do extraordinário ministério dos apóstolos, os meios ordinários da graça estão na frente e no centro.

Porém, mesmo que seja visto como obra gratuita de Deus e que não tenhamos o direito de exigir nem o poder para controlar, será que o foco no avivamento não contribui para nossa insatisfação com as bênçãos ordinárias de Deus em seus meios ordinários? Estou inclinado a pensar que este é — e tem sido o caso. Observamos esse perigo até mesmo no primeiro Grande Despertamento. Tem sido dito que George Whitefield foi a primeira celebridade dos Estados Unidos. Isso não denigre o seu caráter. De muitas formas, Whitefield demonstrou notável humildade. Para cima e para baixo pela costa Atlântica, porém, os seus eventos de avivamento dividiam as igrejas. Questionar os métodos inovadores que estavam sendo empregados seria apagar o Espírito. Denúncias de diversos pastores como sendo não convertidos, simplesmente por eles terem questionado o avivamento, dividiam até os calvinistas coloniais.

Assim, enquanto temos toda razão ao destacar avivamentos como entendiam Edwards e Whitefield, em contraste ao avivamentalismo que veio a ser identificado com Finney e o Segundo Grande Despertamento, quero insistir na questão mais profunda: Será que o anseio intenso por avivamento é, em si mesmo, parte do problema, alimentando a expectação febril pela *próxima grande coisa*? Já não é suficientemente notável que o próprio Jesus Cristo fale conosco sempre que a sua Palavra é pregada a cada semana? Não é milagre bastante que um jardim viçoso esteja florescendo no deserto dessa presente época do mal? Não basta a maravilha de que o Espírito ainda esteja ressuscitando aqueles que estão espiritualmente mortos para a vida, mediante essa pregação do evangelho? Será o batismo de água um compromisso externo, o qual fazemos em resposta a uma decisão que nós fizemos de nascer de novo? Ou não seria um meio da graça milagrosa de Deus? Não é suficiente que os que pertencem a Cristo estejam crescendo na graça e no conhecimento de sua Palavra, fortalecidos na fé pela administração regular da Ceia, comunhão na doutrina, oração e louvor, dirigidos por presbíteros e servidos por diáconos? Será que esse anseio por avivamento não pode dar a impressão de que entre os avivamentos há calmarias em que o Espírito *não está* ativo, pelo menos no mesmo poder ou grau de poder através desses meios que Cristo designou?

Da perspectiva do Novo Testamento, o que acontece todo dia nas igrejas através da América e por todo o mundo é o que realmente importa em termos de arrependimento e fé. O problema é que muitas igrejas que anseiam o avivamento querem isso para consertar nossos males espirituais como nação, mas, sem saber, são propagadores da secularização das pessoas nos bancos das igrejas a cada semana. Não é apenas este ou aquele avivamento, a meu ver, mas o próprio anseio por avivamento que trabalha contra o meio paciente, difícil, frequentemente entediante, no entanto, maravilhosamente efetivo que Deus ordenou para a expansão de seu reino. O pragmatismo passa a ser a norma. Passado e presente têm de ser esquecidos. Deus está fazendo algo completamente novo entre nós, que não pode ser limitado a vasos antigos. É este modo de pensar que nos tira da pregação fiel, da administração dos sacramentos, e da responsabilidade mútua pela vida e doutrina na comunhão dos santos.

Conversão e nutrição pactual

Se nossa vida cristã for fundamentada numa experiência radical, continuaremos procurando desempenhos repetidos – não um crescimento devagar na mesma direção, mas picos radicais no gráfico. Isto nos deixa sempre na espreita pela *Próxima Grande Coisa*.

Conversão e alimentação pactual andam de mãos dadas na Escritura. Evangelização não é algo reservado para os descrentes que convidamos para assistir um culto especial. Evangelização é a missão seminal e semanal aos salvos e perdidos igualmente. Não existe oposição entre a fé pessoal em Cristo e o ministério de uma igreja, "ser salvo" e "entrar para uma igreja". Pedro declarou em seu sermão de Pentecostes: "é a promessa, para vossos filhos e para todos os que ainda estão longe, isto é, para quantos o Senhor, nosso Deus, chamar" (Atos 2.39). Tocados profundamente pelo sermão de Pedro, muitos creram e foram batizados.

É-nos dito também que os convertidos traziam toda sua casa sob as promessas do pacto mediante o batismo (Atos 16.14 – 15, 31; 1Co 1.16). Os filhos dos crentes são santos, separados pela promessa de Deus (1Co 7.14), embora alguns venham a rejeitar seu direito de herança (Hb 12.16; cf. 6.1 – 9). Há, portanto, um direito de nascimento. Advertências contra a apostasia no novo pacto são fundamentadas nas promessas e advertências encontradas por toda a história do único pacto da graça. O principal argumento é simples: os que pertencem a Cristo são descendentes espirituais de Abraão, herdeiros da promessa pelo pacto (Rm 4.16 – 17; Gl 3.6 – 9, 14, 28; 4.30). Os filhos dos crentes eram herdeiros e, portanto, receberam o sinal e selo da promessa de Deus. Este sacramento, no antigo pacto, era a circuncisão, dada somente aos machos, e no novo pacto é o batismo[46], recebido por homens e mulheres.

Respondendo à promessa de Deus, os pais — e na verdade toda a igreja — prometem criar esses filhos dentro do pacto. Isto forma toda a perspectiva de uma igreja em seu ministério. Existe a expectativa de que seus filhos virão a professar publicamente sua fé diante dos presbíteros, e isto será ratificado por eles serem bem-vindos a participar da Mesa do Senhor.

Há também a outra metade da declaração de Pedro: "é a promessa, para vossos filhos *e para todos os que ainda estão longe*, para quantos o Senhor, nosso Deus, chamar". A igreja não pode ser uma sociedade secreta, fechada em si mesma. Não podemos escolher entre um ministério de manutenção e um ministério missional. Pelo contrário, a missão da igreja é anunciar e aplicar a promessa aos de dentro e aos de fora. Em Atos, não encontramos dois ministérios diferentes: um para a conversão de adultos e outro para "vós e vossos filhos". A evangelização é para todo mundo, o tempo todo – não apenas para alguns cultos especiais. No entanto, o evangelismo requer pregação, batismo e instrução em *tudo* que Cristo ensinou e ordenou (veja Mt 28.18 – 20). Isso não

---

46 N do E: A prática do batismo infantil como continuidade do pacto da graça representado pela circuncisão, faz parte da tradição do autor do livro. Todavia, entendemos que na Escritura, o batismo é ordenado somente àqueles que são feitos discípulos de Jesus Cristo e professam publicamente sua fé.

acontece por meio de ministérios extraordinários, mas pelo ministério ordinário da igreja.

Conquanto reconheçamos as conversões surpreendentes (por exemplo, a de Lutero), os Reformadores viam a conversão como processo que continua ao longo da vida, de crescimento e aprofundamento, de arrependimento e fé em Cristo. Mas isso não bastava para os protestantes radicais. Uma questão mais profunda está em nosso entendimento do que é a conversão. Se você crê que a conversão autêntica tem de ter sempre um momento definível, radical, até mesmo possível de datar, será inclinado a procurar por momentos óbvios de avivamento, que eram rompimentos radicais em ampla escala. Porém, se você crê que a obra do Espírito na conversão é um mistério e varia em suas evidências externas de uma pessoa para outra, pelo mesmo ministério ordinário, você estará menos propenso a apresentar listas de experiências e evidências discerníveis a que cada um deverá se conformar. Você regozijará tanto com aqueles que experimentam um momento óbvio de conversão como também com os que passaram a reconhecer, de modo gradativo, que pertencem a Cristo. Além do mais, arrependimento e fé não são experiências para uma única vez, mas fazem parte de um processo de toda a vida, tendo altos e baixos ao longo do caminho. O mais importante é manter em vista não a experiência religiosa em si, mas o fiel ministério dos meios de graça de Deus.

Como foi a igreja hoje?

Recorde novamente a descrição sagaz de Joe Queenan sobre a aversão dos *Boomers* para com o ordinário.[47] O mesmo se diz

---
47 Veja o capítulo anterior, p.75

quanto à igreja. "Como foi a igreja hoje?" Na maioria das vezes e locais da igreja do passado, isto seria uma pergunta bastante improvável. Na verdade, o ouvinte teria ficado confuso. Por quê? Porque era como perguntar como foram as refeições em casa essa semana ou perguntar ao agricultor como estavam as colheitas desta semana. "Como foi o sermão?" "Foi bom o culto?" Mesmo olhar vazio dos antepassados. Naqueles dias, as igrejas não precisavam balançar tudo, ninguém esperava que o pregador fizesse um gol que abalasse o parque, e o culto era, bem, um culto.

Ora, isso não quer dizer que o que ocorre na igreja por esses meios comuns, em cultos comuns de igrejas comuns, em semanas ordinárias *seja, em si, algo ordinário*. O que acontece é bastante extraordinário. Primeiro e acima de tudo, Deus está presente. Ele é quem julga e justifica, atrai os pecadores e ajunta suas ovelhas para seu Filho, por sua Palavra e Espírito. Ele é quem os une a Cristo, lava e alimenta, ensina e cuida deles ao longo de sua peregrinação. Ele é quem expande o seu império ao mesmo tempo em que o aprofunda. É por meio deste evento divinamente ordenado que "os poderes da era vindoura" penetram as mais negras fendas desta era maldosa e passageira (Hebreus 6.3 – 6).

Uma forma que as pessoas poderiam ter respondido nos tempos passados, pelo menos nas igrejas da Reforma, seria algo como estas expressões: "Bem, foi mais um prego no caixão do velho Adão", ou "Deus me absolveu" ou talvez algo simples como: "É muito bom entender um pouco mais o Evangelho de João nesses poucos meses passados".

Mais uma vez, a analogia do casamento é apropriada. Lutando diariamente com a questão de querer ou não permanecer casados um com o outro, muitos casais que procuram aconselhamento esperam um *rompimento das barreiras inimigas*, preferivelmente na primeira sessão. Os problemas conjugais são tratados como problemas médicos. "Faça desaparecer". Podemos nos beneficiar de uma boa conferência sobre casamento, mas quando voltamos para casa, nos encontramos novamente na mesmice do casamento de verdade. É ali, no enfado diário, que temos de morrer para nós mesmos, amar e servir nosso próximo *mais próximo*.

Uma pessoa pode não ter nenhuma responsabilidade por ter artrite ou pedras nos rins, e é possível que o médico faça essas coisas irem embora. Porém, o casamento não é assim. Como em todos os relacionamentos, somos tanto pecadores quanto outros pecaram contra nós, somos perpetradores e vítimas — simultaneamente. Além do mais, a expectação de "rompimentos" reflete uma impaciência com — talvez até mesmo mal entendimento — do próprio casamento. Se surgem mudanças completas, geralmente elas chegam sem convite. Os rompimentos de barreiras acontecem quando esperamos outra coisa. Quando ouço – realmente escuto – minha esposa falar algo que ela disse repetidas vezes pela primeira vez. Quando uma esposa faz algo não esperado para seu marido, e como resultado, os dois acabam com prazer renovado um no outro. Noutras palavras, até mesmo essas mudanças surpreendentes vêm por atos ou meios ordinários.

Não são transformações completas que estávamos procurando; são apenas coisas que acontecem em um casamento porque são duas pessoas sendo dirigidas pela boa providência de Deus, apesar do pecado deles. Ora, acrescentamos mais pecadores à mistura — primeiro os próprios filhos. Então mais pecadores ainda — a sua igreja local. Vai ser difícil, porque, como nós, essas outras pessoas ainda estão lutando contra o egoísmo e a autojustiça. Mas estamos combatendo juntos. Nada é mais santificador do que ter outra pessoa em nossa vida. As pessoas são boas para segurar os espelhos quando temos imagens bastante diferentes de nós mesmos.

Com o corpo de Cristo, apenas multiplicamos o número de pecadores que estão envolvidos. Sim, fomos perdoados, justificados, adotados. Fomos regenerados e estamos sendo conformados à imagem de Cristo. A Palavra de Deus promete isso e ele ratifica essa promessa para cada um de nós no batismo e na comunhão. Mas é difícil preservar o vínculo da unidade quando somos não somente pecadores como também tão diferentes em nossas origens e interesses. O Grande Evento — a conferência, o retiro de casais ou concerto — pode nos arrebatar os pés. Mas o perigo é quando voltamos para nossa igreja local e ficamos desapontados. Não há mais fogos de artifício. Tudo é tão comum, tão simples.

A alternativa para a ruptura das linhas inimigas não é a passividade. De fato, confiar nesses rompimentos nos torna passivos. Ficamos esperando que algo diferente aconteça conosco. Queremos que o médico nos conserte, o conselheiro conserte nosso casamento e o pastor conserte nossas numerosas necessidades sentidas. Mas é nas disciplinas ordinárias, e não nas rupturas extraordinárias, que o casamento é feito. É muito mais fácil pensar — e até mesmo dizer a nosso cônjuge: "Ei, vamos tirar umas férias juntos, sozinhos num parque fora de série". É ali que teremos nossa experiência incrível, não é?

Aí, pelo menos por um tempo, estamos livres. Até aí, podemos continuar sendo uns chatos um para o outro, gastar uma hora ou duas a mais no escritório, esquecer de perguntar como foi a consulta médica, e ressentirmo-nos um do outro porque ele/ela "não está suprindo minhas necessidades". Veja como a busca pelo extraordinário, na verdade, solapa a excelência — aquilo que é verdadeiro, bom e belo? Como a paixão por mudanças perpétuas e totais, na verdade, nos torna passivos?

A mesma lógica funciona quanto à nossa vida no corpo de Cristo. O acampamento de verão, avivamentos, novo plano de exercícios espirituais ou estratégia de transformação cultural equivale ao "avanço" que investidores a curto prazo, casais e cristãos em geral estão procurando, mas que, na verdade, os impedem de tornar-se saudáveis, maduros e estáveis.

O círculo onde sou mais familiar não é no acampamento de verão ou na campanha de avivamento, mas o ministério paraeclesiástico ou a conferência especial faz com que a fidelidade do dia a dia numa igreja local pareça uma ida ao dentista. Regularmente encontro cristãos professos que lamentam a situação da sua igreja, mas não colocaram "uma igreja forte" no topo de sua lista quando pensaram em mudar para uma nova cidade. Talvez eles frequentem as conferências certas e leiam os livros certos, mas são um espinho na carne de seu pastor e dos seus colegas membros na igreja. Ou talvez eles não separem o Dia do Senhor e encham esse dia com outras coisas em vez dos meios de graça e comunhão dos santos. Mas culpam a igreja por sua falha em alimentá-los.

Jesus Cristo instituiu oficialmente os meios de graça em termos claros e impossíveis de não se entender: a pregação do evangelho, batismo e disciplina — ou seja, ensinar as pessoas a guardar tudo que ele ordenou (Mt 28.19 – 20). Noutras palavras, é o que as confissões reformadas definem como as "três marcas de uma igreja": nada mais, nada menos. Nada de iscas e mudança de lugar. Não se começa com "o que as pessoas querem" a fim de obter "aquilo que eles necessitam". Os mesmos meios de graça que os trouxeram para dentro do aprisco os manterão dentro dele. Somos receptores passivos de Cristo com todos os seus benefícios, mas isto nos torna ativos nas coisas corriqueiras ao convivermos e amarmos o próximo.

Exercício

1. Como a atração de uma igreja à *Próxima Grande Coisa* reflete influências culturais mais amplas?
2. Muitas vezes os evangélicos suspeitam da tradição, mas o evangelicalismo também não seria uma tradição hoje? Se for assim, de que maneira — particularmente, de que modo isso estimula novas ondas de empolgação extraordinária?
3. Fale a respeito de avivamento. Quais são algumas diferentes abordagens ao avivamento na história anglo-americana? Existem alguns aspectos negativos no foco dos avivamentos?
4. O que você diria se alguém lhe perguntasse como foi a igreja nesta semana? Reflita sobre as suas respostas.

Capítulo 5
AMBIÇÃO: COMO UM VÍCIO SE TORNOU UMA VIRTUDE

Você já notou como as coisas que eram consideradas vícios agora são vistas por muitas pessoas como virtudes — e vice-versa? O significado das palavras muda com o tempo. Uns dois séculos atrás, uma mulher podia ser chamada de "esbelta", mas não seria bom um pretendente chamá-la assim hoje em dia. Tempos atrás, quando cursava meus anos de ensino secundário, a expressão "mau" — usada em contexto apropriado — veio a significar "bom"; "cruel" no seu uso mais comum, hoje quer dizer "grande". Em inglês, "*sick*" [doente] significa hoje "maravilhoso". Porém essas são apenas expressões coloquiais. Tudo depende do contexto.

Há, porém, transformações não apenas no vocabulário, mas nos valores. "Inquieto" antigamente significava instável, não confiável, até mesmo desonesto. Hoje, porém, ser inquieto é estar vivo, sempre se mexendo, suspeitar da autoridade e descontente com permanecer parado. Nossa ideia de "ambição" passou por uma transformação semelhante. O título deste capítulo presume que a própria ambição seja um vício: algo errado e pecaminoso. Para a maioria das pessoas de hoje, isso é contra intuitivo. Não foi há muito tempo que dizer à pessoa que ele ou ela não tinha ambição era um elogio; hoje isso é visto como crítica. Ambição é um vício? Como pode ser?

Claro, se por ambição queremos simplesmente dizer uma tendência ou iniciativa de marcar e alcançar alvos, não existe nada mais natural para nós como portadores da imagem de Deus. Deus nos criou em justiça e santidade, para estender o seu reino até os confins da terra. Glorificar a Deus e ter nele nosso prazer era objetivo e alvo que toda manhã cumprimentavam a Adão e Eva, enquanto eles amavam e serviam um ao outro com energética satisfação. Porém, em vez de conduzir sua esposa e toda sua posteridade nesse "desfile de ações de graças", Adão declarou independência do seu Rei. Os efeitos imediatos de sua ambição foram a rivalidade e autoafirmação — primeiro entre Adão e Eva, depois entre Caim e Abel. O resto, como dizem, é história.

Também é histórica a solução de Deus. Na plenitude do tempo, o Pai enviou seu Filho. Onde o primeiro Adão procurou se livrar de sua posição de criado e *ascender* ao trono de Deus, o último Adão — que é Deus em sua própria natureza — deixou o seu trono e *desceu* até nossa miséria.

> Pois ele, subsistindo em forma de Deus, não julgou como usurpação o ser igual a Deus; antes, a si mesmo se esvaziou, assumindo a forma de servo, tornando-se em semelhança de homens; e, reconhecido em figura humana, a si mesmo

se humilhou, tornando-se obediente até à morte e morte de cruz. Pelo que também Deus o exaltou sobremaneira e lhe deu o nome que está acima de todo nome, para que ao nome de Jesus se dobre todo joelho, nos céus, na terra e debaixo da terra, e toda língua confesse que Jesus Cristo é Senhor, para glória de Deus Pai (Fp 2.6 – 10).

Conquanto o primeiro Adão tenha lançado uma filosofia de vida de "eu o encontro lá no auge", Jesus Cristo diz ao mundo: "Eu o encontrarei lá no fundo".

Nossa paixão pela vida e pela realização e nosso desejo de lutar por um alvo ousado foram essencialmente criados em nós por Deus. O que mudou depois da queda é a direção deste impulso. Quando desligado de seu objetivo certo — a glória de Deus e o bem de nosso próximo — nosso amor fica focado em si mesmo; nossas paixões santas ficam viciadas, nos afastando dos passos de Deus e afastando-nos uns dos outros. Não vivemos no mundo real, a criação que Deus chamou à existência e sustenta pela palavra de seu poder, mas em um mundo de faz de conta. Vivemos como se Deus e nosso próximo fossem feitos para nós. Noutras palavras, vivemos vidas *desnaturais* — como se fôssemos ou pudéssemos nos tornar em alguém diferente da imagem de Deus, criados para amar a Deus e ao próximo.

É por esta razão que o impulso para as realizações não é mais uma virtude, porque nossa busca por significado e segurança é tão confusa e fútil. Isto não é novidade, conforme aprendemos em Eclesiastes. Desde o primeiro dia da nossa queda em pecado, o mundo que imaginamos existir e os seres que presumimos inventar se mostraram como sombras vazias. No entanto, continuamos a charada porque a realidade é grande demais para suportar, ou seja: "pois todos pecaram e carecem da glória de Deus, [só podendo ser] justificados gratuitamente, por sua graça, mediante a redenção que há em Cristo Jesus" (Rm 3.23 – 24). Essa condição caída se expressa em idolatria e imoralidade sexual, onde até mesmo apagamos a luz da natureza.

Em seu cerne, o pecado é o encobrir da gratidão para com Deus (Rm 1.21). Por que a gratidão? Porque, em vez de ver--nos como criados por nós mesmos, escolhendo nossa própria identidade e propósito, a cosmovisão bíblica nos diz que somos receptores de nossa existência. Somos devedores a outro alguém. Nossa vida é dom de Deus; não vem de nossa própria realização. Nossa ingratidão é a expressão mais clara de que temos idolatrado a nós mesmos.

Ambição na Escritura

Os filósofos gregos advertiam contra a ambição (*eritheia*). Isso não queria dizer impulso ou iniciativa. Significava colocar-nos adiante, como em uma eleição, mas em espírito de rivalidade, que não pensa duas vezes antes de utilizar táticas inescrupulosas. Um termo relacionado entrou no mundo da medicina com *erythema*, "vermelhidão", se referindo a uma inflamação da pele, como a de psoríase. De modo mais geral, pode ser usada para se referir a qualquer desordem do corpo — nosso próprio corpo ou o corpo político.

Mas os gregos não viam nada de positivo na sua alternativa para a ambição. De fato, consideravam a humildade como posição do escravo. Cultivar a humildade não era algo que recomendassem como virtude para as classes mais nobres. É por isso que a encarnação do Filho de Deus na história humana constituiu o que um escritor descreve como "uma completa revolução moral". Nossa avaliação positiva da humildade é devida totalmente à alvorada da nova época em Cristo.[48] Uma passagem-chave para isso é a de Filipenses 2, onde a "autossuficiência" afunda. Onde a humanidade pecaminosa ascende ao céu em ambição, o próprio Deus desce em humildade por nós e para nossa salvação.

As razões de Tiago:

> Quem entre vós é sábio e inteligente? Mostre em mansidão de sabedoria, mediante condigno proceder, as suas obras. Se, pelo contrário, tendes em vosso coração inveja amargurada e sentimento faccioso, nem vos glorieis disso, nem mintais contra a verdade. Esta não é a sabedoria que desce lá do alto; antes, é terrena, animal e demoníaca. Pois, onde há inveja e sentimento faccioso, aí há confusão e toda espécie de coisas ruins. A sabedoria, porém, lá do alto é, primeiramente, pura; depois, pacífica, indulgente, tratável, plena de misericórdia e de bons frutos, imparcial, sem fingimento. Ora, é em paz que se semeia o fruto da justiça, para os que promovem a paz. (Tiago 3.13 – 18).

A palavra grega traduzida "ambição egoísta" neste trecho é *eritheia*. As versões mais antigas do inglês usam a simples "ambição". Um adjetivo seria considerado redun-

---

48 Henri de Lubac, *A Brief Catechesis on Nature & Grace* (trad. Irmão Richard Arnandez; San Francisco: Ignatius, 1984), 56 – 58.

dante, como falar de "gelo frio". A ambição, por definição, era egoísta. O fato de nossas traduções modernas sentirem a obrigação de acrescentar "egoísta" aponta para a mudança na avaliação que nossa cultura faz dessa atribuição. Daí a observação de Tiago: "Pois, onde há inveja e sentimento faccioso, aí há confusão e toda espécie de coisas ruins". Ambição leva ao desequilíbrio no corpo.

Apelando para o exemplo de Cristo de servir-nos em amor, Paulo exorta os filipenses à humildade e concórdia. "Nada façais por partidarismo ou vanglória, mas por humildade, considerando cada um os outros superiores a si mesmo. Não tenha cada um em vista o que é propriamente seu, senão também cada qual o que é dos outros" (Fp 2.3 – 4).

Além do mais, os termos "ambição egoísta [partidarismo] ou vanglória" nesta passagem, também são traduzidas de *eritheia* ("ambição"), junto com *kenodoxia* ("louvor vazio"; ou seja, pretenciosidade). Seus parentes mais próximos são *philodoxia*, "amor do louvor", e *philautia*, "amor de si mesmo". Paulo diz claramente a seus leitores que o oposto de ser "de uma só mente" é a ambição egoísta. Todo mundo tem de ser estrela do *show*, sair do consenso, marcar a fogo o seu próprio caminho. Não simplesmente os líderes são celebridades, mas seus fãs adoradores, devem ser diagnosticados com este câncer.

> Pois os homens serão egoístas, avarentos, jactanciosos, arrogantes, blasfemadores, desobedientes aos pais, ingratos, irreverentes, desafeiçoados, implacáveis, caluniadores, sem domínio de si, cruéis, inimigos do bem, traidores, atrevidos, enfatuados, mais amigos dos prazeres que amigos de Deus,

tendo forma de piedade, negando-lhe, entretanto, o poder. Foge também destes. (2Tm 3.2 – 4).

É óbvio que essa advertência inclui pessoas de uma igreja: "tendo forma de piedade, negando-lhe, entretanto, o poder (3.5). Para Paulo, as obras da carne são

prostituição, impureza, lascívia, idolatria, feitiçarias, inimizades, porfias, ciúmes, iras, discórdias, dissensões, facções invejas, bebedices, glutonarias e coisas semelhantes a estas, a respeito das quais eu vos declaro, como já, outrora, vos preveni, que não herdarão o reino de Deus os que tais coisas praticam (Gl 5.19 – 21).

O contrastante fruto do Espírito inclui:

Mas o fruto do Espírito é: amor, alegria, paz, longanimidade, benignidade, bondade, fidelidade, mansidão, domínio próprio. Contra estas coisas não há lei. E os que são de Cristo Jesus crucificaram a carne, com as suas paixões e concupiscências. Se vivemos no Espírito, andemos também no Espírito. Não nos deixemos possuir de vanglória, provocando uns aos outros, tendo inveja uns dos outros (5.22 – 26).

Na Bíblia inglesa, o único caso onde a noção de ambição é usada positivamente está em Romanos 15.20: "esforçando-me, deste modo, por pregar o evangelho, não onde Cristo já fora anunciado, para não edificar sobre fundamento alheio". Mas mesmo aqui, a palavra usada por Paulo, *philotimoumenon*, significa simplesmente "forte desejo". Como ele disse no começo de sua carta, ele está *"ansioso [prothymon]* por pregar o evangelho" (Rm 1.15). Em mais um caso, Paulo usa o verbo ao estimular o amor fraterno [*philotimeisthai*], "e a diligenciardes por viver tranquilamente, cuidar do que é vosso, e trabalhar com as próprias mãos, como vos ordenamos; de modo que vos porteis com dignidade para com os de fora e de nada venhais a precisar (1Ts 4.11 – 12). Não é pequena a ironia com a qual Paulo encoraja uma aspiração — até mesmo uma ambição — de cuidar de nossos próprios afazeres e cumprir os nossos chamados ordinários.

Especialmente em Romanos 12 e 1Coríntios 12, Paulo utiliza uma analogia familiar para descrever a igreja como um sistema de partes inter-relacionadas e interdependentes, sendo Cristo o cabeça. Nesse corpo, cada membro desempenha papel importante, não obstante o grau de honra ou prestígio. Uma junta com artrite num dedo faz com que o corpo inteiro sofra. A mão não existe para si, mas para o corpo. Todo membro tem algo que todo o corpo necessita. "A manifestação do Espírito é concedida a cada um visando a um fim proveitoso" (1Co 12.7). Após dar uma lista de alguns desses dons, o apóstolo arrazoa:

> Se disser o pé: Porque não sou mão, não sou do corpo; nem por isso deixa de ser do corpo. Se o ouvido disser: Porque não sou olho, não sou do corpo; nem por isso deixa de o ser. Se todo o corpo fosse olho, onde estaria o ouvido... O certo é que há muitos membros, mas um só corpo. Não podem os olhos dizer à mão: Não precisamos de ti; nem ainda a cabeça, aos pés: Não preciso de vós. Pelo contrário, os membros

do corpo que parecem ser mais fracos são necessários; e os que nos parecem menos dignos no corpo, a estes damos muito maior honra; também os que em nós não são decorosos revestimos de especial honra 1Co 12.15 – 23).

Paulo então destaca o ponto: "para que não haja divisão no corpo; pelo contrário, cooperem os membros, com igual cuidado, em favor uns dos outros. De maneira que, se um membro sofre, todos sofrem com ele; e, se um deles é honrado, com ele todos se regozijam" (1Co 12.25 – 26).

Não é o caso de cada um por si, mas de todos por um e um por todos: Cristo por nós e então nós pelos outros. Pode não fazer sentido para as pessoas ao nosso redor, mas quando um irmão cai, não continuamos correndo, muito menos desprezamos ou diminuímos quem caiu, mas voltamos atrás para levantar a outra pessoa. Se necessário, nós o carregamos até cruzar a linha final. Na antiga era que está passando, sob o reinado do pecado e morte, eu não levava outras pessoas sobre os ombros *nem* permitia que elas me carregassem. No raiar da era por vir, porém, estou livre para levar suas cargas e permitir que levem as minhas (Gl 6.2). Como costumavam cantar os da minha geração: "Ele não é pesado — é meu irmão". "Acima de tudo, porém" Pedro exorta, "tende amor intenso uns para com os outros, porque o amor cobre multidão de pecados" (1Pe 4.8). Pedro não está dizendo que nossos atos amorosos expiam pecados. Longe disso! O surpreendente ponto de Pedro é que o amor esconde as faltas de outros em vez de fazer delas um espetáculo.

Os cristãos devem estar entre as pessoas mais discordantes do mundo. É muito mais simples estar morto para Deus e viver por nós mesmos. Porém, os cristãos têm de lutar contra essa ambição egoísta, porque estamos vivos para Deus em Cristo Jesus, e o Espírito que em nós habita acende as luzes para que vejamos o nosso pecado. O velho Adão em nós acha isso loucura. Pensar mais nos outros do que em nós mesmos não é o jeito do mundo agir. Siga essa lógica e você ficará no pó, ele aconselha. O amor é ótimo no abstrato, mas como amar alguém sem fazer nenhuma análise de custos e benefícios? Aqui existe um cálculo: temos de equilibrar a comunidade com a autonomia. Porém, esses dois ideais são motivados pelo horizonte egoísta desta nossa era.

Contra a sabedoria atual, Paulo nos diz que o corpo de Cristo não é apenas uma associação voluntária para a realização de meu sonho de "pertencer" nem um lugar onde posso afirmar minhas qualidades singulares. O corpo de Cristo não é palco para o meu desempenho, mas um organismo em que eu fui inserido pelo Espírito, por um milagre da graça.

A inveja alimenta um inquietante descontentamento. A ambição egoísta e o preguiçoso desprezo por si mesmo só são diferentes no modo como agem quanto a essa inveja. Devemos aspirar fortemente por algo mais do que seu lugar e dons ordinários — ou então aquiescer em ressentida passividade para com o resto do corpo. Um "dedão do pé" que aspire função "mais elevada", como a da mão — ou até mesmo da cabeça — abandona o chamado pelo qual Deus o preparou e dotou. O descontentamento, talvez até invejoso e ressentido, se recusa a assumir o seu lugar designado, onde sua função é crucial para todo o corpo.

Se permanecermos perto dos termos bíblicos, a ambição é loucura, pois nela tomamos o dom de Deus de aspiração piedosa e o formatamos em armas de interesse próprio. "Em última instância, somos nós que sequestramos e mantemos presa a ambição", observa Dave Harvey, "e acabaremos deixando os ímpetos piedosos se algo mais atraente aparecer — e no processo, o tipo certo de sonhos tendem a morrer".[49] A ambição é uma busca vazia, porque nenhum de nós é verdadeiramente dono de nosso destino e capitão de nossa alma. Não conseguimos viver conforme nosso próprio perfil no *Facebook* nem sob as expectações que nos foram colocadas pelas outras pessoas. Quando tentamos desapegar-nos dos laços que nos prendem, todo o corpo sofre. Conforme vimos acima, especialmente nas exortações de Paulo, a ambição é amarrada pela rivalidade, facções, ciúmes, inveja e até mesmo acessos de fúria. Quando somos ambiciosos, cada um faz campanha para o cargo de imperador. Nesse processo, estamos dilacerando o corpo de Cristo, os nossos lares, nosso local de trabalho e nossa sociedade.

Asas derretidas e como um vício se tornou em virtude

Apenas umas duas décadas antes do nascimento de Cristo, Ovídio, poeta romano, popularizou a trágica lenda de Ícaro. Depois de incutir o desfavor do rei Midos, Dédalo, mestre arquiteto e artesão, encontra-se aprisionado em um labirinto que construíra para os inimigos do rei. O seu filho, Ícaro, foi condenado a sofrer o seu destino. Certo dia, Dédalo fez asas de penas e cera, e pai e filho saíram a voar. Sobrevoando as ilhas e os barcos pesqueiros, eles se deleitaram não somente na sua libertação como também

---

[49] Dave Harvey, *Resgatando a Ambição* (São José dos Campos, SP: Fiel, 2013), 14 – 15. Harvey faz excelente exposição do regate da ambição e não discordo dele de maneira nenhuma em substância. Acho, porém que vale a pena seguir a transformação feita do vício para a virtude e sugiro que em vez de resgatá-la, devemos substituir com palavras como "impulso" ou "paixão".

na liberdade que experimentavam nos céus. Porém, Ícaro queria algo mais: subir até o sol. Ovídio contou o triste fim do rapaz:

> Por este tempo, Ícaro começou a sentir o prazer
> de asas batendo no ar e dirigindo seu curso
> Além da direção de seu Pai: todo o amplo céu
> Lá estava para tentá-lo ao conduzir em direção ao céu.
> Enquanto isso, o calor do sol bateu em suas costas,
> E onde suas asas se juntavam, correu quente o doce fluido
> que antes era cera. Seus braços nus
> Giravam ao vento; seus lábios ainda clamavam
> pelo nome de seu Pai, mas se afundaram no negro mar.
> O infeliz, não mais Pai,
> Gritou: "Ícaro, onde estás, ó Ícaro,
> Onde tu te escondes de mim?"
> Então, enquanto mais uma vez ele chamou, os seus olhos descobriram
> As asas rasgadas do menino, lavadas pelas ondas que cresciam.
> Ele amaldiçoou a sua arte, sua desgraçada habilidade,
> Resgatou o corpo e o colocou em uma tumba,
> e onde este jaz, a terra é chamada por Ícaro.[50]

Em recente estudo, William Casey King traça a transformação da "ambição", de vício para uma virtude.[51] Desde a antiguidade, a ambição era associada ao orgulho, e os pensa-

---

50 *Metamorphoses* Livro 8, ll. 78 – 94; veja http://readytogoebooks.com/classics/Ovid-icarus.htm.
51 William Casey King, *Ambition, A History: From Vice to Virtue* (New Haven, CT: Yale University Press, 2013).

dores cristãos ressaltaram o seu poder destrutivo. Ambrósio, bispo de Milão do quarto século, chamou a ambição de "peste escondida".[52] Agostinho advertiu sobre a *libido dominandi* — o desejo de dominar, ou seja, uma corrupção da boa mordomia que Deus confiou à humanidade. Tomás de Aquino identificou a ambição inequivocamente como um pecado.

Os reformadores protestantes concordavam. De fato, a ambição era alvo frequente de seus escritos e sermões. Eles a discerniam no papado, nas seitas radicais que procuravam virar tudo de pernas para o ar, na ascendente classe mercantil, entre os que surgiam para construir as nações. Eles lamentaram também entrada voraz em seus próprios círculos.

Em sua "Anatomia do Mundo" (1611), o poeta e pregador John Donne apontou para as nuvens do horizonte:

> A nova filosofia chama tudo à dúvida.
> Tudo está em pedaços, foi-se toda a coerência;
> todo suprimento justo, e toda relação;
> Príncipe, Súdito, Pai, Filho, são coisas olvidadas,
> Pois todo homem sozinho pensa que consegue
> ser uma fênix, para então
> nada ser dessa espécie da qual ele é, senão somente ele.[53]

Voltando à análise de King, descobrimos as muitas referências à ambição nas notas da Bíblia de Genebra, que formaram a imaginação literária de Shakespeare, Milton e Marlowe. Podemos acrescentar que Milton e Marlowe também invocaram o

---

52 Ibid., 101.
53 John Donne, "Anatomy of the World", veja http://www.poetryfoundation.org/poem/173348.

conto de Ícaro. O vilão ambicioso é Macbeth de Shakespeare, Lúcifer de Milton e o Doutor Fausto de Marlowe.

Shakespeare oferece sua própria definição da ambição de Hamlet: "sonhos são, na verdade a ambição, pois a própria substância dos ambiciosos é mera sombra de um sonho... considero a ambição como sendo de qualidade tão airada e leve que é apenas sombra de uma sombra".[54] Contudo, sentimo-nos mais próximos à interpretação de Nietzsche, que ele tinha certeza era a intenção do próprio Shakespeare:

> Aquele que realmente é possuído pela fúria da ambição contempla nesta a sua imagem [Macbeth] com alegria; se o herói perece por sua paixão, isto é precisamente o mais forte tempero da bebida quente desta alegria. Poderá o poeta sentir de outra forma? Como o homem ambicioso persegue com realeza, nada como malandro, o seu curso desde o momento de seu grande crime![55]

A descrição fantasiosa de Nietzsche é marcador fatal do ponto de virada cultural em nossa avaliação desse vício.

Extraído de passagens como Romanos 12 e 1Coríntios 12, os pregadores reformados ensinavam que os limites são saudáveis— tanto para nós quanto para nosso próximo. Eles estimulavam a excelência e abriram novas portas de leitura e aprendizado, que anteriormente estavam indisponíveis para muitas pessoas, incluindo as mulheres. Havia agora novas oportunidades para melhorar a situação de vida. No entanto, eles dissuadiam as "estrelas errantes", como Calvino frequentemen-

---

54 Citado por King, *Ambition*, 82.
55 Ibid., 91.

te se referia às almas inquietas que nunca estavam contentes com seu chamado e com as circunstâncias da vida.

Em sua providência, Deus deu a cada um de nós dons específicos, inclinações, talentos e oportunidades. Não somos ilimitados. Nosso futuro não é "qualquer coisa que queiramos que seja", e não somos capazes de sempre nos tornar em "aquilo que desejamos". Mas tudo isso é para nosso bem — e o bem do próximo. Os dons e oportunidades que recebemos devem ser usados não somente para nosso próprio avanço, mas para o bem público. Esta é a razão pela qual todos necessitamos um do outro. Na sociedade, toda espécie de chamado é necessária para o bem comum. Assim também na igreja, até mesmo um dedo mindinho não pode ser machucado sem que todo o corpo sinta a dor. O sacerdócio de todos os crentes não significava que todo crente tinha um ofício especial na igreja. Ainda existe uma ordem correta para a completa harmonia e crescimento do corpo.

Onde quer que esse tipo de piedade se espalhasse, havia um senso de que a diversidade de estações na vida era algo a celebrar em vez de eliminar. A maioria das estrofes no hino para crianças "All Things Bright and Beautiful" [Todas as coisas brilhantes e belas] exaltam a glória de Deus em criar tanta diversidade de cores, plantas, climas, terrenos e geografia. Então aparece a terceira estrofe:

> O rico em seu castelo,
> O pobre no seu portão,
> Deus os criou altos ou humildes,
> e ordenou o seu estado.[56]

---

[56] Este hino foi escrito em 1848. Ver www.cyberhymnal.org/ htm/a/l/allthing.htm.

Vale a pena de observar que essa estrofe foi eliminada de muitos hinários modernos por ser contrária ao espírito igualitário. Mas o que dizer de "o pobre em seu portão"? Estamos dizendo basicamente a esses irmãos e irmãs que sua vida é uma vergonha? Que eles falharam em fazer de si mesmos alguma coisa importante? Estamos dizendo implicitamente que elas são vítimas da opressão quando pode ser tão plausível que estejam vivendo vidas contentes e saudáveis, participando profundamente na troca de dons em seu próprio círculo? Nós presumimos que o *status* social da pessoa é determinante para seu lugar no corpo de Cristo? Que os seus dons e chamados não são suficientemente bons para suprir o que falta no restante de nós?

Somos chamados para sermos filhos, estudantes e amigos; então também para sermos cônjuges e pais, patrões e empregados, vizinhos e cidadãos. Também somos chamados como membros de uma expressão local do corpo de Cristo. Todos esses chamados nos mantêm dentro de limites, com certeza. Quem pode negar que estar casado e ter filhos é "uma prisão"?

Todos queremos viver por nós mesmos e ainda ter alguém que tome conta de nós, ter autoridade sem responsabilidade, ser beneficiários na troca de presentes sem sermos os benfeitores. Nisso não há nada de novo. A novidade está em que essa arrogância contumaz é vista cada vez mais, não como um mal do qual devemos nos arrepender, mas como um direito humano básico.

As pessoas que estão perfeitamente contentes — verdadeiramente felizes — sendo zeladores ou jardineiros, são encorajadas a se tornarem insatisfeitas e inquietas. Devem ter as estrelas como alvo. Todo mundo tem de se esforçar para subir da sala de correspondência até a sala de conferências da diretoria. Questionar isso e valorizar os vizinhos simplesmente por quem são no corpo civil, como também no corpo de Cristo, é considerado condescendência. Porém, na verdade, não seria *menos* condescendente reconhecer o valor de cada pessoa dentro de seu papel na sociedade e no corpo de Cristo?

A democracia abriu a porta a novas oportunidades, mas criou também uma nova espécie de elitismo, baseada não na posição herdada, mas no que as pessoas "fizeram de si mesmas". De algumas formas, isso é mais condescendente do que o feudalismo aristocrático, o qual pelo menos tinha um senso de *noblesse obligé* — ou seja, a obrigação dos mais altos para com aqueles que estão mais embaixo, como também os de baixo para com os de cima. Como uma febre que nos deixa loucos, a ambição faz com que saiamos da circulação desse dar e receber dos dons.

O que é impressionante na literatura de penas reformadas e puritanas são as numerosas advertências dirigidas aos governantes e àqueles que aspiram governar, incluindo a nova classe de pessoas do comércio e políticos ascendentes. Os reis ouviam sermões que lhes lembravam de terem recebido o chamado pela providência de Deus, para o bem comum, não para enriquecimento ou poder privado, e que Deus tanto derrubava os poderosos como também os levantava.

Com Francis Bacon, no começo do século XVII, a ambição veio a ser vista, não mais como mais um pecado a ser confessado, mas uma cobiça humana inevitável, que deve ser canalizada de formas socialmente construtivas. A ambição ainda era vista como vício, porém mais como uma doença do que um pecado. O que fazer nesse caso? Injetam-se anticorpos para combater uma infecção bacteriana, atacando o fogo com fogo. Escrevendo durante a peste de Londres, Bacon tinha pronta analogia: às vezes os venenos, tomados na medida certa, são o único antídoto.[57] Como James Madison expôs nos *Federalist Papers No. 51*: "A ambição tem de ser feita para contradizer a ambição".[58]

Sem dúvida, exploradores e colonizadores eram também impelidos por motivos mais nobres, mas estava ficando claro que a ambição podia ser domesticada. Muitos passaram a acreditar que podiam colocar freios "para Deus e para o país", sem deixar de trazer riqueza e fama àqueles que eram velozes e de pé firme.

Hoje, os hábitos de exploradores, conquistadores e experimentadores tornaram-se em valores da pessoa comum. Todo mundo tem de se livrar da manada e se tornar uma fênix que surja das cinzas. O espírito da ambição é expresso no crescente sentimento do General George S. Patton: "Não tenho medo de falha. Só temo 'ficar mais devagar' a máquina que existe dentro de mim, a qual diz: 'Continue em frente, alguém tem de ficar por cima — por que não você?'" Talvez seja mais óbvio na indústria de diversões, com programas de TV como *O Aprendiz, Project Runway, Master Chef* e *Survivor*. A lição mais clara desses programas de TV é fazer o que for necessário para ficar na frente.

A aspiração de alcançar mais tem feito dos Estados Unidos a terra da oportunidade. Mas isso vem com um preço. Hoje, a

---

57 King, *Ambition*, 94 – 118.
58 Ibid., 93.

realização pessoal é valorizada como fim em si mesmo. O caráter que é formado assume que as possibilidades são infinitas, os recursos são infindos; quaisquer limites sobre as escolhas pessoais são intrinsicamente más, todo mundo tem de frequentar a faculdade e tornar-se empreendedor de sucesso, engenheiro, advogado, médico ou outro profissional de valor. Onde se torna *normal*, o sucesso definido assim se torna *esperado*. Convertido de vício para virtude, a ambição foi estimulada pelo troféu concedido aos altos ganhadores. Mas hoje em dia, toda criança ganha um troféu apenas por participação. Agora todo mundo é extraordinário. Todo mundo tem direito ao que existe de melhor. Ironicamente, a democratização da ambição está solapando o destaque e a excelência autênticos. Para aqueles que estão aquém da glória do sonho americano, o destino poderá ser trágico como o foi para Ícaro.

A ambição é ponto focal de algo que cria dentro de nós — especialmente em nossos anos mais jovens — uma tensão entre o eu e a comunidade. "A ambição empurra as pessoas para frente; os relacionamentos e a comunidade, por impor limites, seguram as pessoas para trás", escreve Emily Esfahani Smith. "O que é mais importante?" O seu artigo na revista *The Atlantic* argumenta que "os relacionamentos são mais importantes que a ambição: existe mais na vida do que sair de casa".[59]

Não é surpresa que Friedrich Nietzsche, propagandista moderno da vontade do poder, considerasse o cristianismo o grande inibidor da nobre ambição. Nietzsche acreditava que a cruz era símbolo da devoção de toda uma religião à mediocridade, justificando a aquiescência passiva ao poder e ao instinto da manada.

---

[59] www.theatlantic.com/video/archive/2013/04/millennials-vs-earlier-generations-a-scorecard/275049/.

"Esse Deus se degenerou em muleta para os fracos, o deus dos pobres, dos pecadores, dos doentes por excelência." O pobre alemão tornou-se "pecador, preso numa gaiola aprisionada a toda espécie de conceitos terríveis... totalmente suspeitoso de tudo que ainda estivesse forte e feliz. Em suma, um 'cristão'".[60] "Um deus que morreu por nossos pecados; redenção mediante a fé; ressurreição após a morte — todos esses são embustes do verdadeiro cristianismo pelo qual aquele desastroso Paulo, de cabeça ruim, deve ser considerado como responsável".[61]

Jamais conhecido como atenuante desses assuntos, Nietzsche reagia contra o moralismo sufocante do pietismo liberal da burguesia. Ele falhou em reconhecer a mensagem afirmadora de vida do cristianismo bíblico, que abraça o mundo todo. Perdeu de vista o fato de que a morte de Cristo não era símbolo de nada, mas uma operação de resgate impossível de se repetir na história. Parece que jamais entendeu que Jesus nunca cedeu ao poder. Ironicamente, enquanto seus discípulos brigavam sobre posições no reino (Lucas 22.24 – 30) e Jesus cortou pela raiz a ambição de Pedro, prevendo a sua traição (22.31 – 34), Jesus — que na verdade possuía todo poder — disse-lhes que estava ativamente assumindo a morte que estava prestes a acontecer: "Pois vos digo que importa que se cumpra em mim o que está escrito: Ele foi contado com os malfeitores. Porque o que a mim se refere está sendo cumprido" (22.37; cf. Marcos 10.45; João 15.12 – 13). Mesmo então, "lhe disseram: Senhor, eis aqui duas espadas! Respondeu-lhes: Basta" (22.38).

---

60 Friedrich Nietzche, *Twilight of the Idols in The Portable Nietzsche* (trad. Walter Kaufmann; New York: Penguin, 1976), 502.

61 Nietzsche, *The Will to Power* (ed. Walter Kaufmann; trad. Walter Kaufmann and R. J. Hollingdale; New York: Random House, 1967), 101.

Ambição: como um vício se tornou uma virtude

Antes disso, Jesus dissera à multidão que ele *entregaria* sua vida. "Ninguém a tira de mim, mas eu a entrego por vontade própria. Tenho autoridade para entregá-la e também autoridade para tomá-la de volta". Mesmo ele não faz como o super-homem de Nietzsche, mas diz: "Por isso, o Pai me ama, porque eu dou a minha vida para a reassumir. Ninguém a tira de mim; pelo contrário, eu espontaneamente a dou. Tenho autoridade para a entregar e também para reavê-la. Este mandato recebi de meu Pai" (João 10.17 – 18). Então, Pilatos o advertiu: "Não me respondes? Não sabes que tenho autoridade para te soltar e autoridade para te crucificar? Respondeu Jesus: Nenhuma autoridade terias sobre mim, se de cima não te fosse dada; por isso, quem me entregou a ti maior pecado tem" (19.10 – 11).

Contudo, Jesus faz isso em submissão ao Pai e por seu amor por nós. Eis um homem — o único homem da história — que realmente poderia ter o mundo todo a seus pés. Ele poderia ter transformado Pilatos e sua corte em cinzas por uma só palavra. Nem por um momento era uma vítima sem poder. Pelo contrário, com Cristo um novo poder — poder de perdão, amor e misericórdia — entrou neste mundo cheio de deuses aspirantes, os quais são desiludidos e vivem vidas vazias. Ao suportar a cruz, Jesus ressuscitou vitorioso, conduzindo em seu séquito os cativos que foram libertos, ao ascender ao trono de todo poder no céu e na terra.

Além do mais, nós somos crucificados com Cristo somente para ressurgirmos com ele em novidade de vida. A cruz não teve a última palavra sobre Jesus, portanto, não tem a última palavra sobre nós.

Para Nietzsche, como para muitos no Ocidente de hoje, poder é sinônimo de ambição. Os que abraçam essa escolha simplista são dignos de dó. Não sabem nada sobre o poder do amor, perdão, cuidado e sacrifício. Portanto, mesmo depois de corrigir os desentendimentos, a tendência básica da reação hostil de Nietzsche permanece válida a qualquer um cujo ídolo de ambição continua bem polido no templo.

Morte e ressurreição, não maquiagem
Parece óbvio que a ambição egoísta tenha maus companheiros na Bíblia. Esse foi o espírito que corrompeu Lúcifer, antigo anjo de luz na corte real de Deus; é o veneno que encheu de orgulho o coração de Adão, a empáfia dos que ergueram a Torre de Babel. A ambição egoísta é o amor de si mesmo, que busca subir além do céu em vôo solo, longe de Deus e da comunidade de criaturas semelhantes.

No que concerne à Escritura, os *impulsos apaixonados* podem ser santos ou ímpios, mas a *ambição* não pode ser canalizada em boa direção ou dominada com fins nobres. Está no coração do ser pecaminoso que tem de morrer e ser ressurreto com uma nova identidade, um novo nome, uma nova esperança, uma nova forma de existir — não em si mesmo, mas "em Cristo".

Não é simplesmente que a cultura judaico-cristã tenha sido deturpada por valores mundanos. Afinal, o que podemos esperar do mundo — mesmo numa versão mais amigável da igreja? A verdadeira tragédia é que, de algumas formas, as igrejas ajudaram a facilitar essas transformações, por mais que não tivessem tal intenção. A ambição dos exploradores e igrejas imperiais de anos passados podia ser revestida de retórica piedosa

— "para a glória de Deus e a expansão do seu reino".

Ambição — mesmo no sentido mais antigo, como o desejo de subir acima de todos os outros — pode ser usada como o chamado para ser um super-herói espiritual. Vemos essa tendência hoje no jeito que apresentamos como ícones as "celebridades que conhecem o Senhor". Que mensagem seria dada a nosso grupo de mocidade se, em vez de convidar a estrela do time nacional de futebol, recebêssemos um casal casado a quarenta e cinco anos para conversar honestamente sobre os altos e baixos de crescermos juntos em Cristo? Que aconteceria se levantássemos esses exemplos "ordinários" de serviço humilde e fiel acima das histórias de sucesso mundano? O que aconteceria se ouvíssemos mais aqueles que são simplesmente crentes?

O desafio aqui é que fomos treinados a ler até mesmo a Bíblia como um catálogo de heróis a imitar. Moisés é o grande modelo de liderança, Josué o guerreiro ideal, e devemos "ousar ser como Daniel", conforme exorta o velho hino. Isto é um tanto estranho quando lemos as narrativas e descobrimos que Abraão, Noé, Moisés, Davi, e todos os demais eram pecadores comuns, como somos todos os que receberam um chamado extraordinário. Apesar deles não terem cumprido esse chamado, Deus foi fiel. Eles também precisaram do Salvador — e esta é a trama central que se descortina na Escritura. Em nossa ambição, tropeçamos sobre o caráter e o significado central da história toda.

A. W. Tozer colocou o dedo neste problema:

> A nova cruz não mata o pecador, ela o redireciona. Ela o conduz a um estilo mais limpo e feliz de vida, salvando seu respeito pessoal. Ao que procura autoafirmação ela diz: "Venha se afirmar

por Cristo". Ao egoísta ele diz: "Venha e se gabe no Senhor". Ao que busca empolgação ele diz: "Venha desfrutar da maravilhosa comunhão cristã". A mensagem cristã é inclinada na direção da moda atual a fim de torná-la aceitável ao público.[62]

Ambição é ambição, não obstante o pacote em que venha embrulhada. Hoje em dia há realmente líderes que se identificam como apóstolos, fundadores ou outros pioneiros extraordinários de uma igreja. Conquanto eles descartem as averiguações e vistorias dos mais velhos e mais sábios, e as formas mais antigas e mais sábias de governo da igreja, acabam reivindicando para si o trono.

Uma terminologia familiar ainda poderá ser utilizada, mas seu significado mudou porque toda sua estrutura referencial ficou secularizada. Onde a mensagem bíblica nos chama à cruz para morrer para si mesmo e ser ressurreto em Cristo, a nova mensagem chama o velho Adão para um *eu* melhorado, capacitado a cumprir mais facilmente seu próprio projeto de vida. O novo evangelismo negocia um contrato com o pecador, em vez de anunciar o juízo de Deus e as boas novas do pacto da graça. Desse jeito, a igreja se torna mais um provedor de serviços, governado pelas escolhas autônomas dos consumidores, simplesmente perpetuando a ilusão da soberania própria que conduz à morte.

O ponto principal desta breve análise é lembrar-nos de que nossos hábitos não são simplesmente formados por nossas crenças; nossas crenças também são formadas pelo que nós — não apenas como indivíduos, mas como uma sociedade que evolui com o passar das gerações — chegamos a aceitar e dese-

---

62 A. W. Tozer, *Man: The Dwelling Place of God* (Camp Hill, PA: Wingspread, 2008), 16 – 17.

jar como bom, verdadeiro e belo.⁶³ No final, temos de decidir em que história realmente cremos.

Até mesmo coisas boas podem ser corrompidas quando nos curvamos para dentro de nós. É por isso que temos de morrer. Na verdadeira versão da história do evangelho, aprendemos que todos morrem a fim de serem ressuscitados como membros vivos da nova criação: justificados, adotados, ressuscitados com Cristo, que "nos fez assentar nos lugares celestiais em Cristo Jesus" (Ef 2.6 – 7). Esquecemos que não podemos ser felizes enquanto procurarmos a felicidade; não podemos ser bem-sucedidos ao almejar o sucesso; não podemos estar apaixonados ao tentarmos ser mais apaixonados. Necessitamos alguma outra pessoa, diferente de nós, para amar, desejar, em quem confiar. Não podemos inventar nem reinventar a nós mesmos. Não escolhemos nossa própria natureza em um supermercado de opções ilimitadas. Essa é uma fábula que continuamos a nos contar enquanto voamos com asas de cera rumo ao sol.

Exercício

1. Como a Escritura define e avalia a ambição? Identifique algumas características chaves em volta desse vício.
2. Como o mito de Ícaro se desenvolveu na história, e como é que os cristãos reagiram a ele em gerações anteriores?
3. Seria a ambição algo que podemos dominar para fins positivos? O que significa dizer que precisamos de morte, não de remodelação?

---

63 Para uma análise provocativa sobre esse ponto, ver James K. A. Smith, *Desiring the Kingdom: Worship, Worldview, and Cultural Formation* (Grand Rapids: Baker Academic, 2009).

Capítulo 6

PRATICAR O QUE PREGAMOS: NÃO TEMOS MAIS SUPERAPÓSTOLOS

Os Estados Unidos nasceram em uma revolta contra a tirania do rei. As bandeiras coloniais ostentavam dizeres como "Não pisem em mim" e "Aqui não servimos a soberanos". A alternativa não era a anarquia, mas uma constituição para uma república que seria governada por leis e não por seres humanos. Porém, esse protesto contra soberanos terrestres deu curso a uma religião de autossuficiência diante de Deus. Não mais peões da ambição real e aristocrática, cada cidadão agora era livre para seguir sua própria ambição, desde que ela não interferisse na ambição dos outros.

A história da independência americana é um capítulo emocionante na história das nações. Contudo, os cristãos não podem deixar de lamentar a extensão a que a ambição egoísta — travestida de liberdade — tem infectado a igreja. Afinal de contas, ainda servimos a um soberano — o Rei dos reis. Ele é quem nos libertou das mãos dos nossos inimigos ao preço de seu próprio sangue, e foi ele quem, pelas mãos dos seus apóstolos, entregou-nos a constituição dele. É ele que continua seu governo mediante pastores, presbíteros e diáconos falíveis. Ele reina para salvar e salva para reinar. Se vivemos como se não houvesse rei e todo mundo fosse livre para fazer o que acha certo aos seus próprios olhos, então não estamos vivendo numa igreja estabelecida por Cristo.

Uma visão democrática da igreja é rebeldia contra Deus e seu Messias. Os colonizadores dos Estados Unidos declararam a independência, conseguiram-na, e, portanto, criaram uma constituição para uma nação "do povo, pelo povo, para o povo". Contudo, Deus nos criou como dependentes, portadores de sua imagem, libertando-nos da morte e do inferno por sua obra exclusiva; portanto, ele tem o único direito de determinar a constituição para a sua nação santa.

Conforme vimos no capítulo anterior, a ambição deflagra a guerra de todos contra todos, onde cada um se torna seu próprio pequeno imperador. Deixados sem limites, chegamos ao lugar em que não podemos nos submeter a nada ou ninguém. Só nós escolhemos o que cremos, como vivemos, e que espécie de igreja nos atrai. Mas, como nem todo mundo vai ter sucesso em cumprir as suas ambições, inevitavelmente, a nata sobe para o topo e aqueles que são mais talentosos em apelar para (e manipular) nossas escolhas se tornarão nossos governantes de fato. À parte de nosso rei-servo, que reina mediante seus meios ordenados, constituição e ofícios, estaremos à mercê de déspotas autodesignados, os quais governam de acordo com os próprios prazeres.

Entre esses extremos encontramos um vasto espectro da vida real numa igreja.

Praticar o que pregamos: não temos mais superapóstolos

Paulo e os "superapóstolos"

Não é de surpreender quando evangelistas da prosperidade caem em escândalos de diversas espécies ou quando apóstolos da autoestima passam a se avaliar um pouco além da conta. A verdadeira tragédia é a extensão a que a ambição e até mesmo avareza são tolerados — mesmo sob capa de expressões piedosas — nos círculos mais tradicionais.

Mesmo entre os próprios discípulos, a febre entrou no acampamento:

> Suscitaram também entre si uma discussão sobre qual deles parecia ser o maior. Ele disse-lhes: Os reis dos povos dominam sobre eles, e os que exercem autoridade são chamados benfeitores. Mas vós não sois assim; pelo contrário, o maior entre vós seja como o menor; e aquele que dirige seja como o que serve. Pois qual é maior: quem está à mesa ou quem serve? Porventura, não é quem está à mesa? Pois, no meio de vós, eu sou como quem serve. (Lucas 22.24 – 27).

Os tronos de seu reino não são *ganhos* por homens ambiciosos. Jesus disse: "Assim como meu Pai me confiou um reino, eu vo-lo confio, para que comais e bebais à minha mesa no meu reino; e vos assentareis em tronos para julgar as doze tribos de Israel" (Lucas 22.29 – 30). Semelhantemente, Paulo diz que diferentes dons espirituais foram designados a cada crente pelo Espírito, tudo pela graça (Ef 4.7).

Ajuntar-se em volta de mestres favoritos era um perigo mesmo na era apostólica. Discordância e divisão quanto à doutrina básica são sempre trágicas, mas frequentemente necessárias (1Co 11.19). Contudo, a maioria das divisões — daquela época e desde então — são provocadas por pessoas ambiciosas, que semeiam a discórdia a fim de atrair discípulos para si (Rm 16.17; 1Co 1.10; Tito 3.10; Judas 19).

Paulo lutava contra isso até mesmo nas igrejas que plantou. Alguns dos que inicialmente abraçaram a mensagem do evangelho com alegria se tornaram entediados por sua simplicidade. Com certeza, tem de haver algo mais. Era aí que entravam os "superapóstolos". Esses pregadores persuasivos diziam conhecer segredos muito maiores do que os apóstolos haviam revelado, especialmente Paulo. Olhem só para Paulo! Fraco e nada atraente, sem oratória florida, Paulo não parecia um embaixador divino. Como é fácil, com conversa mole, atrair as pessoas para longe da simplicidade do evangelho!

> Se, na verdade, vindo alguém, prega outro Jesus que não temos pregado, ou se aceitais espírito diferente que não tendes recebido, ou evangelho diferente que não tendes abraçado, a esse, de boa mente, o tolerais. Porque suponho em nada ter sido inferior a esses tais apóstolos. E, embora seja falto no falar, não o sou no conhecimento; mas, em tudo e por todos os modos, vos temos feito conhecer isto (2Co 11.4 – 6).

Contudo, Paulo não se desviava de sua mensagem ou missão: "Mas o que faço e farei é para cortar ocasião àqueles que a buscam com o intuito de serem considerados iguais a nós, naquilo em que se gloriam. Porque os tais são falsos apóstolos, obreiros fraudulentos, transformando-se em apóstolos de Cristo (2Co 11.12 – 13).

Praticar o que pregamos: não temos mais superapóstolos

O apóstolo aos gentios sabia que não seria imitado por seu carisma pessoal ou suas qualidades de liderança ou estratégias criativas. Na verdade, os "superapóstolos" naturalmente talentosos, e que promoviam a si mesmos, ganhavam marcas altas naquele exame. "Porque não nos pregamos a nós mesmos, mas a Cristo Jesus como Senhor e a nós mesmos como vossos servos, por amor de Jesus... Temos, porém, este tesouro em vasos de barro, para que a excelência do poder seja de Deus e não de nós" (2Co 4.5, 7). É a mensagem, não o mensageiro.

Assim, Paulo exorta os coríntios: "Sede meus imitadores, como também eu sou de Cristo" (1Co 11.1). Mas os verdadeiros heróis — as pessoas a quem devemos admirar, como Paulo — não são os que se dispuseram a ser heróis. Paulo acreditava que mesmo os apóstolos eram meras testemunhas de Cristo, o qual está construindo sua igreja. "Quem é Apolo? E quem é Paulo? Servos por meio de quem crestes, e isto conforme o Senhor concedeu a cada um" (1Co 3.5). Necessitamos mais ministros comuns que, como Paulo, não somente dizem isso, mas também agem de acordo com esta verdade.

Em 1Timóteo, o apóstolo traça uma intrigante conexão entre a falsa doutrina e a ambição impiedosa. Seguindo essa conexão, no capítulo 5 ele dá instruções sobre a correta ordem, ofício e disciplina numa igreja. Em seguida, no capítulo 6, encoraja cada pessoa a assumir com contentamento o seu chamado na sociedade e na igreja:

> Ensina e recomenda estas coisas. Se alguém ensina outra doutrina e não concorda com as sãs palavras de nosso Senhor Jesus Cristo e com o ensino segundo a piedade, é

enfatuado, nada entende, mas tem mania por questões e contendas de palavras, de que nascem inveja, provocação, difamações, suspeitas malignas, altercações sem fim, por homens cuja mente é pervertida e privados da verdade, supondo que a piedade é fonte de lucro. (1Tm 6.2b – 5)

Aqui ficam claros os dois lados. A ordem correta da igreja está em marcante contraste ao mestre autoproclamado e autoritário, que ajunta admiradores com os seus talões de cheque. A igreja que Cristo está construindo e que Timóteo é chamado para servir tem averiguações e concordâncias. Não é a "igreja de Timóteo" ou "ministério de Timóteo", mas de Cristo, construído sobre o fundamento dos apóstolos.

Paulo enfatiza o ponto de que "porque eu não o recebi, [o evangelho] nem o aprendi de homem algum, mas mediante revelação de Jesus Cristo" (Gl 1.12). Depois dessa revelação, ele acrescenta: "Não consultei imediatamente a ninguém" — nem mesmo os apóstolos em Jerusalém; somente depois de passar três anos na Arábia e então de volta a Damasco, foi que visitou a Pedro e ficou com ele por duas semanas (1.6 – 18). Eventualmente, esse antigo perseguidor foi aceito por todos os apóstolos em Jerusalém como sendo chamado diretamente por Jesus, como eles eram.

Contudo, o chamado de Paulo é qualitativamente diferente do de Timóteo. Vemos isso no contraste entre a passagem de Gálatas 1 e a exortação que ele faz ao seu aprendiz. Ele diz a Timóteo que este deve simplesmente transmitir aos outros aquilo que recebeu de Paulo, o apóstolo, para guardar o depósito em vez de acrescentar a ele, e ensiná-lo a outros homens que continuarão a obra. Os superapóstolos se gabavam de um "conhecimento mais alto" (*gnō sis*) do que a doutrina dos apóstolos, procurando reinventar um evangelho mais "relevante" aos gregos. Mas Paulo adverte: "E tu, ó Timóteo, guarda o que te foi confiado, evitando os falatórios inúteis e profanos e as contradições do saber, como falsamente lhe chamam, pois alguns, professando-o, se desviaram da fé" (1Tm 6.20 – 21). Diferente dos apóstolos, Timóteo não foi chamado imediata e diretamente por Jesus Cristo, mas mediante o ministério de uma igreja. Ele é subordinado ao presbitério — ou conselho de presbíteros — que o ordenou (4.14). Timóteo não é apóstolo; ele serve na vanguarda do ministério ordinário, que continuará depois do extraordinário ministério dos apóstolos.

Observe novamente o contraste que já encontramos antes. Por um lado, existe a "estrela viajante" autoordenada, que ajunta fãs ansiosos por ouvir a última novidade, especialmente quando isso lisonjeia seu amor próprio (2Tm 3.1 – 9). Indo além de sua competência, ele introduz novas especulações que trazem controvérsia e rivalidade. Ele anda por todo o mapa, tomando junto a ele suas vítimas infelizes em sua jornada ambiciosa rumo ao sol.

E então temos Timóteo, um ministro comum, subordinado a presbíteros ordinários, que simplesmente deverá "Guardar o bom depósito, mediante o Espírito Santo que habita em nós" (2Tm 1.14) e combater "o bom combate da fé" (1Tm 6.12), com "constância" (6.11). A igreja é apostólica, não porque diz possuir um ofício apostólico contínuo, mas porque proclama e guarda a doutrina e disciplina apostólica. O que importa não é o seu carisma maravilhoso, suas habilidades de liderança, nem mesmo sua capacidade de ensinar acima de quaisquer moldes comuns. De fato, quanto mais ele tenta se destacar, mais divisão trará para uma igreja. Diferente disso, sem nunca cruzar os dedos por trás das costas, ele é chamado a simplesmente permanecer fiel aos votos de ordenação: "Combate o bom combate da fé. Toma posse da vida eterna, para a qual também foste chamado e de que fizeste a boa confissão perante muitas testemunhas" (1Tm 6.12). Em sua instrução a Timóteo, Paulo expõe o contraste, enfatizando a necessidade de estar contente com os meios ordinários de graça que Deus proveu por intermédio da igreja, não se entregando a desejos insensatos, lascívia da juventude e ambição egoísta.

O que aprendemos disto? O que isso diz para nós hoje? Creio que significa que necessitamos desesperadamente de mais *Timóteos* e muito menos pretendentes a Paulo na igreja. Precisamos nos desmamar da tendência de identificar igrejas específicas como sendo "A igreja de Fulano de Tal", identificando a igreja por seus palestrantes talentosos e líderes carismáticos. Certa vez, ouvi um pastor auxiliar de uma igreja proeminente dizer que toda sua missão era "proteger o ministério do Pastor X". Embora isso soe humilde, é arrogante falarmos de uma igreja e do ministério como pertencentes a qualquer outro senão a Jesus Cristo.

Mesmo nos círculos reformados a que pertenço, pode haver uma tendência de se aglutinar em volta de mestres, invocando autores famosos do passado em contraposição a pastores e presbíteros vivos que nos ensinam e velam por nós, e preferindo conferências teológicas e a mídia de ensino (sim, até mesmo o *White Horse Inn*) ao invés da instrução ordinária, entra semana e sai semana, na Palavra de Deus.

Praticar o que pregamos: não temos mais superapóstolos

Outros promulgam um avanço do "Modelo de Moisés de Ministério". Iniciados em rebeldia às estruturas formais e aos ofícios da igreja (até mesmo o ser membro), tais grupos eventualmente evolvem-se para uma hierarquia virtualmente papal. Outros ainda identificam seu líder como apóstolo, e as críticas internas são rejeitadas com a advertência: "Não toque no ungido do Senhor". Alguns desses mestres podem estar mais próximos em sua mensagem a Paulo, mas no seu ministério estão mais próximos dos superapóstolos.

Todos esses modelos ignoram a diferença qualitativa entre o *ministério extraordinário* dos apóstolos e o *ministério ordinário* daqueles que os seguiram. Hoje em dia, não existem profetas ou apóstolos vivos — em Roma, no Texas, na Califórnia, ou em qualquer outro lugar. O ministério extraordinário deles lançou o fundamento (1Co 3.10 – 11; Ef 2.20) sobre o qual os ministros ordinários constroem uma igreja (1Co 3.12 – 15; Ef 4.11 – 14).

Muitos exemplos podem ser tirados da história, destacando o ponto de que as pessoas que consideramos heróis (como Paulo) tornaram-se "heroicos" ao procurar alguém ou algo além do heroísmo. O sucesso deles é devido à extensão em que eles ligaram as pessoas a Cristo, em vez de a si mesmos. São as necessidades ordinárias dos outros que os mantém atuando, agindo contra todos os revezes. Eles não estão interessados em aparecer nas manchetes em prol de uma causa, mas se interessam particularmente pelas pessoas com as quais entram em contato. Qualquer sucesso que alcançaram foi resultado de inúmeras decisões e atos que muitos de nós consideraríamos comuns demais para nos interessar. A inovação perpétua e um anseio por sucesso, por si só, não teria permitido que essas pessoas se tornassem quem eram, pela graça de Deus.

Somos, o restante de nós, pessoas sobre as quais ninguém vai ler ou ouvir falar no jornal ou nos anais da história eclesiástica. Sabemos menos sobre Timóteo e nada sobre a maioria dos pastores fiéis que passaram o bastão sagrado de uma geração para a outra. Contudo, ainda hoje, muitos desses pastores e presbíteros continuam fazendo suas tarefas diárias que não são menos comuns nem menos importantes para aqueles que estão em sua volta. Estão fazendo precisamente aquilo que devem fazer, exatamente onde eles estão.

Em Mateus 25.31 – 46, Jesus fala da separação das ovelhas e dos bodes no juízo final. Duas coisas se destacam nesse vislumbre que Jesus nos dá sobre o dia do Senhor. Primeiro, observe as obras feitas pelas ovelhas (que as cabras deixaram de fazer). Sabendo que a perseguição estava prestes a vir sobre eles, Jesus diz que as ovelhas visitaram seus irmãos na prisão, deram-lhes água e os vestiram. Não é exatamente a mágica global que esperaríamos, mas esses atos de bondade ordinários que revelam sua fé.

A segunda coisa que temos de notar é que os cabritos questionam onde poderiam ter visto Jesus fazer tais coisas.[64] Ora, esta é a espécie de coisas que o mundo poderia levar a sério. Mas Jesus diz: Apartai-vos de mim. Eles deixaram de fazer as coisas pequenas e se refugiaram em sua própria ambição espiritual. Em contraste, quando Jesus recomenda as ovelhas por sua fidelidade aparentemente pequena e invisível, em vez de

---

64 Note uma veia similar com aqueles no lado de fora em Mateus 7.22, entre todos os atos maravilhosos que supostamente fizeram em nome de Jesus: profecias, expulsão de demônios e milagres.

responderem em autodefesa: "Senhor, nós não fizemos...?", eles perguntam: "Senhor, quando foi que nós...?" As ovelhas nem se lembram das obras pelas quais foram elogiadas.

Idolatrando nossos líderes

O autor de Hebreus exorta: "Lembrai-vos dos vossos guias, os quais vos pregaram a palavra de Deus; e, considerando atentamente o fim da sua vida, imitai a fé que tiveram" (Hb 13.7). Assim, há respeito — até mesmo reverência — por seu ofício e o pesado ministério que desempenham. Mas o foco está na Palavra de Deus que eles pregam, no resultado de sua firmeza e em sua fé — não sobre sua personalidade ou habilidade em si.

No Quarto século, os teólogos da estatura de Jerônimo e Ambrósio ressaltaram que os presbíteros (pastores e presbíteros) eram "todos iguais e de importância igual" na era apostólica.[65] "Antes que a ligação às pessoas na religião tivesse início sob instigação do diabo, as igrejas eram governadas pelo consentimento comum dos presbíteros".[66]

No Oriente, líderes de igreja advertiram que qualquer afirmação da primazia de um bispo sobre todos os outros constituía em ato de cisma. De fato, o bispo de Roma do século VI, Gregório o Grande, expressou sua ofensa por um bispo tê-lo chamado de "papa universal":

---

65 Jerônimo, "Letter CXLVI (To Evangelus)", em *Library of Nicene and Post-Nicene Fathers* (ed. Phillip Schaff; Grand Rapids: Eerdmans, 1988), 288 – 89; Ambrose, *Commentary on Efésios* 4.2, citado por Samuel Miller, "Presbyterianism: The Apostolic Constitution," em *Paradigms in Polity* (ed. David W. Hall and Joseph H. Hall; Grand Rapids: Eerdmans, 1994), 57 – 58.

66 Em diversas páginas, Jerônimo cita exemplos de Atos e das Epístolas, demonstrando que presbítero e bispo eram o mesmo ofício, "mas gradativamente, quando as sementeiras de dissensões eram desarraigadas, toda a solicitude foi conferida sobre um homem... mais por costume do que pela verdade do arranjo do Senhor". *St. Jerome's Commentaries on Galatians, Titus, and Philemon* (trad. Thomas P. Scheck; Notre Dame: University of Notre Dame Press, 2010), 288 – 90.

> ... a palavra de cunho orgulhoso, trato que eu proibi... Nenhum de meus precursores tinha desejo de usar esta palavra profana ["universal"]. [...] Mas eu o digo confiadamente, porque quem chama a si mesmo de "bispo universal" ou deseja ser assim chamado, é, em sua autoexaltação, precursor do anticristo, pois em sua jactância ele se coloca acima dos demais.[67]

Tragicamente, os sucessores de Gregório não seguiram o seu conselho. Eventualmente, eles assumiram este título de "cunho orgulhoso" e muitos outros também.

Mas os problemas de liderança não são só característica da igreja Católica Romana. Ironicamente, as seitas protestantes radicais, geralmente nascem em rompimento e suposta libertação de ofícios e estruturas formais de responsabilidade mútua, rapidamente se transformando em corporações que têm como mandachuva uma figura carismática. Em círculos carismáticos e pentecostais, ondas sucessivas de avivamento — chamados de "renovado mover do Espírito" — perturbam o crescimento constante com perpétuas figuras de Moisés e novos apóstolos. "Eu sou de Paulo", "Eu sou de Apolo", "Sou de Pedro": essa rivalidade torna-se tão óbvia em círculos protestantes quanto no catolicismo romano de hoje.

Até mesmo no primeiro grande despertamento, era suspeito qualquer pastor que não apoiasse o movimento e não encorajasse os membros a assistir as reuniões. Muitos pastores, por essa razão, foram denunciados como sendo apenas mornos

---

[67] Gregório I, *Letters in Leo the Great, Gregory the Great. In Nicene and Post-Nicene Fathers*, vol. 12, segunda série (trad. Henry Wace, ed. Philip Schaff; various publishers), i.75 – 76; ii.170, 171, 179, 166, 169, 222, 225.

Praticar o que pregamos: não temos mais superapóstolos

ou até mesmo não convertidos. Todo chamado avivamento deixa em seu velório rivalidades e facções, com partidos divididos quanto a qual líder verdadeiramente é o ungido do Senhor. Até mesmo em círculos mais próximos ao meu, ouço falar de pastores de renome que se identificam como líder de uma "tribo". De acordo com os apóstolos, o tribalismo é a desordem pecaminosa que segue quando há um florescimento da ambição.

Em igrejas luteranas reformadas, somos divididos menos por movimentos e líderes que por escolas e acadêmicos. Em seu melhor, nossas igrejas presbiterianas reformadas se unem ao redor do ensinamento bíblico resumido pelos credos, confissões e catecismos ecumênicos, exigindo mútua submissão de pastores e presbíteros igualmente às assembleias locais, bem como às mais amplas. Os oficiais como indivíduos não tomam decisões unilaterais; estas são feitas por consentimento comum de todos do corpo. Contudo, é tão fácil impor sobre outros as nossas posições extra confessionais e, especialmente na era da *internet*, às vezes é mais fácil processar os pastores por meio dos *blogs* do que em assembleias cara a cara. Para alguns (tanto oficiais quanto outros membros), parece que nenhuma igreja satisfaz a ambição pessoal, a qual repousa sob capa de pureza doutrinária. A despeito dos votos públicos que fizeram como membros, eles quebram a comunhão e vão em direção ao pôr do sol — talvez até deixando bombas intencionais de dissensão que explodirão depois que partirem.

Há algo distinto sobre a tendência de rivalidades e facções. Nem são os pontos de vista em disputa que nos interessam tanto quanto as linhas delineadas. Conforme observou C. S.

Lewis, todo mundo quer pertencer ao "círculo mais íntimo", ser da turma legal na escola. É narcisismo coletivo. Amamos nos dividir em volta de diversos assuntos e formar partidos. Fazer *blogs* acrescenta lenha na fogueira. Algo acontece até mesmo com pessoas decentes quando conseguem se esconder por trás da tela do computador. As questões que valem a pena de serem discutidas ou mesmo debatidas logo são congeladas em partidos. A essa altura, as boas conversas são impedidas pelos juízes autodesignados, os quais censuram o mínimo desvio das suas próprias opiniões.

Preferimos cada vez mais linchar colegas no pastorado via mídia social do que submetermo-nos uns aos outros e tratarmos as questões cara a cara, em particular ou nos tribunais eclesiásticos — fazendo tudo "com ordem e decência" (1Co 14.40). Nossa alma é demasiadamente nobre, nossa percepção demasiadamente perspicaz, e nossa visão altaneira demais para ser confinada aos limites de uma comunidade. Alguns não inclinam as suas opiniões ao consentimento comum de uma igreja; outros não limitam o que acham que todo mundo deve crer nessa confissão comum. Alguns abandonam a igreja totalmente, enquanto outros fazem de seus próprios cantinhos um clube privado.

Quando deixamos o grande mar da comunhão cristã para colonizar nossos rios e linhas costeiras particulares, o partido que lideramos se torna cativo às nossas próprias estreitas interpretações, pontos de vistas e planos. Timóteo era submisso a um concílio de presbíteros, que o ajudavam a manter-se no caminho. No entanto, tal responsabilidade é algo que as pessoas, especialmente na minha geração e nas gerações mais jovens, acham difícil de aceitar em termos concretos.

Praticar o que pregamos: não temos mais superapóstolos

Jesus não estabeleceu um movimento, uma tribo ou uma escola, mas a igreja. Quer nossa ambição divisionista seja determinada por ministros, estudiosos ou movimentos extraordinários, ela estará completamente fora do passo do "padrão de sãs palavras" mantido com humildade e guardado como "bom depósito" (ver 2Tm 1.13 – 14), o qual todos abraçamos porque é ensinado explicitamente pelos profetas e apóstolos embaixadores de Jesus Cristo.

Submeter versus *reinar em ambição*

Os ministros não são reis, mas servos. Eles morrem ou mudam-se para outro lugar, e são substituídos por outra pessoa chamada a levar adiante o bastão. Trata-se do ministério, não o ministro. Se eles forem infiéis ao seu chamado, passam por um tribunal privado de colegas pastores e presbíteros. Poderão apelar da sentença num concílio superior, mas finalmente terão de submeter-se à vontade de Deus expressa por meio de uma igreja. Noutras palavras, a igreja é de Cristo, não nossa. Ele escreveu a constituição e ele governa por sua Palavra e Espírito, mediante os pastores e presbíteros que nos concedeu.

O Novo Testamento prescreve uma ordem em que os pastores e presbíteros são iguais e igualmente responsáveis uns aos outros nos concílios locais, bem como nas grandes assembleias. Conforme vemos no estímulo de Paulo a Timóteo, em uma igreja os pastores comuns são chamados e substituídos mediante um processo de discernimento. O ministro vem e vai, mas o ministério permanece — determinado pela autoridade da Escritura em vez da efetividade ou engenhosidade daqueles que desempenham o ofício.

Nosso problema é, em parte, que fomos formados por uma cultura que está perdendo qualquer senso de respeito pelo *ofício*, mesmo em questões seculares. No passado, o ofício era distinto das pessoas. A despeito das políticas, pontos de vista ou caráter do presidente, ele era sempre tratado como "Presidente Fulano de tal" ou pelo menos "Sr. Fulano de tal". No entanto, hoje, tanto na esquerda quanto na direita, isso não ocorre mais. Mesmo no ensino fundamental, os professores são chamados muitas vezes por seu nome próprio — ou sobrenome, sem nenhum título de respeito.

Em muitas igrejas, o título "Pastor" saiu da conversa corriqueira. No começo, isso parecia motivado pelo desejo de tirar os pastores de seus pedestais. Mas, de fato, isso teve efeito oposto. Quando nós os chamávamos de "Pastor", estávamos reconhecendo que o ofício exercido era importante, mesmo quando não estávamos inclinados a procurá-lo como parceiro num jogo de golfe. Ele podia vir ou ir embora, e o ministério continuaria, porque não era o seu ministério, mas o de Cristo.

Hoje, porém, existe tremenda pressão sobre os pastores para que *sejam* pessoas das quais gostamos. Frequentamos determinada igreja porque realmente nos sentimos ligados a "Jim". Falamos às pessoas que frequentamos "a igreja do Jim". Amamos o ministério do Jim como se fosse a sua base de influência pessoal em vez do ministério de Cristo que ele compartilha com todos os outros pastores. Ele é o tipo de cara com quem tenho prazer de estar junto. Claro, poderia logo descobrir que na verdade simplesmente não dá para ficar com Jim. Posso nunca vê-lo em minha casa, fazendo uma visita para verificar como minha família e eu estamos crescendo em Cristo. Em alguns casos, as ovelhas nem conhecem pessoalmente seu pastor. A sua pessoa é tão grande que ele nem pode desempenhar o seu ofício. Então, se ele cair, a minha fé poderá ser abalada.

Compare isto com as palavras de uma das confissões reformadas. Porque "a pregação da Palavra de Deus é a Palavra de Deus...a própria Palavra que é pregada deve ser considerada, não o ministro que prega; pois até mesmo se ele for mau e pecador, contudo a Palavra de Deus permanece verdadeira e boa".[68] Claro que a pessoa do pregador é importante. Um pastor que é mau, bem, é um mau pastor, devendo ser removido. Contudo, ele não nos fala por sua pessoa, mas por seu ofício. Se acabasse constatando que ele nunca acreditou em uma palavra sequer da Bíblia, a sua pregação da Palavra, os batismos que realizou e a Ceia que regularmente entregou continuam válidos. Estes jamais foram suas palavras pessoais ou atos sacramentais, mas os de Cristo.

Os pastores podem ter algumas coisas maravilhosas a dizer, algum entendimento cultural interessante e algumas histórias pessoais que nos liguem a eles. Mas, em seu ofício, eles não são mais pessoas privadas, e sim, embaixadores de Cristo. Por meio deste ofício que lhes foi designado, o próprio Deus é quem julga, justifica e ordena. Semelhantemente, os presbíteros governam e os diáconos servem no interesse de Cristo — não de suas próprias pessoas, mas em conjunto, como portadores de um encargo.

Somente Cristo tem um legado
Timóteo deveria pregar a Palavra e administrar os sacramentos às mesmas pessoas que guiava pessoalmente junto com os

---

[68] Segunda Confissão Helvética, cap. 1.

presbíteros. Paulo jamais estimulou Timóteo a contemplar o seu legado pessoal. Não havia instruções sobre um plano de sucessão. Afinal de contas, ele seria sucedido por aqueles que, como ele, foram treinados, provados e ordenados pelos oficiais de uma igreja em assembleia, e mais provavelmente não seriam selecionados pela mão única de Timóteo.

Ouvir que não temos um legado, inicialmente, pode parecer uma reprovação a nós, especialmente como pastores. É o legado de Cristo, efetuado por sua morte (Mt 26.28; Hb 9.16 – 18) e dispensado do céu por sua Palavra e Espírito (Ef 4.7 – 13). De fato, em Efésios 4 os pastores e mestres são "dom de Cristo" (4.7). É a herança do Pai, conquistada por Cristo em favor de seus co-herdeiros. Nós vimos e vamos, mas o legado continua sendo distribuído. Essa repreensão se torna em conforto ao percebermos que a igreja é de Cristo, que ele está edificando-a, e que temos o privilégio de, por um tempo simplesmente distribuir os dons.

Um exemplo dessa tendência de mudar nosso foco do ministério para os ministros, creio eu, é a proliferação de igrejas *multi-site*. Não estou, de forma alguma, sugerindo que os que preferem um modelo de ministério de igrejas *multi-site* sejam culpados de ambição descuidada. Considero que eles estejam motivados por missão e concordariam com muito que eu tenho defendido aqui. Mas, minha preocupação está em que esse *modelo* é mais suscetível a focalizar mais o ministro do que o ministério.

Seus proponentes definem a igreja *multi-site* como "uma igreja que se reúne em múltiplas localidades". "Uma igreja *multi-site* compartilha visão, orçamento, liderança e conselho únicos".[69] Em termos gerais, o pastor titular principal responsável pela pregação/ensino entrega uma mensagem de um local central, a qual é então transmitida por conexão de vídeo aos outros locais. Nestes outros locais pode ocorrer comunhão local, mas a maior parte das decisões do ministério são feitas, digamos, "lá de cima". Claramente, o ministério é concentrado, em última instância, sobre o fundador e líder do movimento.

Tal modelo vai contra o princípio da encarnação. Não é uma presença virtual, mas a presença real que Cristo nos dá ao falar e agir entre nós. Ele não permaneceu no céu enquanto escrevia mensagens nas nuvens ou em telas gigantes. Ele enviou os profetas em seu nome. Então, na plenitude dos tempos, ele mesmo veio à terra — assumindo a nossa carne. "As minhas ovelhas ouvem a minha voz; *eu as conheço*, e elas me seguem" (João 10.27, itálicos acrescidos). Se o *Bom Pastor* nos conhece por nome, não deveria ser o mesmo dos seus subpastores? As tecnologias que usamos não são indiferentes. Elas dizem algo sobre a própria mensagem.

O segundo problema é o ser "itinerante". Isso quer dizer um estado de viajar constantemente de um lugar a outro. Uma das preocupações da Reforma era que não se esperava que os líderes da igreja — especialmente bispos e arcebispos — realmente pregassem, ensinassem ou supervisionassem uma igreja local com um conselho de presbíteros. Pelo contrário, eles presidiam sobre a catedral, que englobava todas as igrejas locais. A Igreja da Inglaterra manteve os bispos, mas seus reformadores insistiram em que os bispos realmente exercitassem seu ministério em

---

69 Geoff Surratt, Greg Ligon, e Warren Bird, *The Multi-Site Church Revolution: Being One Church in Many Locations* (Grand Rapids: Zondervan, 2006), 18.

pessoa numa paróquia local. Isto não queria dizer que os pastores não pudessem ocasionalmente trocar de púlpitos ou falar em conferências, mas significava que o seu chamado como ministro dependia de um chamado específico para uma igreja local.

É interessante que o maior grau de independência dos bispos ou ministros da igreja local não surgisse em tradições católicas romanas ou da chamada Alta Igreja, mas no evangelicalismo. Com o Grande Despertamento na Grã-Bretanha e na América, os ministros podiam trabalhar livremente e desimpedidos, fora do "sistema" de submissão mútua. John Wesley declarou famosamente em seu *Journal* (28 de maio de 1739), "O mundo é minha paróquia".

Talvez esta seja a melhor hora de eu colocar as cartas na mesa. Não espero que todos concordem com as minhas convicções presbiterianas, mas as ofereço para consideração porque estou convicto de que são bíblicas. Dizendo em termos breves, este sistema de governo não é hierárquico nem democrático, mas pactual (federal ou representativo). A Escritura ensina claramente que além dos ministros que pregam, há os presbíteros que presidem e diáconos que servem (Ex 24.9; Atos 14.23; 1Tm 5.17; Tito 1.5; Tg 5.14; 1Pe 5.1; Ap 4.4). O governo liderado por presbíteros é claramente atestado pelos apóstolos, juntamente com as qualificações para se exercer este ofício (1Tm 3.1 – 13). Pastores e presbíteros são "dignos de dobrada honra", embora por esta mesma razão: "A ninguém imponhas precipitadamente as mãos" (1Tm 5.17, 22). Isso era tão importante para Paulo que ele podia dizer a Tito: "Por esta causa, te deixei em Creta, para que pusesses em ordem as coisas restantes, bem como, em cada cidade, constituísses presbíteros, conforme te prescrevi" (Tito 1.5); isto foi seguido de uma lista de suas qualificações (1.6 – 9).

Conquanto os apóstolos tenham sido chamados imediata e diretamente por Jesus em pessoa, sendo que o mundo inteiro era realmente a sua paróquia, os pastores ordinários são examinados, ordenados e chamados a igrejas específicas pelo presbitério. É impressionante que, quando Paulo defende seu ofício, ele enfatize o ponto de que ele não o recebeu de uma igreja ou qualquer de seus líderes, mas do próprio Cristo. No entanto, ele lembra a Timóteo: "Não te faças negligente para com o dom que há em ti, o qual te foi concedido mediante profecia, com a imposição das mãos do presbitério" (1Tm 4.14).

Assim, não existem apóstolos nos dias atuais, mas pastores comuns que pastoreiam igrejas específicas. Os pastores não podem governar independentemente dos demais presbíteros.

No Concílio de Jerusalém (Atos 15), presbíteros representantes foram enviados das diversas igrejas para decidir a questão da inclusão dos gentios. Repetidas vezes, os delegados são chamados de "os apóstolos e presbíteros". Assim, mesmo nos dias dos apóstolos, a autoridade era compartilhada com os presbíteros. Lemos, porém, que "toda a igreja" concordou, por meio desses representantes enviados por cada igreja. Tiago e Pedro falaram, mas "os apóstolos e presbíteros" chegaram à sua decisão por consentimento comum. Pedro nunca foi destacado como possuidor de autoridade única. Uma vez alcançado um consenso, era uma decisão obrigatória para todas as igrejas. "Então, pareceu bem aos apóstolos e aos presbíteros, com toda a igreja, tendo elegido homens dentre eles, enviá-los, juntamente com Paulo e Barnabé" (15.22). Onde quer que fossem, "entregaram a epístola" às igrejas (15.30). "Ao passar pelas cidades, entregavam aos irmãos, para que as observassem, as decisões [*dogmata*] tomadas pelos apóstolos e presbíteros de Jerusalém. Assim, as igrejas eram fortalecidas na fé e, dia a dia, aumentavam em número" (Atos 16.4 – 5).

Portanto, cada igreja local era considerada "a igreja", mas somente enquanto estivesse em comunhão com as outras igrejas. Pastores e presbíteros se reuniam para admoestação mútua e encorajamento, e também para tomar decisões em favor das igrejas que representavam. Os casos podiam até ser trazidos para essas assembleias mais amplas, até para um sínodo geral como o de Jerusalém. Os antigos Pais confirmam que esse consentimento comum dos pastores e presbíteros, tanto nas assembleias locais como nas mais amplas, tinha sido a forma de governo apostólico da igreja.

Conforme observou Jerônimo no século V, as primeiras igrejas eram governadas juntamente por pastores e presbíteros; foi só com o surgimento da ambição impiedosa dentro da igreja que os pastores passaram a usar de todos os meios para obter maiores posições de autoridade. Mesmo este pai da igreja em Roma ressaltava que "bispo" e "presbítero" eram termos intercambiáveis.[70] Eventualmente, porém, os moderadores do presbitério se tornaram bispos, e mais tarde, um bispo — o bispo de Roma — reivindicou a primazia. O Oriente cristão, e também os reformadores que vieram depois, viam isto como nada menos que um ato de cisma.

Conforme notamos acima, os defensores definem a igreja *multi-site* como "uma igreja que se reúne em múltiplas

---

70 Veja nota de rodapé 65.

Praticar o que pregamos: não temos mais superapóstolos

localidades", partilhando "visão orçamento, liderança e mesa administrativa comuns".[71] Porém o que não compartilham são os pastores e presbíteros locais. Mesmo que alguns instalem presbíteros em cada localidade, o pastor é o mestre com dons, que conhecem apenas por sua aparência semanal na tela. Não obstante as intenções, o meio garante que ele jamais seja o pastor, mas apenas um mestre celebridade. Sendo "pastor" de muitas igrejas, na verdade, ele não pastoreia nenhuma. Além do mais, é a *sua* mesa administrativa que tem a última palavra. Este modelo me parece muito mais hierárquico do que os outros contra os quais se rebelou. Também parece mais provável ceder à tentação que todos temos quanto à ambição mais do que ao serviço, por melhores que sejam os motivos. O jardim global de Cristo cresce concretamente apenas em terras locais.

De todas as formas (em nada limitados à abordagem de múltiplos lugares), as igrejas hoje frequentemente têm a influência de modelos empresariais, sendo o pastor o executivo e presidente do conselho. Algumas grandes igrejas têm sido fiéis de geração em geração porque têm sido intencionais quanto a designar presbíteros suficientes para supervisionar os grupos menores. Tenho visto também muitas igrejas pequenas que não buscam os de fora nem a comunhão de dentro.

Mas as pressões sobre o pastor — como também os presbíteros e diáconos — podem ser bem grandes. Com a multiplicação dos ministros na equipe, é mais fácil girar em torno de um modelo empresarial mais hierárquico. E menos provável que as ovelhas venham a ter contato físico com seu pastor quando são consumistas de um serviço supervisionado por um executivo chefe.

---

71 Surratt, Ligon, e Bird, *The Multi-Site Church Revolution*, 18.

"Não temais, Pequeno Rebanho"

Penso que se Jesus voltasse hoje, talvez nos dissesse para não nos levar tão a sério. "Eu edificarei a *minha* igreja e as portas do inferno não prevalecerão contra ela" (Mt 16.18, itálicos do autor). As portas do inferno não são questão insignificante, pelo menos para nós. Somos bastante ansiosos. Temos de fazer algo quanto a isto (sendo *isto* qualquer coisa que nos deixe maravilhados no momento). Os Estados Unidos estão moralmente em queda livre. A mídia nos persegue. Parece que as igrejas perderam o rumo. Está crescendo o islamismo radical — sem mencionar as fortes tempestades de AIDS, fome e guerra que ceifam milhões de vidas na África. Toda vez que ligamos o noticiário, nossa compaixão ou ira é despertada — a ponto disso nos deixar anestesiados. As pessoas nos bancos da igreja estão insensíveis a essas coisas, especialmente quando uma igreja põe mais peso sobre os seus ombros.

Este fardo de impacto extraordinário pesa primeiro sobre os ombros dos pastores. Porém, aqui está a boa notícia: não é o seu ministério, sua igreja, seu povo. Você, pastor, não tem de criar e proteger um legado pessoal, mas simplesmente distribuir e guardar o legado de Cristo confiado a seus apóstolos. Você não tem de amarrar a Satanás e atacar as portas do inferno. Cristo já fez isso. Nós estamos apenas entrando atrás dele para destrancar as portas da prisão. Não temos de viver o evangelho, ser o evangelho, fazer o evangelho e liderar as tropas para redimir a cultura e reconciliar o mundo a Deus. Não estamos construindo um reino que possa ser abalado pela violência como acontece em outros âmbitos, mas estamos "*recebendo* um reino inabalável" (Hb 12.28, itálicos acrescidos).

Praticar o que pregamos: não temos mais superapóstolos

Os discípulos com certeza tinham razão para se preocupar com a oposição do mundo. Era um pequeno rebanho, e seu Rei não permitia que portassem armas. Contudo, Jesus simplesmente disse-lhes, e nos diz agora: "Não temais, ó pequenino rebanho; porque vosso Pai se agradou em dar-vos o seu reino" (Lucas 12.32).

Eles tinham menos dificuldade em acreditar que fossem um "pequeno rebanho" do que nós. Estamos ainda investidos no legado da cristandade que está desaparecendo. Muitos entre nós recordam quando uma igreja tinha considerável respeito cultural e político. Atualmente, nossos solenes pronunciamentos políticos e sentimentos morais são, na maior parte, ignorados. Mas, uma vez que estejamos realmente convencidos de que Jesus Cristo já garantiu a vitória sobre Satanás, a morte e o inferno, podemos respirar fundo e ser o "pequenino rebanho" que ele já redimiu, fazendo o que ele nos chamou a fazer. É algo maravilhosamente libertador não achar mais que tenhamos de construir ou preservar um reino que, em primeiro lugar, Cristo não estava construindo.

Assim, a razão de levar a sério os princípios de ordem da igreja do Novo Testamento não é criar uma hierarquia formal, mas vigiar contra as hierarquias informais. "Porque não nos pregamos a nós mesmos, mas a Cristo Jesus como Senhor e a nós mesmos como vossos servos, por amor de Jesus" (2Co 4.5). Se Paulo, o apóstolo, podia dizer isto, certamente os ministros comuns não poderão reivindicar mais que isso para si mesmo. O tesouro é o ministério do evangelho, não o seu ministro. A nossa fraqueza é essencial para manter nosso foco onde ele deve estar. "Temos, porém, este tesouro em vasos de barro, para que a excelência do poder seja de Deus e não de nós" (2Co 4.7).

Exercício

1. Como é que idolatramos nossos líderes hoje em dia — na cultura abrangente, mas especialmente na igreja? Existe a tendência de levantá-los em pedestais altos demais e depois derrubá-los quando deixam de satisfazer nossas ambições?
2. Como a Escritura nos chama a controlar nossa ambição como líderes, e também como seguidores?
3. Ouvimos muito nas igrejas sobre a grandeza pessoal do pastor, seu legado, seus planos de sucessão e assim em diante. Será que colocamos maior ênfase nos ministros do que nos ministérios? Se isso for o caso, como acontece?
4. Qual o significado das palavras de estímulo de Cristo ao seu "pequenino rebanho"? O que isso quer dizer em relação ao modo que muitas vezes nos referimos às atividades de construção do reino?

Parte Dois
O CORRIQUEIRO E O CONTENTAMENTO

Capítulo 7
CONTENTAMENTO

A cura para a ambição egoísta e a dedicação inquieta à Próxima Grande Coisa é o contentamento. Assim como a felicidade, a excelência e o ímpeto, o contentamento não é algo que conseguimos produzir de dentro. Ele tem de ter um objetivo. Tem de haver alguém ou alguma coisa que nos satisfaça a ponto de cantarmos "Se temos de perder, família, bens, prazer, se tudo se acabar e a morte enfim chegar, com ele reinaremos".[72]

O evangelho é realmente radical: "o poder de Deus para a salvação" (Rm 1.16). Por meio deste evangelho, o Espírito Santo cria a fé que abraça a Cristo e com ele todos os seus benefícios. Somos libertos da condenação e feitos parte da nova criação em Cristo. De corações cheios de gratidão, procuramos maneiras de glorificar a Deus e amar e servir nosso próximo. Estamos ansiosos por crescer. Mas é muito fácil nos

---

72 Do hino de Martinho Lutero: "Castelo Forte é nosso Deus".

acostumarmos ao evangelho e não darmos valor ao que ele é. Aí descobrimos que nos falta aquele combustível aditivado, e acabou a gasolina bem no meio da estrada congestionada por miríades de chamados para entrar na pista expressa. No zelo criado pelo próprio evangelho, podemos estar deixando o evangelho para trás ao gravitarmos em torno de diversos chamados para conseguir "algo mais".

Claro que na vida cristã existe algo mais que apenas acreditar no evangelho. O evangelho mantém nossos olhos fixos em Cristo, enquanto a lei nos fala como correr a carreira. Mas a nossa tendência é sempre acrescentar nossas próprias doutrinas ao evangelho e nossos próprios mandamentos e expectações à Palavra revelada de Deus. Não mais contentes com o evangelho e os mandamentos da Escritura, começamos a procurar por *algo mais*. Todos os problemas que descrevi até este ponto — e muitos outros além desses — resultam de um descontentamento básico com a Palavra de Deus. Começamos a procurar programas e personalidades que nos façam campeões de corrida, em vez de correr a distância com a segurança de que Cristo já conquistou o prêmio para nós.

A minha tese neste livro é que devemos abandonar essa busca frenética por "algo mais" substituindo-a para "algo mais sustentável". Precisamos parar de acrescentar algo mais de nós mesmos ao evangelho. Precisamos estar contentes com o evangelho como o poder de Deus para a salvação. Também necessitamos estar contentes com seus meios ordinários de graça que, com o tempo, produzem uma colheita farta para o prazer de todos.

Contentamento

Sustentabilidade

Relativamente recém-chegada, a "sustentabilidade" entrou em nosso vocabulário cotidiano, principalmente através das ciências ambientalistas e econômicas. Tornamo-nos cada vez mais cônscios de que simplesmente não podemos consumir os recursos naturais. Em algum ponto, eles acabam ou se rendem ou são tão mudados por nossa manipulação que até se tornam ameaça. A pedreira se torna em sepultura. Mesmo nossas tentativas de salvar, recuperar ou construir do zero ecossistemas saudáveis podem produzir efeitos não intencionais que, no final, são mais prejudiciais.

Aplicando isso ao discipulado cristão, o desenvolvimento sustentável não é oximoro nem um impedimento ao progresso. Todos nós devemos estar a favor do crescimento — tanto em número quanto em qualidade, em nossa vida pessoal e nas igrejas. Os desentendimentos surgem quanto ao que significa esse crescimento e como ele é sustentado.

O perigo de mero conservacionismo está em que ele valorize a "terra" (a tradição) mais do que as pessoas que agora estão morando nela e dela dependem para seu desenvolvimento. No outro lado do espectro estão os que preferem esquemas radicais que pouco importam ao ecossistema espiritual, o qual tem florescido por gerações. Em vez disso, de acordo com essa visão, precisamos focar *nesta* geração e o que for necessário para criar crescimento rápido. As formas externas são vistas como restritivas. Igrejas e famílias podem ser vistas como estufas onde as plantas sufocam em vez de reproduzir. Então a solução é acabar com as velhas trepadeiras e treliças. Começar do zero. Talvez tenhamos de perder muitas pessoas nesse processo, mas isso dá a oportunidade de começar de novo sem que as ovelhas façam os pastores irem mais devagar.

Ou, mudando a analogia, alguns sugerem que, se quiser fazer algo significativo você tem de se afastar da manada. Claro, ao romper com um rebanho, inevitavelmente aderimos a outro. Em vez de pertencer a uma igreja local — um rebanho determinado por rotinas familiares que aparentemente fazem pouca diferença mensurável — tornamo-nos parte da manada de algum novo movimento. Como acontece nas debandadas, acabamos com os pastos verdejantes e jardins que levaram muito tempo para serem cultivados. Como a "música alternativa", imaginamos estar sendo contraculturais e asseveramos nossa iniciativa individual quando, na verdade, ainda somos seguidores do mercado. O "radical" de hoje é o "ordinário" de amanhã.

Na maioria dos casos, a impaciência com aquilo que é comum está na raiz de nossa inquietação e nossa falta de raízes. Procuramos algo mais para nos carregar de interesse, significado e propósito. Em vez de crescer como árvore, queremos aumentar como um incêndio florestal.

Ganância: irmã gêmea da ambição

Em seu livro *The High Price of Materialism* [O alto preço do materialismo], o professor de psicologia, Tim Kasser, revela dados de sua própria pesquisa empírica sobre materialismo e bem-estar. Consistente com outros estudos importantes que ele cita, as conclusões de Kasser são claras. As culturas — e os indivíduos — mais ricas, em média, não são mais felizes do que as outras menos prósperas. Na verdade, embora a renda *per ca-*

Contentamento

pita nos Estados Unidos tenha dobrado desde 1957, "o número de adultos que diz estar muito feliz diminuiu de 35 para 29 por cento".[73] Kasser observa:

> Os críticos sociais e psicólogos sugerem muitas vezes que a cultura consumista gera uma personalidade narcisista ao enfocar nas pessoas a glorificação do consumo (isto é, "Faça do seu jeito"; "Quer para você? Pegue já!"). Além do mais, o desejo do narcisista, de validação externa, cabe bem em nosso conceito de valores materialistas como extrínsecos e focados no elogio dos outros.[74]

Se a ambição foi convertida de vício para virtude, o contentamento foi transformado de virtude para um vício. Pense em como usamos essa palavra nas conversas normais. Passou a significar acomodar-se ao que vem em segundo lugar (o que é sempre errado). Faltando ambição suficiente, a pessoa se *contenta* em ser algo menor do que ela é capaz de ser ou ter.

Mais uma vez, algo bom deu errado aqui. Não devemos nos contentar com crescimento atrofiado. Queremos avançar. No entanto, crescemos *de* um lugar de contentamento — descanso — e não *em direção* a ele. Sei que falar é fácil, difícil é fazer. Como com todos os outros pontos, tenho de reiterar que estou diagnosticando um mal que eu também sofro. Temos de estar constantemente, pacientemente e intencionalmente retirados da tragicomédia que escrevemos para o filme de nossa vida. Somos virados de fora para dentro e precisamos

---

[73] Tim Kasser, *The High Price of Materialism*, (Cambridge, MA: MIT Press, 2002), 3.
[74] Ibid., 12.

ser mudados de dentro para fora. Isto requer uma vida toda de terapia divina: ter mente e coração transformados pela Palavra de Deus. Voltamos diariamente ao nosso batismo para encontrar nossa verdadeira identidade em Cristo em vez de em nós mesmos.

Não mais virados para Deus em fé, e para o próximo em amor, nossa raça caída se tornou, se não Ícaro, então em Narciso. Desdenhando aqueles que tentaram amá-lo, Narciso estava fixado em sua própria beleza. Certo dia, Nêmese atraiu Narciso a uma lagoa. Ao ver o seu reflexo, a alma trágica ficou presa e ele morreu dentro do próprio olhar de admiração. O nome correto para isso é vaidade, e é tão letal quanto o mito sugere.

Algo semelhante à ambição (a cobiça por louvor) aconteceu à avareza (a cobiça por riqueza). Embora não fossem protossocialistas, os reformadores protestantes condenaram o ponto de vista cada vez mais aceito de que dinheiro e propriedade pertencem ultimamente às pessoas que o fizeram ou herdaram. Deus deu a riqueza às pessoas para sustentar e usar em interesse público, para que fosse colocada em circulação para o bem comum.

Porém, como o seu gêmeo ambicioso, a avareza se tornou virtude no começo da era moderna. A "mão invisível" antigamente era a providência de Deus, colocando em cada um de nós uma vocação que servia a todo o corpo. Mas, de acordo com Adam Smith, são as leis ferrenhas do mercado que o fazem agora. Cada indivíduo "intenta seu próprio lucro", ele argumenta, não pensando em contribuir diretamente ao bem comum, enquanto uma "mão invisível" usa este autointeresse para o maior bem de todos. Em suma, onde reina o autointeresse todos os barcos sobem.[75] Como ocorre com a ambição, a avareza ainda não é considerada uma virtude, mas perdeu sua reputação de vileza. Ela pode ser canalizada, dominada e dirigida com fins benéficos. A honestidade começa a sua carreira como uma virtude objetiva. Depois se justifica com bases instrumentais (ou seja, autointeresse). Finalmente, quando as pessoas percebem que nem sempre os bons chegam em primeiro lugar, a honestidade se torna impraticável. A transição da virtude para o vício fica completa. Como a personagem de Michael Douglas, Gordon Gekko, colocou no filme de 1987, *Wall Street*, "Ganância é boa".

Assim como a ambição pode ser adaptada ao evangelho da autoestima, a ganância pode ser "santificada" com o nome de evangelho da prosperidade. Esses falsos evangelhos encontram caminho até nas igrejas mais conservadoras que seriam cautelosas quanto a versões mais acirradas.

Pacto, Não Contrato
Por baixo dessas versões narcisistas, quer fortes, quer diluídas, existe uma forma *contratual* de pensar. O que quero dizer com isso? Tome, por exemplo, o seu casamento. Enxergá-lo como simples contrato seria tratar o cônjuge como provedor de serviços. Começa com a presunção de que ambos são indivíduos soberanos, livres para escolher aquilo que quiserem. Os dois entregaram um pouco de sua liberdade em troca de alguns benefícios. Enquanto isso der certo, ótimo. Se, em alguma altura o seu parceiro deixar de cumprir seu lado do contrato, então

---

[75] Adam Smith, *An Inquiry in to Nature and Causes of the Wealth of Nations* (edição de Glasgow das obras e correspondência de Adam Smith; ed. R. H. Campbell and A. S. Skinner; Oxford: Clarendon, 1976), 2:456

você pode sair dele. Na era do Iluminismo, a ideia de um contrato social tornou-se modelo da política moderna. As pessoas soberanas cediam parte de sua autonomia ao estado em troca de bens e serviços.

Uma maneira *pactual* de pensar é diferente. Nos pactos bíblicos, Deus é o soberano Criador e Senhor. Não somos "proprietários" de nós mesmos, mas portadores da imagem de Deus, submetidos a ele não somente pela maneira como nos relacionamos com ele, como também pelo o modo como nos relacionamos com os outros. Deus fala — nós escutamos. Portanto, jamais começamos de uma posição de autonomia, elegendo ceder um pouco da nossa soberania a Deus em troca de certos benefícios e garantias. Ele nos dá a vida, provê para nós, nos ordena e faz promessas que sempre cumpre, de acordo com sua fidelidade. Como portadores de sua imagem, portanto, nos relacionamos uns aos outros pactualmente: como marido e esposa, como pais e filhos e como membros da família da fé. No casamento, entrego todo meu ser à outra pessoa e vice-versa, não obstante a pobreza, doença ou falhas, "até que a morte nos separe".

Em um paradigma pactual, sou ligado intrinsecamente a Deus e ao próximo, de maneira que transcenda qualquer bem ou serviço que eu possa calcular. Um estranho total corre até o lago para tirar um jovem patinador das águas geladas sem fazer uma análise de custos e benefícios. O socorrista não está cumprindo uma obrigação contratual, mas o mandamento de Deus em sua consciência, que obriga o estranho a considerar a criança em risco como sendo seu próximo.

O contraste entre os mapas contratuais e pactuais dos relacionamentos pode ser visto implicitamente nas percepções de

Contentamento

Tim Kasser. Diz ele que os que são dirigidos por valores intrínsecos se sentem mais livres. Vão à igreja porque assim desejam, têm relacionamentos próximos porque desejam a companhia da outra pessoa, e assim por diante. Os valores extrínsecos são expectações que não acatamos pessoalmente, mas pelo menos fingimos ter, a fim de conseguir aprovação ou avanços. Os teóricos chamam isto de "autoestima contingente", porque é sempre dependente do que os outros pensam, e as "discrepâncias" são maneiras específicas em que deixamos de cumprir o padrão de medição.[76] "Assim sendo, as pessoas de valores materialistas baseiam sua autoestima e autovalor em terem atingido alguma recompensa (dinheiro) ou louvor de outras pessoas (dizem que estão bonitas, as admiram, etc)".[77]

Não é difícil interpretar esses sentimentos empíricos a partir de uma perspectiva bíblica. Ansiamos por aprovação, mas nem sabemos qual é a verdadeira medida, ainda que sintamos ter permanecido aquém dela. Suprimindo nossa consciência de Deus, mudamos nossa fonte de validação para as outras pessoas. Até mesmo muitos cristãos hoje raramente perguntam: "Estou de acordo com a santa lei de Deus?" Em vez disso, perguntam se estão alcançando as expectativas de outros cristãos comuns — ou talvez da sociedade em geral. Mascaramos nossas "discrepâncias" (isto é, pecados) com a retórica de galgar altas metas.

De acordo com os estudos, o materialismo e o narcisismo andam de mãos dadas, em grande parte devido ao senso de profunda insegurança, ansiedade e necessidade de aprovação.

---

[76] Kasser, *The High Price of Materialism*, 49.
[77] Ibid., 50.

Assim, não foi surpresa verificar que os estudantes com fortes tendências materialistas tinham alto índice na medição do narcisismo, concordando com declarações como: "Sou mais capaz do que outras pessoas", "Gosto de iniciar nova moda e tendências", "Eu queria que alguém escrevesse um dia a minha biografia" e "Consigo fazer qualquer pessoa acreditar em qualquer coisa que eu queira".[78]

Materialismo e narcisismo são muito próximos à tendência de tratar as pessoas como coisas, instrumentos de seus próprios sonhos pessoais.[79]

Barry Schwartz chama essas amizades de instrumentais, escrevendo que em sociedades capitalistas e consumistas tudo que se requer é que cada amigo possa oferecer algo útil para o outro. As amizades instrumentais chegam muito perto de ser relações contratuais de mercado, com o contato pessoal e conhecimento de interdependência mútua substituindo os documentos contratuais formais.[80]

Os cristãos, nas sociedades modernas, fazem dezenas de contratos, desde cartões de crédito e hipoteca a contratos de trabalho. Não há nada pecaminoso nos contratos. O problema é quando permitimos que o pensamento contratual (e consumista) se expanda para todas as áreas da vida. Nossa sociedade nos treina a pensar no casamento como contrato. Se alguém

---
78 Ibid., 12.
79 Ibid., 67.
80 Ibid., 70.

Contentamento

tem muito capital a proteger, um acordo pré-nupcial pode ser acrescentado. E se uma das partes falha em cumprir o seu lado, o contrato fica anulado e sem valor. Cada vez mais, os filhos também são criados em ambiente contratual. Kasser cita o presidente da *Intelligence Factory*: "Os pais deverão estar sempre gerenciando seus bens, incluindo os seus filhos".[81]

Quando o pensamento contratual domina nosso horizonte de significado, podemos até mesmo fazer de Jesus, da igreja ou da nossa própria espiritualidade um bem, o qual achamos que podemos gerenciar. Ocasionalmente, em uma igreja da minha juventude, o pastor fazia o convite de vir à frente no final do culto com as palavras: "Agora você está assinando um contrato com Deus". Depois da oração ele dizia: "Se realmente foi sincero nisso, você tem agora um relacionamento pessoal com Jesus". Alguns dos folhetos evangelísticos até mesmo terminavam com local para assinar o nome depois da oração. Jesus se torna meu máximo provedor de serviços se eu o escolher acima das demais ofertas. Mas quando parece não "dar certo para mim", saímos do contrato.

Falamos até em "tornar Jesus meu Senhor e Salvador pessoal", como se nós pudéssemos fazer dele qualquer coisa! Isto presume que comecemos como pessoas autônomas, "donas de si" em primeiro lugar. Depois, se escolhermos, cedemos um pouco de nossa soberania (talvez toda ela) a Jesus, em troca de qualquer coisa que achemos que ele possa nos dar em recompensa. A boa nova é que Jesus é o único Senhor e Salvador. Não é o que nós fazemos dele, mas o que ele faz de nós — co-herdeiros de seu reino — que o evangelho proclama.

---
81 Ibid., 67.

Se nosso relacionamento com Jesus for como um contrato, trazemos a mesma lógica conosco à igreja. Escolhemos uma igreja local do jeito que escolhemos onde queremos morar, a companhia telefônica ou um carro novo. Podemos nos tornar membros ou não. Pode até mesmo não haver um rol de membros (porque isso seria formal demais e interferiria no relacionamento da pessoa com Cristo). No lugar disso, os líderes da igreja fazem das tripas coração para garantir que as pessoas (pelo menos as pessoas certas) sejam felizes, porque sabem que poderão frequentar outra igreja, em outro bairro, que tenha um cardápio mais amplo de opções. Com tal anonimato, claro que não existe disciplina da igreja — ou seja, supervisão e cuidado espiritual autênticos. Tudo faz parte do contrato. Se não estiver plenamente satisfeito com o serviço, há muitas opções de outros provedores que podem fazer você ser feliz, pelo menos pelo tempo de agora.

A Escritura revela não somente um pacto original da lei com a humanidade em Adão, mas também um pacto de graça após a Queda (Gn 3.15). A linha de Caim faísca com os ambiciosos fundadores da cultura, enquanto a linhagem de Sete é distinguida pelo comentário: "daí se começou a invocar o nome do SENHOR" (Gn 4.26). Eles reconheceram a *Yahweh*, não somente como Senhor pactual, dono deles por direito de criação (significado por um dízimo do produto de seu trabalho), mas pelo direito da redenção (significado pelo sacrifício animal).

Na plenitude dos tempos, nosso Redentor prometido veio. Como último Adão, Jesus é o Servo do pacto que cumpriu toda a obediência que devíamos. Mas como Deus, ele é também Senhor do pacto. Assim, ele é o Senhor que ordena e o

Contentamento

servo humano do pacto que obedece. Sabemos que a obra que ele realizou em nosso favor assegurou perfeitamente a nossa reconciliação e aceitação com Deus porque ele é o Senhor que ordena e simultaneamente o Servo que obedece. "Não fostes vós que me escolhestes a mim; pelo contrário, eu vos escolhi a vós outros e vos designei para que vades e deis fruto" (João 15.16). Agora, unidos a ele pela fé, somos contados como justos e estamos sendo conformados à sua imagem. Somos também unidos a outros "de todas as tribos, línguas, povos e nações" (Ap 5.9), que foram enxertados nesta videira. Nossa identidade não é mais algo para a qual nos esforçamos, baseados em um padrão ambíguo e dependente da aprovação dos outros. "Quem intentará acusação contra os eleitos de Deus? É Deus quem os justifica" (Rm 8.33).

Se isso for verdade, não tenho mais nenhuma razão para tratar os outros como ferramentas da minha autoestima e validação. Finalmente posso aceitar o veredicto de que falhei na prova, porque existe uma justiça perfeita que me foi imputada pela fé em Cristo. Sou o que sou, afinal de contas, não por minhas escolhas, mas porque Deus escolheu a mim e aos outros pecadores justificados e renovados além de mim. Apenas descansamos nessa segurança.

Agora posso abraçar as outras pessoas como dons, sabendo que juntos estamos sendo remodelados de acordo com a imagem de Cristo. Meus irmãos e irmãs não são instrumentos de minha ambição, mas dons — co-herdeiros da herança que todos compartilhamos em Cristo. Sim, eles também são carentes, como eu. Mas Deus lhes deu os dons de que necessito, e me deu dons que eles precisam. A menor pessoa aos olhos do mundo pode ser aquela a quem Deus intenciona transmitir algum fruto do paraíso. Somente a graça salvadora de Deus pode criar essa espécie de comunidade pactual.

Abraço até mesmo meus vizinhos não cristãos como quem, no que me diz respeito, foram escolhidos por toda a eternidade e redimidos, e que serão unidos a Cristo mediante meu testemunho e o testemunho de outros cristãos. Mas, agir sobre essas implicações e viver coerentemente com a Palavra de Deus dá muito trabalho. Envolve guerra perpétua com o pecado que habita em nós, que se alimenta das migalhas de uma história que não mais confessamos como verdadeira.

Nos reinos da era presente, os contratos ainda são essenciais. Contudo, mesmo quando os assumimos, sabemos que existe algo mais básico em nossa humanidade do que aquilo que esses contratos tão rasos podem satisfazer. Eu não sou simplesmente empregador ou empregado, provedor ou consumidor, proprietário do apartamento ou inquilino, mais basicamente, sou portador da imagem de Deus mesmo com os que são hostis ao Criador.

Imagine a diferença que o modo pactual poderia fazer em nossa visão quanto a sermos membros de igreja, em nosso casamento e na vida da família, e em nossos relacionamentos com o próximo no trabalho e na vizinhança. Quando tudo gira em torno de meu livre-arbítrio, os relacionamentos — mesmo com Deus — são contratos que fazemos e podemos desfazer. Quando tudo gira em torno da livre graça de Deus, os relacionamentos — mesmo de uns com os outros — tornam-se dons e responsabilidades que aceitamos como escolha e vontade de Deus para o nosso bem e a para sua glória.

Contentamento

Em certo sentido, não escolhemos nem o cônjuge. Verdade, talvez tenhamos escolhido entre um e outro candidato, mas a pessoa que somos e a pessoa com quem nos casamos pode mudar — para melhor e para pior — depois da lua de mel. "Não foi para isso que eu assinei o contrato", sentimos quando as coisas começam a ficar difíceis. "Ela não está cumprindo o lado dela no acordo". "Ele não provê aquilo que eu pensava — e o que ele fazia no começo". Estas expressões revelam um modo contratual de pensar, que alimenta os comportamentos materialistas e narcisistas.

Ao partilhar a comunhão da Trindade, podemos enfrentar os relacionamentos contingentes que encontramos até mesmo na igreja e em nossas famílias — e certamente, em nosso chamado no mundo. Mas teremos de sofrer. Ironicamente, nosso desejo máximo — corrompido pelo pecado — só pode ser finalmente atingido mediante constantes ameaças a muitas de nossas "necessidades sentidas", as quais são, muitas vezes, formadas por orgulho, ambição e avareza. Ao negarmos esse desejo máximo no interesse da gratificação imediata, perdemos tudo.

Portanto, não é simplesmente entendendo a doutrina que desarraigamos o narcisismo e o materialismo. É por tomarmos nosso lugar numa expressão local dessa economia de graça concreta, instituída por Deus em Cristo e sustentada por sua Palavra e Espírito. Pelo menos em seu projeto, essa economia é governada por uma lógica pactual em vez de contratual. No pacto da graça, Deus nos diz: "Estou com vocês até o final, venha o que vier". Somente dessa posição de segurança é que podemos dizer o mesmo a nosso cônjuge, filhos e irmãos crentes como nós.

Deste mais profundo contentamento é que podemos cumprir nossos pactos no mundo "como ao Senhor", até mesmo quando os outros quebram os seus contratos.

Contentes com nosso Pai

O que significa, então, estar contente com a provisão de Deus? Quer dizer que, quando você e eu somos acolhidos por Cristo, em Deus, pela fé no evangelho, estamos abertos aos outros ao nosso redor — primeiro os santos conosco, e então os nossos outros vizinhos. Em vez de serem ameaças, são convidados, como nós, à mesa de Deus. Não mais competidores pelas mercadorias em um mundo de recursos cada vez mais escassos, eles compartilham conosco na circulação inesgotável de dons que fluem da fonte divina. Essa fonte, afinal, é o Deus trino: vem do Pai, no Filho, pelo Espírito.

Primeiro, encontramos contentamento em nosso Rei. "Ao SENHOR pertence a terra e tudo o que nela se contém, o mundo e os que nele habita" (Sl 24.1). Não somos autodidatas, e no final das contas, não somos donos de nada. Deus é dono de tudo e ele dá e toma conforme lhe agrada. Contentamo-nos com nosso Rei enquanto crescemos em nosso entendimento de quem ele é e o que ele fez. Nosso Rei é também nosso Pai, que nos adotou como co-herdeiros porque estamos unidos ao seu único Filho. Ele não é monarca mesquinho, e os generosos dons que ele dá nunca deixam seu armazém exaurido (Mt 6.31 – 33; 11:28; Lucas 11.9 – 13). Assim, não precisamos fazer manobras para conseguir seu favor ou seus dons. Especialmente quando nos lembramos do Gólgota, jamais teremos de questionar se ele está disposto para o nosso bem. Começa-

Contentamento

mos a descansar nele, a confiar nele durante as tempestades da vida, quando sabemos que ele nos escolheu, redimiu, justificou e adotou, e que está nos santificando pelo seu Espírito, até que um dia sejamos glorificados em Cristo na sua volta.

Deus não somente nos ordena, mas também nos dá uma razão para estarmos contentes. Como saber que Deus faz tudo cooperar para a sua glória e nosso benefício?

> E aos que predestinou, a esses também chamou; e aos que chamou, a esses também justificou; e aos que justificou, a esses também glorificou. Que diremos, pois, à vista destas coisas? Se Deus é por nós, quem será contra nós? Aquele que não poupou o seu próprio Filho, antes, por todos nós o entregou, porventura, não nos dará graciosamente com ele todas as coisas? Quem intentará acusação contra os eleitos de Deus? É Deus quem os justifica. Quem os condenará? É Cristo Jesus quem morreu ou, antes, quem ressuscitou, o qual está à direita de Deus e também intercede por nós. Quem nos separará do amor de Cristo? Será tribulação, ou angústia, ou perseguição, ou fome, ou nudez, ou perigo, ou espada? Como está escrito: Por amor de ti, somos entregues à morte o dia todo, fomos considerados como ovelhas para o matadouro. Em todas estas coisas, porém, somos mais que vencedores, por meio daquele que nos amou. (Rm 8.30 – 37)

Pertencemos a ele, não por vitória que tenhamos alcançado, mas devido ao "amor de Deus, que está em Cristo Jesus, nosso Senhor" (8.39). O autor de Hebreus usa essa espécie de argumento para nosso contentamento diário: "Seja a vossa vida sem avareza. Contentai-vos com as coisas que tendes; porque ele tem dito: De maneira alguma te deixarei, nunca jamais te abandonarei. Assim, afirmemos confiantemente: O Senhor é o meu auxílio, não temerei; que me poderá fazer o homem?" (Hb 13.5 – 6).

Como Drácula, outros senhores conseguem sua força à custa de outrem. Até mesmo em guerras justas, os governantes enviam outros às batalhas que eles declararam. Somente este rei andou sozinho e desarmado na noite, entregando-se voluntariamente a Satanás, à morte e ao inferno, a fim de desarmar o poder das trevas. Sozinho, ele enfrentou a ira da justiça, derramando seu próprio sangue, não por súditos leais, mas por inimigos, obtendo redenção e libertação por meio de sua gloriosa ressurreição.

Contente com Cristo e seu reino

Deus é um estranho economista, pelo menos segundo os nossos padrões. Primeiro, ele estabeleceu na criação uma economia de compartilhamento mútuo dos dons. O homem não domina a mulher, nem vice-versa. Cada um foi criado para o outro, não como ferramenta para a vontade de obter poder, mas como dom no círculo de relacionamentos de amor e serviço. Segundo, ele criou algo que está além dessa rede natural de interdependência no corpo de Cristo, a igreja. Não é simplesmente pacto natural de interdependência humana, mas um pacto de graça, onde perdoamos como primeiramente Deus nos perdoou.

O reino de Cristo é extraordinário. Vemos isto especialmente em Mateus 5 – 7, com as bem-aventuranças e o resto do

Contentamento

Sermão do Monte. É extraordinário o reino de Cristo em seus benefícios. Não estamos mais herdando um pedaço de terra no Oriente Médio, com a ameaça de exílio por desobediência pairando sobre nossa cabeça – herdamos a terra somente pela graça. É extraordinário também no estilo de vida que ele cria.

Debaixo do antigo pacto, o padrão era a justiça estrita. O reino de Deus era geopolítico. A terra era santa, e, portanto, os inimigos de Deus deviam ser expulsos por guerra santa. Contudo, agora Jesus nos conclama a amar nossos inimigos e orar por aqueles que nos perseguem, que procuram nos fazer sair da terra comum que partilhamos nesta era que passa. Somos chamados não somente a nos refrear do assassinato como também do ódio e da retaliação — e, positivamente, ir além do chamado do dever ao proteger a vida do próximo. Não é só o ato físico, mas até mesmo a lascívia é adultério. Devemos viver sacrificialmente, sem exigir nos tribunais aquilo a que temos direito.

Agora que Cristo é o local máximo da nossa identidade, nossos íntimos verdadeiros não são mais somente a família nuclear, mas a família de Deus. Jesus estava preparando seus seguidores para divisões: Pai contra Filho, mãe contra filha, irmãos e irmãs entregando um ao outro às autoridades por causa da conversão a Cristo. A igreja é uma cidade colocada sobre um monte, que exibe, ainda que de modo pequeno, aquilo que Deus tem preparado para a humanidade na era por vir. Mesmo que Deus use meios ordinários, a cidade que ele está construindo não é nada parecida com nenhuma coisa que este mundo tenha visto.

Esta ainda é uma era de cidadania terrena, onde há Césares a quem devemos obediência e respeito temporais. Existem ainda tribunais. Participamos ainda da vida comum. Temos nossas famílias, quer sejamos casados quer solteiros. De fato, para muitos de nós, estas são famílias pactuais onde Cristo une em vez de dividir. Mas no corpo de Cristo uma economia diferente está em ação. No corpo de Cristo, contratos não estão em atuação — ou pelo menos não têm a última palavra. É a economia do pacto da graça. Paulo fala a Timóteo:

> De fato, grande fonte de lucro é a piedade com o contentamento. Porque nada temos trazido para o mundo, nem coisa alguma podemos levar dele. Tendo sustento e com que nos vestir, estejamos contentes. Ora, os que querem ficar ricos caem em tentação, e cilada, e em muitas concupiscências insensatas e perniciosas, as quais afogam os homens na ruína e perdição. Porque o amor do dinheiro é raiz de todos os males; e alguns, nessa cobiça, se desviaram da fé e a si mesmos se atormentaram com muitas dores. Tu, porém, ó homem de Deus, foge destas coisas; antes, segue a justiça, a piedade, a fé, o amor, a constância, a mansidão. Combate o bom combate da fé. Toma posse da vida eterna, para a qual também foste chamado e de que fizeste a boa confissão perante muitas testemunhas. (1Tm 6.6 – 12)

Os ricos não são chamados para se tornarem pobres, e também os pobres não são chamados para se tornarem ricos. Em vez disso, os ricos são admoestados da seguinte forma:

> Exorta aos ricos do presente século que não sejam orgulhosos, nem depositem a sua esperança na instabilidade da riqueza, mas em Deus, que tudo nos proporciona ricamente

para nosso aprazimento; que pratiquem o bem, sejam ricos de boas obras, generosos em dar e prontos a repartir; que acumulem para si mesmos tesouros, sólido fundamento para o futuro, a fim de se apoderarem da verdadeira vida. E tu, ó Timóteo, guarda o que te foi confiado, evitando os falatórios inúteis e profanos e as contradições do saber, como falsamente lhe chamam, pois alguns, professando-o, se desviaram da fé. A graça seja convosco. (1Tm 6.17-21)

Não sou mais a estrela de meu próprio filme; posso tomar meu lugar nessa troca de dons. Os dons que possuo não são para meu próprio uso privado, mas para eu transmitir a outros. As fraquezas que tenho são importantes porque elas me tornam mais dependente dos outros. Embora repetidas vezes implorasse a Deus que tirasse o espinho de sua carne, Paulo pôde chegar a vê-lo como "para me esbofetear, a fim de que não me exalte" (qualquer que fosse) como um presente de Deus, "a fim de que não me exalte pela grandeza das revelações" (2Coríntios 12.7).

Tudo isso significa que o chamado ao contentamento é para reconhecer e aceitar nosso lugar em Cristo e em seu corpo — e, mais largamente, nosso lugar na troca de dons na sociedade mediante a graça comum. Isto corta a raiz do descontentamento — a ambição — de mudar nossa situação na vida, não somente rumo à prosperidade, mas também em pobreza autoimposta. "Tanto sei estar humilhado como também ser honrado; de tudo e em todas as circunstâncias, já tenho experiência, tanto de fartura como de fome; assim de abundância como de escassez; tudo posso naquele que me fortalece" (Fp 4.12 – 13).

A busca inquieta por riqueza ou por pobreza é ambição egoísta: o desejo de subir acima de seus iguais e sair daquele lugar no sistema circular em que Deus o tem colocado. Contentamento, na verdade, é mais fácil para aqueles que deixaram o conforto do lar e da família para servir os desprotegidos da África do que para aqueles que moram perto do *shopping center*. Se Deus deu a você riqueza e posição temporal, use-os para a glória dele e o bem do seu próximo.

Paulo continua em Filipenses, observando que não quer ser peso para ninguém. "Todavia, fizestes bem, associando-vos na minha tribulação". Após notar sua ajuda generosa, ele diz: "Não que eu procure o donativo, mas o que realmente me interessa é o fruto que aumente o vosso crédito". Noutras palavras, os que são saudáveis precisam dos membros mais fracos, e também vice-versa. A fraqueza e a necessidade física de Paulo desempenharam papel importante em manter a circulação ativa. "Todavia, fizestes bem, associando-vos na minha tribulação... o que me veio de vossa parte como aroma suave, como sacrifício aceitável e aprazível a Deus. E o meu Deus, segundo a sua riqueza em glória, há de suprir, em Cristo Jesus" (Fp 4.14 – 20).

Contente com os meios comuns de operação na criação e providência de Deus

"Espere um milagre!" Isso é um bom conselho se houver uma promessa da Escritura que a suporte. O problema hoje é que muitos cristãos não buscam a atividade milagrosa de Deus onde ele a prometeu, ou seja, por seus meios ordinários de graça. Por esses meios, ele prometeu nos libertar da morte espiritual, perdoar os pecados, assegurar-nos do favor de Deus e conformar-nos à imagem de Cristo.

Cremos em um grande Deus que criou o cosmos, se encarnou no mundo e assegurou a redenção deste mundo por meio de sua vida, morte e ressurreição. Olhamos maravilhados para seus poderosos feitos do passado e do presente, e ansiamos um destino glorioso que, até agora, "Nem olhos viram, nem ouvidos ouviram, nem jamais penetrou em coração humano o que Deus tem preparado para aqueles que o amam" (1Coríntios 2.9). Mas o que fazer se nosso vício por superlativos tem, no mínimo, muito a ver com fatores culturais — fatores que tornam difícil conviver com o ordinário?

Se você estiver indagando se sua vida tem valor, uma vez que ela consiste em tantas coisas corriqueiras todos os dias, está em boa companhia. Afinal de contas, Deus trabalha por meios ordinários cotidianos de tantas formas, que nem notamos o quanto ele está envolvido e quanto nossa dependência nele é total a cada momento.

Nós, geralmente, identificamos os "atos de Deus" com as grandes coisas: terremotos, furacões, mares que se abrem. Talvez fosse uma melhor forma de dizer: identificamos as grandes coisas naquilo que pode ser medido e reconhecido como óbvia intervenção milagrosa de Deus. Milhões de pessoas no mundo inteiro vão ouvir a promessa de sinais e maravilhas de um evangelista da prosperidade. Mas, quantos de nós pensamos que os maiores sinais de Deus estão sendo realizados toda semana pelos meios ordinários da pregação, batismo e ceia do Senhor? Se associarmos a atividade divina exclusivamente com coisas que podemos ver e quantificar — ou seja, sua mão direta no mundo— sem querer poderemos cair no hábito do naturalista, que não enxerga a atividade de Deus através das pessoas e coisas normais criadas por Deus.

Deus usa os meios de Deus. Suas ferramentas são as leis naturais e a engenhosidade humana, mesmo que não enxerguemos a sua mão. Ele não estabeleceu essas leis para simplesmente afastar-se. Conforme nos lembra a ciência contemporânea, o aparente caos é ubíquo. As coisas deveriam desmoronar, mas isto não é o que acontece. Em nenhum momento o cosmos poderia sustentar a si mesmo não fosse a palavra amorosa do Pai, falada em seu Filho e por seu Espírito.

Mesmo na criação, Deus usou seus meios. Claro que a criação inicial do cosmos foi efeito direto e imediato da ordem de Deus. Em Gênesis 1 é-nos dito que Deus criou a matéria *ex nihilo* — Ou seja, do nada, em um só instante. Não obstante a sua interpretação dos "dias", permanece claro que a formação do nosso mundo não aconteceu imediatamente. É fácil pensar o contrário quando enfocamos exclusivamente a ordem inicial: "Haja luz" (Gn 1.3). Porém, temos de ver o que ocorre antes e depois disso. Antes do versículo 3, o Espírito aparece: "O Espírito de Deus pairava por sobre as águas" (1.2). Ele não é simples turista, que observa tudo. Pelo contrário, está preparando para realizar a obra que é singularmente qualidade de sua pessoa. Em tudo que a Trindade faz, o Pai é a origem, o Filho é mediador e o Espírito é quem opera dentro da criação para trazer o projeto a cumprimento.

Depois do versículo 3, vemos precisamente por que o papel do Espírito é tão importante. A palavra do Pai começa a separar e ordenar a criação em seus âmbitos propriamente determinados, como um general que divide o exército em regimentos. O Pai ordena a separação das águas (sobre as quais pairava o Espírito) nos versos 6 – 8, e então chama as águas para serem separadas da terra seca (1.9 – 10). Deus agora faz com que a terra seja lugar *habitável*. Encontramos então uma série de ordens diferentes da ordem inicial: "Haja luz, e houve luz". Lemos: "E disse Deus: *Produza a terra relva*, ervas que deem semente e árvores frutíferas que deem fruto segundo a sua espécie, cuja semente esteja nele, sobre a terra. E assim se fez". Isso tudo foi de uma só vez? Não desta vez: "*A terra, pois, produziu relva*, ervas que davam semente segundo a sua espécie e árvores que davam fruto, cuja semente estava nele... E viu Deus que isso era bom. " (1.11 – 13, itálicos acrescentados).

Não era apenas um processo; era um processo natural. Temos de abandonar o hábito de achar que "natural" cancela a atividade divina. Processos naturais não são causa última nem são inúteis. Agora a terra está "produzindo fruto". Deus não está criando cada fruto, nem mesmo cada árvore do nada. Agora, cada árvore e cada fruto tem em si a semente para se propagar. Mas Deus está ordenando esse processo, supervisionando-o e declarando-o "bom". A sua palavra continua sendo a fonte, mas agora é uma palavra sustentadora, e não originária. O Espírito é quem trabalha na criação para obter a resposta, na produção de frutos, ao chamado do Pai.

Essa fórmula é repetida: "Disse também Deus: *Povoem-se as águas* de enxames de seres viventes... E Deus os abençoou, dizendo: Sede fecundos, multiplicai-vos e enchei as águas dos mares; e, na terra, se multipliquem as aves " (Gn 1.20 – 22). "Disse também Deus: *Produza a terra* seres viventes, conforme a sua espécie: animais domésticos, répteis e animais selváticos, segundo a sua espécie. E assim se fez" (1.24, itálicos acrescentados). Não há nada sugerindo que isso fosse algo diferente de um processo normal e natural. Mas isso torna a criação menos resultado da palavra soberana de Deus?

O que é verdade na criação é também verdade na providência. O nascimento de um bebê não precisa ser elevado ao *status* de milagre para ser surpreendente exemplo da maravilha do meio ordinário de Deus trabalhar em nossa vida e no mundo. Não descartamos os milagres, mas também não os esperamos. Os milagres sempre nos surpreendem. Mas teríamos perdido a alegria pelo cuidado providencial de Deus quando ele trabalha por meio de processos normais e por partes mediadas que ele mesmo criou e mantém por sua Palavra e Espírito?

Em toda obra da Trindade, o Pai fala no Filho e por seu Espírito, que opera na criação para trazer os efeitos que foram intencionados por essa palavra. Porém, Deus usa meios, frequentemente muitos tipos de meios. Isto é realmente para nosso bem. Como ninguém pode ver Deus face a face e viver, precisamos que Deus use diversas máscaras quando ele condescende em amar e cuidar de nós. Oramos: "O pão de cada dia dá-nos hoje". Não esperamos que esse pão caia do céu. Sabemos, porém, que Deus o dará por meio de agricultores e padeiros e funcionários de armazéns e motoristas de caminhão e vendedores nas lojas e assim em diante.

Uma vez que recuperamos maior sentido da vocação comum de Deus como o lugar da sua fidelidade, começaremos a apreciar nosso próprio chamado para amar e servir ao próximo em seu nome de maneiras cotidianas, as quais fazem verdadeira diferença na vida das pessoas.

Contentamento

O caminho ordinário em que Deus trabalha inclui as vocações dos não cristãos. A primeira vez que li a seguinte declaração do reformador João Calvino, fiquei muito surpreso:

> Se reputarmos ser o Espírito de Deus a fonte única da verdade, a própria verdade, onde quer que ela apareça, não a rejeitaremos, nem a desprezaremos, a menos que queiramos ser insultuosos para com o Espírito de Deus. Ora, ao menosprezarmos os dons do Espírito, desprezamos e afrontamos o próprio Espírito.[82]

Isso me fez pensar duas vezes, porque, embora não seja chocante dizer que Deus dá boas dádivas aos descrentes (Sl 104.27 – 30; Mt 5.45; Atos 14.17; 17.26 – 27), estou acostumado a associar o Espírito à sua obra no coração de seus eleitos. Aqui, Calvino está afirmando a graça comum de Deus, até mesmo entre os impiedosos. Está se dirigindo aos protestantes radicais que diziam que somente cristãos poderiam governar e criar uma cultura piedosa. Ele acrescenta:

> E então? Negaremos que a verdade se manifestou nos antigos jurisconsultos, os quais, com equidade tão eminente, plasmaram a ordem política e a instituição jurídica? Diremos que os filósofos foram cegos, tanto nesta apurada contemplação da natureza, quanto em sua engenhosa descrição? Diremos que careciam de inteligência esses que, estabelecida a arte de arrazoar, a nós nos ensinaram a falar

---

[82] João Calvino, *Institutas da Religião Cristã* (ed. João T. McNeill; trad. Ford Lewis Battles; Philadelphia: Westminster, 1960), 2.2.15.

com razoabilidade? Diremos que foram insanos esses que, forjando a medicina, nos dedicaram sua diligência? O que dizer de todas as ciências matemáticas? Porventura as julgaremos delírios de dementes? Pelo contrário, certamente não poderemos ler sem grande admiração os escritos dos antigos acerca dessas coisas. Mas os admiraremos porque seremos obrigados a reconhecer seu profundo preparo... se esses homens, a quem a Escritura chama homens naturais, [1Co 2.14], que não tinham outra ajuda além da luz da natureza, foram tão engenhosos na inteligência das coisas deste mundo, tais exemplos devem ensinar-nos quantos são os dons e graças que o Senhor tem deixado à natureza humana, mesmo depois de ser despojada do verdadeiro e sumo bem.[83]

Até mesmo os descrentes podem governar com justiça e prudência, como escreve Paulo sobre as circunstâncias mais pagãs de seus dias (Rm 13.1 – 7). Além desses resquícios naturais, existe o conceito de graça comum em Calvino, "não a graça que a purifique, mas que a restringe [a natureza] internamente". Esta graça está ligada à providência, à restrição: "mas ela não purifica o interior". Somente o evangelho pode fazer isto.[84]

Noutras palavras, a esfera da atividade de Deus se expandiu para incluir tanto o Espírito como também o Pai e o Filho, providência ordinária e também o milagre extraordinário, meios naturais e também ações diretas. Foi ampliada também para englobar a operação de Deus na graça comum, entre todas as pessoas, e também sua graça salvadora para com os eleitos.

---

83 Ibid.
84 Ibid., 4.20.8, 14.

Contentamento

Essa obra do Espírito na graça comum não somente torna possível que sejamos bênção para os descrentes; ela também faz de suas vocações e labutas uma bênção para nós. Bênçãos não têm de ser santas e salvadoras para virem de Deus, que é doador de toda boa dádiva, para todas as pessoas.

Contente com o modo comum de Deus operar a redenção

Não há maior instância da operação do Espírito através de meios da criatura do que na encarnação do Filho. Não somente toda a criação é sustentada "nele" (Cl 1.16 – 17); sua própria vida exibe exemplos da providência ordinária de Deus. Como o *fiat ex nihilo*: "Haja luz", o milagre da encarnação é o Verbo eterno assumir nossa humanidade nascendo da Virgem Maria. Assim como a antiga, a nova criação só pode surgir pela palavra de Deus direta e imediata de *fiat*. Em eco a Gênesis 1, o anjo explica a Maria no evangelho de Lucas:

> Respondeu-lhe o anjo: Descerá sobre ti o Espírito Santo, e o poder do Altíssimo te envolverá com a sua sombra; por isso, também o ente santo que há de nascer será chamado Filho de Deus... Então, disse Maria: Aqui está a serva do Senhor; que se cumpra em mim conforme a tua palavra. E o anjo se ausentou dela. (Lucas 1.34 – 35, 38)

O Espírito, que pairava sobre as águas, dividindo, unindo e completando a palavra do Pai, "virá sobre" as águas do ventre de Maria. Ele unirá o Filho eterno à natureza humana que ele receberá de Maria. A virgem responde: "que se cumpra em mim conforme a tua palavra", porque o mesmo Espírito que operava em seu ventre já estava operando em seu coração para trazer o seu "Amém" à palavra. Sempre que encontramos não só o falar do Pai no Filho, como também o "trazer à luz", a palavra inspirada de testemunhas humanas pelo Espírito, raia a alvorada da nova criação. Tanto a encarnação quanto o consentimento de Maria são obtidos pelo Espírito, que fala por meio de sua Palavra.

Claro que a encarnação eterna do Filho foi extraordinária. Assim como o "Haja luz", foi um milagre direto. Assim também o foram seus sinais e maravilhas, que culminaram na própria ressurreição. Contudo, sua gestação e seu nascimento foram um processo normal de nove meses, quando ele assumiu nossa humanidade – não uma criação instantânea, como a de Gênesis 1.11 – 12: "E disse: Produza a terra relva, ervas que deem semente e árvores frutíferas... A terra, pois, produziu relva, ervas que davam semente segundo a sua espécie e árvores que davam fruto, cuja semente estava nele, conforme a sua espécie". Jesus não era menino prodígio: "Crescia o menino e se fortalecia, enchendo-se de sabedoria; e a graça de Deus estava sobre ele... E crescia Jesus em sabedoria, estatura e graça, diante de Deus e dos homens". (Lc 2.40, 52). "Embora sendo Filho, aprendeu a obediência pelas coisas que sofreu" (Hb 5.8). Ele não nasceu fora do tempo ou fora de nossa natureza humana; pelo contrário, nasceu "vindo, porém, a plenitude do tempo, Deus enviou seu Filho, nascido de mulher, nascido sob a lei (Gl 4.4).

Imagine Jesus aprendendo os salmos favoritos de Maria e fazendo a José perguntas sobre Deus e a vida no local de trabalho, enquanto confeccionavam cadeiras. Coisas diárias, ordinárias, aparentemente pequenas que acabam sendo, na verdade, bem grandes. Mesmo a sua crucificação era apenas mais uma execução romana, pelo menos era o que parecia aos que assistiram. Sim, por meio dela, Deus estava reconciliando o mundo a si mesmo.

Não somente em sua encarnação, como também em sua vida e ministério, Jesus sempre foi dependente do Espírito ao cumprir a palavra do Pai (Mt 12.28). De fato, atribuir seus milagres ao diabo é algo que Jesus chama "blasfêmia contra o Espírito Santo" (12.31 – 32; Lucas 12.10). Mesmo após passar três anos ao lado de Jesus, o entendimento dos discípulos, quanto menos o seu testemunho à pessoa e obra de Cristo, dependia da descida do céu de outra testemunha: o Espírito Santo (Atos 2).

Então, o mesmo Espírito faz ocorrer em nós o "Amém" da fé por tudo que Cristo realizou. O mesmo Espírito que pairava sobre as águas na criação e as águas do ventre de Maria nos une a Cristo por meio da água e de sua Palavra. O Espírito que habitou o templo e repousou sobre Jesus agora habita permanentemente em nós, individual e coletivamente, como seu tabernáculo do tempo do fim, em meio a um mar de morte. Por causa disso, não somos somente vivificados pela ordem *Fiat Lux*. Também produzimos o fruto do Espírito, que opera em nossos corações por seus meios ordinários.

Pense em como o Pai nos une ao Filho por seu Espírito hoje em dia. "E, assim, a fé vem pela pregação, e a pregação, pela palavra de Cristo" (Rm 10.17). Um processo normal: um pecador como nós é enviado por Deus a proclamar o perdão dos pecados em nome de Cristo, eu creio, e sou salvo por isso (10.14 – 15). O batismo parece menos dinâmico que, digamos, ressuscitar alguém da morte ou dar visão ao cego. No entanto, somos "batizados pelo perdão dos pecados" e "recebemos o dom do Espírito Santo" (Atos 2.38). O que a administração regular da Ceia do Senhor pode fazer, tendo como elementos o mais ordinário pão e vinho de cada dia? Nada neles mesmos, mas por meio deles Deus promete entregar Cristo com todos os seus benefícios (1Coríntios 10.15 – 17).

Continuamos procurando por Deus em todos os lugares mais óbvios. Pelo menos mais óbvios para o olho natural. Mas Deus escolhe estar presente em bênção salvadora onde ele prometeu, nos meios de cada dia, que estão disponíveis a todos, e não apenas aos "caçadores de tempestades" espirituais. Não subimos ao céu nem descemos às profundezas a fim de encontrar Deus. Cristo está presente onde prometeu; é este o argumento que Paulo faz em Romanos 10.

Se nosso Deus deseja tanto operar em e por meio do corriqueiro, talvez devamos repensar o modo como o confinamos aos espetáculos teatrais, quer pela ostentação da missa, quer pela cruzada de cura divina tão cuidadosamente encenada. O fato de que Deus usa meios ordinários — até físicos — para produzir resultados extraordinários, não diminui a honra de Deus. Pelo contrário, ressalta o âmbito compreensivo de sua soberania acima, em, e dentro da criação como Pai, Filho e Espírito Santo.

Estar contente com o reino de Cristo é estar também satisfeito com os seus meios ordinários da graça. Isto é grande coisa. Temos dificuldades para crer que as coisas fracas como um pecador como nós, que fale em nome de Cristo, tanto do juízo quanto do perdão, pudesse realmente expandir o reino de

Contentamento

Cristo por toda a terra. Claro, existem sermões. Precisamos de bons mestres, mas certamente, uma igreja que cresce precisa de algo mais impressionante, que prenda a atenção das pessoas, mais do que a proclamação e instrução regular na Palavra de Deus. Afinal de contas, não é pela pregação do evangelho, mas por vivê-lo, que atraímos as pessoas a Cristo. Com certeza, fazer mais em nossa comunidade terá maior impacto do que as orações semanais, especialmente fazer algo a respeito das preocupações mundanas comuns a todos. No mínimo, precisamos de sermões que enfoquem tópicos que nossos vizinhos achem mais úteis ou interessantes. No entanto, nosso Rei nos diz que "a fé vem pela pregação, e a pregação, pela palavra de Cristo" (Rm 10.17). Pelos lábios de um pecador, Cristo julga, justifica e nos renova aqui e agora. O veredicto do juízo é dado no presente neste discurso.

Talvez não seja má ideia aprendermos a fé por meio do catecismo semana após semana ou seguirmos uma liturgia que faça com que habite ricamente em nós a Palavra de Cristo. Mas tudo isso se torna tão rotineiro. Temos de interromper isso com eventos poderosos de encenação impressionante. Talvez um novo programa. Porém, a Escritura repetidamente insta conosco para que cresçamos na graça e conhecimento de Cristo por meio da instrução regular no "padrão das sãs palavras" (2Tm 1.13).

O batismo tem o seu lugar. Pode ser que não saibamos com certeza o que significa, mas sabemos que Jesus o ordenou. Grande parte do problema aqui é que pensamos no batismo como nossa obra — testemunhando nossa fé e prometendo seguir o Senhor — em vez do testemunho de Deus e seu testemunho e promessa que nos entrega Cristo com todos os seus benefícios. Será que não há meio mais dramático de entrar no reino de Cristo e formar discípulos radicais? Ouça Colossenses 2.12: "tendo sido sepultados, juntamente com ele, no batismo, no qual igualmente fostes ressuscitados mediante a fé no poder de Deus que o ressuscitou dentre os mortos". Primeiro vem a promessa de Deus, e depois a fé que abraça.

Temos, então, a Ceia do Senhor. Talvez não a celebremos com frequência (para que não fique antiquada), mas de novo, foi Jesus que assim ordenou. Como poderia um bocado de pão e um gole de vinho ter maior êxito em nos unir a Cristo e uns aos outros do que as disciplinas espirituais ou pequenos grupos? Aqui também, pensamos mais no evento como oportunidade para nós fazermos algo — relembrar a morte de Jesus e estimular-nos à consagração de nossa vida a ele — do que como meio da graça de Deus. Se fosse principalmente sobre a nossa atividade, com certeza, juntos poderíamos fazer algo que tivesse mais sucesso em tornar Cristo presente e relevante em nossa vida e em nosso mundo. Ouça 1Coríntios 10.16: "Porventura, o cálice da bênção que abençoamos não é a comunhão do sangue de Cristo? O pão que partimos não é a comunhão do corpo de Cristo?"

Na Escritura, os milagres — as obras extraordinárias de Deus — se aglutinam ao redor de estágios renovados da história redentiva. Elas autenticam novos estágios de revelação. Os milagres que ele realizou por meio de nosso Senhor, e também por meio dos profetas e apóstolos são suficientes para estabelecer a credibilidade do novo pacto efetuado por sua morte. Acima de tudo, a ressurreição é o evento climático que assegura e significa o alvorecer da nova criação. Claro que Deus pode fazer conforme ele quer, e não é errado orar pedindo milagres. Contudo, não temos nenhuma promessa na Escritura de que essas orações seriam respondidas do modo que nós queríamos. Temos a promessa de Deus de que ele realizará os maiores sinais e maravilhas por meio da pregação da sua Palavra e a administração de seus sacramentos.

Novamente, somos atraídos à teologia da cruz acima das teologias de glória. Esta se contenta em receber a Deus conforme ele se revela, em humildade, pobreza e fraqueza. Deus se revela ao se esconder. Ele nos vem incógnito, um rei vestido de mendigo, a fim de nos servir.

O rápido desenvolvimento da medicina que salva vidas e da melhoria de qualidade de vida não são sinais da ausência de Deus, mas de seu cuidado diário. O antídoto ao naturalismo que atribui a cura máxima aos médicos e à medicina não é "espere um milagre", mas agradecer a Deus pelas miríades de formas que ele nos proveu pela obra de suas próprias mãos. Devemos nos maravilhar com o cuidado, a sabedoria e o envolvimento amável de Deus em cada detalhe de nossa vida.

Hoje, não temos mais ressurreições para certificar o evangelho, mas temos os testemunhos de gente que viu com os próprios olhos — os apóstolos que deram a vida como mártires por sua proclamação de Cristo. Somos surpreendidos com deleite com os milagres que Deus nos dá em surpresa, mas o palco final de Deus no plano da redenção é a maravilhosa volta de Jesus nas nuvens do céu. Até então, são-nos dados os olhos da fé para reconhecer o amoroso cuidado de Deus por meio de pessoas e acontecimentos cotidianos.

Assim como não esperaríamos encontrar o Criador do universo numa manjedoura de um estábulo num obscuro vilarejo, quanto mais pendurado, sangrento, numa cruz romana, nós não esperamos encontrá-lo distribuindo dons extraordinários em lugares tão humanos, de maneiras tão humildes, quanto na fala humana, num banho e numa refeição. Isso não pode estar certo, arrazoamos. Precisamos de sinais e maravilhas para saber que Deus está conosco. Mas é somente porque Deus prometeu encontrar-nos nos lugares humildes e simples, entregar a sua herança, que nós nos contentamos em recebê-lo dessas formas. Se até mesmo os apóstolos só puderam encontrar Deus nos lugares mais improváveis, como imaginar que pudéssemos encontrá-lo despido em glória ao invés de vestido com seu evangelho, vindo em paz?

O Jornal Nacional não vai aparecer numa igreja que simplesmente confia que Deus faz coisas extraordinárias por seus meios de graça ordinários, entregues por servos comuns. Mas Deus o fará. Semana após semana. Estes meios de graça, bem como a comunhão ordinária dos santos que nos alimenta e dirige por toda a vida pode parecer frágil, porém, são vasos que portam em si um rico tesouro: Cristo, com todos os seus benefícios salvíficos. Quaisquer dons que sejam derramados sobre outras atividades e meios, são por compartilhar do culto ordinário de Cristo a seu povo a cada semana, onde nos tornamos herdeiros da vida eterna e atraímos outros a seu reino eterno. Cristo é o anfitrião e o *chef*. O evento é dele. Os seus ministros são simplesmente garçons que entregam aos convidados porções saborosas do banquete eterno das Bodas do Cordeiro.

Contentamento

A visão pactual que descrevi nos transfere de uma economia de dívida para uma economia de dádivas. Não é uma antítese abstrata entre atividade e passividade, ou entre escolher e ser escolhido. Não é nem que tenhamos menos escolhas a fazer nessa perspectiva. A verdadeira diferença é se nossas escolhas determinam nossa identidade, ou nossa identidade (que Deus escolheu por nós) determina as nossas escolhas. Em todo o capítulo 15 de João, Jesus também emite imperativos de produzir frutos que testemunhem sobre a videira doadora de vida e nosso compartilhamento pessoal em Cristo. Contudo, nossas decisões, escolhas e ações são fundamentadas nas dele. Somos agora livres para escolher aquele que já nos escolheu, livres para nos ater a uma expressão local do seu povo escolhido, simplesmente porque é a família que ele está criando por seu Espírito, mediante sua Palavra e sacramentos.

Verdadeiro contentamento, portanto, vem primeiramente por descansarmos em Cristo. As opções do mundo são limitadas demais. Não há no cardápio do mundo nada como "ser escolhido por Deus", "redimido e reconciliado ao Pai em seu Filho", "o perdão dos pecados e a justificação dos ímpios" "ser crucificado e ressurreto com Cristo como parte de sua nova criação", "pertencer à família de Deus", e "a ressurreição do corpo para a vida eterna".

Sempre que o apóstolo Paulo fala de contentamento, ele o fundamenta neste evangelho. Pelo menos em princípio, e gradativamente, na prática, a ambição perde a sua motivação. É por um lugar de descanso último que encontramos força para trabalhar pelo próximo. A avareza perde sua razão, pois o mundo real por trás da porta estreita já nos pertence em Cristo. Martinho Lutero colocou bem: "Já segurei muitas coisas em minhas mãos, e perdi-as todas; mas tudo que deixei nas mãos de Deus, isto sim ainda possuo".[85]

Deus já "nos tem abençoado com toda sorte de bênção espiritual nas regiões celestiais em Cristo, assim como nos escolheu, nele, antes da fundação do mundo, para sermos santos e irrepreensíveis perante ele" (Ef 1.3 – 4). "No qual temos a redenção, pelo seu sangue, a remissão dos pecados, segundo a riqueza da sua graça, que Deus derramou abundantemente sobre nós em toda a sabedoria e prudência" (1.7 – 8). "Desvendando-nos o mistério da sua vontade, segundo o seu beneplácito que propusera em Cristo, de fazer convergir nele, na dispensação da plenitude dos tempos, todas as coisas, tanto as do céu como as da terra" (1.9 – 10), sendo o Espírito Santo "o penhor da nossa herança, até ao resgate da sua propriedade, em louvor da sua glória" (1.11 – 14).

Contentamento é a virtude que contrasta com inquietação, ambição e ganância. Significa reconhecer, mais uma vez, que não somos de nós mesmos — como pastores ou membros, pais ou filhos, patrões ou empregados. Pertencemos ao Senhor, que dá e que toma. Ele é que está edificando a sua igreja. O seu ministério é que está salvando e edificando o seu corpo. Até mesmo nossos chamados comuns no mundo não são, na verdade, nossos, mas obra de Deus de suprir a outros — incluindo nós mesmos — com o que toda a sociedade necessita. Há muito trabalho a fazer, mas é obra de Deus, que ele faz por meio de nós, de modo diário e, na sua maior parte, ordinário.

---

85 Lutero, "Sermon on the Commemoration of Bridget of Sweden," citado em H. D. M. Spence e Joseph S. Excell, eds., *The Pulpit Commentary* (Grand Rapids: Eerdmans, 1950), 20:323.

Contentamento

Exercício

1. Qual a relevância da ideia de "desenvolvimento sustentável" para nosso crescimento em Cristo?
2. O que é "ganância" e como ela tem se tornado em pecado cada vez mais "virtuoso" em nossa cultura? Você pode pensar em modos concretos em que sente essa tentação em sua própria vida?
3. Explore a diferença entre uma perspectiva de vida "pactual" e "contratual". Existem maneiras específicas em que você sente atração pelo segundo? Como desafiar essa maneira de pensar, a partir de uma perspectiva bíblica?
4. Quais as bases bíblicas para nosso contentamento na vida?

Capítulo 8
NÃO PRECISAMOS DE MAIS UM HERÓI

Eu não concordo completamente com o título deste capítulo. Acho que ainda precisamos de heróis. Precisamos de pessoas assim para que nossos filhos e filhas — e nós mesmos — olhem para cima, em admiração. Meu ponto aqui é que essa coisa de herói tem sido muito exagerada. Não é nem fiel à Escritura, por razões que demonstrarei adiante, e tende a reduzir Cristo a Herói Máximo, quando ele significa muito mais que isso para nós e por nós.

Para muitos de nós, criados em uma igreja, o exemplo de heróis é profundamente entretecido ao currículo de nossas mais antigas memórias. Na escola dominical, o Antigo Testamento era uma mina de ouro dos heróis da Bíblia. Abraão é o homem de fé, disposto a sacrificar até o seu filho ao mando de Deus (sem levar em conta o fato de que estava sempre questionando a promessa de Deus e, para salvar a própria pele, até falou a um rei que Sara era a sua irmã,). Moisés — bem, Moisés é Moisés: há muitos episódios heroicos para escolher em sua vida. (Só não mencione o pedaço onde Deus queria matá-lo porque ele demorou para circuncidar o seu filho ou a cena onde desobedeceu a Deus e foi impedido de entrar em Canaã). As virtudes de Davi como "homem segundo o coração de Deus" são exibidas (enquanto muitas vezes pulamos a história de seu adultério e assassinato indireto, bem como a violência que fez com que Deus impedisse que ele construísse o templo). A força de Sansão é encorajamento para a oposição ao mundo, à carne e ao diabo. Profetas tais como Natã, Elias e Eliseu mostram-nos como dizer não à idolatria, e assim em diante.

Não é que não devamos aprender nada dessas figuras. Mas há pelo menos três razões pelas quais devemos ser cautelosos em fazer disso o nosso foco. Primeiro, as próprias histórias não glamorizam. Voltando a elas como adultos, muitas vezes nos impressionamos com o fato de que, assim como nós, cada um dos heróis da Bíblia agiu sem heroísmo, frequentemente caindo em um ciclo de pecado ou desespero. Temos a tendência de transformar as histórias bíblicas em uma espécie de *Fábula de Esopo* ou em romances cristãos melosos, que tornam as narrativas bíblicas muito menos interessantes — e reais — do que realmente são. Até mesmo quando essas figuras são sombras de Cristo, logo caem e nos lembram por que precisam de um salvador tanto quanto o resto de nós.

Segundo, temos de ver como o Novo Testamento interpreta essas histórias. Sim, elas são "exemplos para nós", como diz Paulo, mas no contexto (em 1Coríntios 10, falando especificamente sobre a geração incrédula no deserto), ele diz que são exemplos para nos admoestar contra a incredulidade. Hebreus

11, muitas vezes chamado de "Galeria de Heróis da Fé", está cheio de pessoas que — conforme as próprias histórias originais — nem sempre foram heroicas. O escritor de Hebreus usa esses exemplos para construir o caso de que foi pela fé — fé em Cristo — que eles seguraram firmes a promessa de Deus e, portanto, venceram os ataques do mundo. As cenas mais sórdidas das suas biografias eram essenciais para destacar exatamente o foco deste ponto.

Temos de ler esses episódios à luz de toda a trama da Escritura, a qual gira em volta de Cristo. Esta é a minha terceira preocupação quanto a reduzir a Bíblia a uma coleção de histórias como "Ouse ser como Daniel". Até mesmo as figuras da Bíblia mais heroicamente fiéis — em seu máximo — não chegam a ser a espécie de salvador de que precisamos. Fica claro da própria história que eles também precisavam ser redimidos da culpa e do poder do pecado. Não precisamos apenas de mais um herói. Precisamos que Deus desça à terra e nos socorra.

A saturação de vinhetas de "heróis da Bíblia", muitas vezes, é seguida de uma trilha de outros grandes homens e mulheres. Afinal, logo acabam os exemplos bíblicos. Então, voltamo-nos às grandes personagens da história ocidental. Novamente aqui, não há nada errado em inculcar as virtudes, aprendendo sobre aqueles que a demonstraram e rejeitando os exemplos dos que se caracterizaram pelo vício. Mas o batucar constante dos tambores está nas figuras exemplares.

Em círculos mais conservadores, procuramos até mesmo recrutar pessoas como os fundadores dos Estados Unidos e outros heróis nacionais. Pouco importa que muitos deles fossem claramente céticos quanto ao cristianismo ortodoxo; eles eram teístas morais ou pelo menos deístas, e isso nos basta como inspiração moral. Porém, não precisamos que as igrejas inculquem o apreço pelas realizações dessas grandes figuras, as quais são justamente comemoradas. Isso ressalta o quanto tentamos enfeitar o evangelho com heróis cristãos, mesmo que tenhamos de improvisar um pouco quanto ao que constitui o cristianismo.

Mais tarde, talvez no grupo da mocidade, apresentamos atletas e artistas contemporâneos, celebridades que "conhecem o Senhor". O horário frenético talvez torne impossível que pertençam a uma igreja (ou pelo menos a frequentem com regularidade), mas eles expressam um "relacionamento com Jesus" muito profundo e pessoal.

Quantos pastores de mocidade trariam um casal idoso, que tenha andado com o Senhor por altos e baixos, para falar a adolescentes e expô-los à sua sabedoria piedosa? O que dizer do irmão que nunca perde a oportunidade de compartilhar o evangelho com a meninada da escola onde presta serviço como zelador durante a semana? Ou a irmã que luta com dúvidas e desespero enquanto sofre de câncer, mas sabe que nos próximos seis meses que ela ainda tem para viver (de acordo com os médicos), a sua vida não lhe pertence, mas pertence a seu fiel Salvador Jesus Cristo?

Há alguns anos, o pastor tipicamente ensinava o catecismo aos jovens, preparando-os para professar publicamente a fé como membros comungantes. A mudança de aulas de catecismo para a escola dominical e depois para o grupo de mocidade tendia a distanciar os crentes da igreja precisamente no momento em que deviam tomar o próximo passo à maturidade. Por que achamos que os jovens tenham de estar apenas com outros jovens, sendo dirigidos por um cara que é só um pouco mais velho que eles? Não estou afirmando que não devamos ter jovens pastores de mocidade. Mas questiono os fatores que entraram nesta transição do modelo apostólico (os mais velhos ensinando os mais jovens, conforme Tito 2.4) para um modelo dirigido mais culturalmente.

O que tais transições dizem sobre o que valorizamos? De onde tiramos a ideia de que os mais velhos precisam receber um ambiente "livre da criançada" junto a outros "da melhor idade", e que grupos de homens e grupos de mulheres são mais significativos do que a comunhão dos santos? Para cada um desses mercados, a fé vem empacotada de forma a destacar seus interesses e necessidade dentro do restante do corpo. Existem Bíblias de estudo e programas para toda demografia concebível. Frequentemente, as notas de rodapé parecem dirigidas a aplicações relevantes mais do que em ajudar as pessoas a entender a própria Bíblia.

Na mesma extensão em que a maior arte de nossa formação na igreja acontece nesses grupos de nichos, o que nos forma será menos a fé comum que compartilhamos, e, ao invés disso, será mais questionamentos, preocupações e "pedidos para viagem" que inserimos nela. Não sou contra a livre associação dos crentes em ambientes sociais, mas estou perguntando simplesmente: Estamos dividindo aquilo que Deus uniu? Será que para nós a "comunidade" é mais contratual que pactual, determinado mais pelas localidades sociais do que por Jesus Cristo?

Claro, precisamos de pessoas que admiramos, especialmente numa era de ambição aguda — outra boa razão para termos santos mais velhos como mentores dos mais novos. Mais que heróis, porém, precisamos de um salvador. Precisamos também de pessoas comuns a nosso redor que exemplifiquem qualidades piedosas e tomem o tempo para investir em nossa vida. Paulo conclamou seus jovens aprendizes e igrejas a seguirem o seu exemplo. Mas as características que menciona são o foco firme no evangelho, humildade, amor por todos os santos e contentamento (2Ts 3.9).

Chamados ordinários: Transformação cultural ou serviço por amor
Primeiro, o chamado à transformação radical da sociedade pode facilmente desviar o olhar de fé de Cristo para focar em nós mesmos. As pessoas que fazem assim consideram que o evangelho tem de ser algo mais que boas novas sobre a vitória de Cristo. Tem de expandir para incluir nossas boas obras em vez de criar a fé que produz o fruto das boas obras. A igreja tem de ser mais que um lugar onde Deus se humilhou, servindo aos pecadores com sua graça redentora – tem de ser base do nosso ativismo, mais que o local da atividade de Deus de onde somos enviados e espalhados como sal pelo mundo.

Há marcada tendência nessa ênfase de contrapor o "reino" *versus* a "igreja". Afinal de contas, toda a vida trata de adoração. Não podemos *ir* à igreja porque nós *somos* a igreja, dizem os defensores desta abordagem. Não estamos recebendo um reino mediante a Palavra e o Espírito de Cristo, mas o estamos construindo. Nossas boas obras não são fruto da fé, a qual vem por ouvir o evangelho e é confirmada pelos sacramentos; pelo contrário, somos chamados a viver o evangelho, até mesmo ser o evangelho.

Não precisamos de mais um herói

Pessoas demais acham que aquilo que determina o que fazemos não é quem somos, mas as nossas obras determinam quem somos. Serviço na comunidade se torna coisa maior do que crentes simplesmente amando seu próximo mediante seus chamados ordinários no mundo. Torna-se parte da tarefa missionária da igreja. Não é o que ouvimos e recebemos, mas o que somos e o que fazemos que nos dão um senso de identidade e propósito. Precisamos de algo mais do que o evangelho em que confiar — ou, no mínimo, o evangelho tem de ser algo maior do que a vida, morte e ressurreição de Jesus Cristo pelos pecadores. Aparentemente, Jesus começou a rolar a bola, mas nós somos seus parceiros na redenção do mundo.

Em vez de seguir o exemplo de João Batista, que tirou o foco de si mesmo para "o Cordeiro de Deus, que tira o pecado do mundo" (João 1.29), nós oferecemos nossa própria vida e as nossas transformações como sendo as boas-novas. Mas isto seria negar o evangelho e, portanto, cortar pela raiz o poder da verdadeira piedade e amor ao próximo.

Segundo, os pontos de vista radicais sobre transformação cultural, na verdade, prejudicam o nosso chamado no mundo. O problema mais básico é que reverte a direção do doar de Deus. De acordo com a Escritura, é Deus que nos dá a vida, nos redime, nos justifica e renova. Isto ele faz por seu Espírito, mediante o evangelho — não somente no começo, mas no decorrer de toda nossa vida. Ouvir este evangelho de Gênesis ao Apocalipse é o meio pelo qual o Espírito cria a fé em nosso coração. Unida a Cristo, a nossa fé começa imediatamente a produzir os frutos do arrependimento evangélico e das boas obras. Ofertamos tais obras, não para que Deus nos reembolse, mas ao nosso próximo, para o bem dele. Se revertemos o fluir desses dons, ninguém vence. Deus se ofende por nossa presunção de que pudéssemos acrescentar alguma coisa mais à salvação perfeita que nos outorgou em seu Filho. Portanto, estamos no lado perdedor do trato, e também estará o nosso próximo, porque as obras foram dirigidas a Deus a nosso favor, em vez de dirigidas ao próximo em favor de Deus.

Terceiro, apesar de afirmar nosso chamado no mundo, o chamado para transformar o mundo subestima as vocações comuns, as quais, na verdade, mantêm os dons de Deus em circulação. Um carpinteiro, um *chef* de restaurante ou uma dona de casa podem saber o que significa prover excelente serviço aos outros todos os dias. De fato, são mais capazes de conhecer os padrões de excelência em seus campos de atuação do que o seu pastor. Mas o que significa ser "um transformador do mundo"? O que significa redimir o seu local de trabalho, de alguma forma anexando o escritório, laboratório ou firma ao reino de Cristo? Não está sempre claro como isso parecerá aqui na terra, mas somos atraídos pela visão de produzir um grande impacto — o mais rápido possível. Mas, como as outras, essa pesada expectação pode passar rapidamente do entusiasmo para a exaustão. Não estou questionando se Deus exercita seu senhorio nas diversas atividades que se sobrepõem em nossa vida. Será que ele requer fidelidade ou um impacto mensurável na sociedade, que possa ser atribuído diretamente à ação cristã?

Quarto, o chamado para a transformação radical da sociedade pode alimentar uma versão espiritualizada de subir na vida. Se o impacto cultural direto for o alvo, é fácil adotar um elitismo que premie os chamados de alto perfil. Ouvimos falar disso tanto na esquerda quanto na direita de nossos círculos. É ótimo ser dona de casa, padeiro ou instrutor de mergulho. Mas o que realmente precisamos são advogados, políticos, artistas, economistas, cientistas, redatores do New York Times, artistas de televisão, de teatro e celebridades esportivas. Essas são posições "estratégicas", dizem. Não existem muitas agendas disponíveis para redimir os serviços de zeladoria de um prédio.

Quinto, a missão transformadora da cultura pode sair pela culatra, contra aqueles que são, de fato, chamados para serem escritores, pintores, físicos, senadores e acadêmicos. Essas pessoas também são chamadas por Deus às labutas corriqueiras na cultura comum, as quais compartilham com os não cristãos. Quando esperamos que, de alguma forma, eles avancem o reino de Cristo como a guarda de elite da sua guerra cultural, muitas vezes o resultado é desastroso. Um economista conhece a complexidade de seu campo e como e porque os cristãos que possuem as mesmas convicções teológicas podem ter fortes diferenças quanto às teorias e agendas que promulgam. Isso porque a Escritura não nos dá um projeto econômico para as nações neste tempo entre os dois adventos de Cristo.

Consequentemente, a graça comum de Deus — experimentada igualmente por crentes e descrentes — ilumina as pessoas a estudar os dados e as teorias relevantes. É precisamente neste estágio onde cristãos que concordam com as mesmas doutrinas ou princípios terão suas diferenças quanto à estratégia mais sábia para implementá-las. O mesmo se vê com artistas, que rejeitam as janelas simplistas e sentimentais do mundo; dos políticos, que reconhecem que o serviço público se trata de acordos para o bem comum; dos cientistas, que se maravilham de crentes como eles que reduzem a sua disciplina à ideologia tanto quanto fazem os secularistas.

Reformar nossa teologia da Cultura

Suspeito que nossa recente obsessão pela transformação cultural em círculos evangélicos facilite versões superficialmente "cristianizadas" de ambição, inovação inquieta e impaciência, que realmente fazem com que qualquer tipo verdadeiro de cultura, cristã ou não, seja impossível. Nas últimas décadas do século XX, de repente, os evangélicos se tornaram uma força cultural no cenário da sociedade ocidental. Claro que sempre houve gente socialmente engajada em nosso meio, mas nada como este nível de acordo e engajamento. Foi um movimento que determinou o resultado de muitas eleições. Mas agora, em anos recentes, ocorreu a reação previsível — não apenas da sociedade mais ampla (que atualmente tem uma visão um tanto obscura dos evangélicos), mas também dentro do movimento.

O saldo deste movimento — conhecido como a Direita Cristã — foi um fracasso. Não tenho espaço nem a competência para oferecer um relato detalhado. Porém, tenho algumas conclusões sustentáveis a respeito de algumas das coisas que deram errado.

Primeiro, acho que esse movimento era raso tanto teologicamente quanto culturalmente. Teologicamente, a meu ver, o movimento demonstrava uma visão superficial de Deus, da criação, da complexa natureza do pecado, da redenção e da igreja, especialmente em sua relação com a cultura. Muitos dos que eram dados a predições apocalípticas liam a Bíblia numa mão, tendo na outra o jornal. A expectação de iminente destruição do "falecido grande planeta terra", misturado ao ideal de transformar o mundo. Era uma mistura explosiva. Em suma, as coordenadas teológicas não foram bem pensadas enquanto os evangélicos derrubaram os portões.

Uma visão correspondentemente vazia da cultura era também evidente em muitos níveis. Enquanto os protestantes de linhas tradicionais sejam propensos a seguir os modismos e estilos da alta cultura (a academia, as artes e as ciências), os evangélicos geralmente têm sido os patronos da cultura popular. Assim, a energia era focada em fazer um mergulho cultural através de cristãos célebres e da política. Isto reforçava ainda mais o sentimento de que a política (especificamente, o governo) fosse o principal impulsionador da cultura, e que as igrejas evangélicas formassem mais um bloco de votos por interesses especiais. Não é surpresa que a reação de nossos vizinhos aos evangélicos suba e desça com os ventos do patrocínio político.

Animados pelo sucesso inicial de movimentar as tropas, os líderes da Direita Cristã acrescentavam continuamente à sua lista de exigências. A louvável preocupação de proteger a vida humana da assolação dos que exigiam aborto em qualquer circunstância se espalhou rapidamente a uma multidão de iniciativas políticas, as quais refletiam mais a plataforma republicana do que a séria exegese bíblica. No meio tempo, a esquerda evangélica parecia estar presa ao Partido Democrático. Tudo isso vem em forte contraste ao envolvimento Católico Romano, que por séculos conseguiu galgar no pensamento social.

Em suma, acredito que o chamado nada realista para a transformação cultural é, em grande parte, culpado. Os evangélicos mais jovens podem atenuar a retórica e mudar de alianças políticas na contínua guerra cultural. Podem ser mais culturalmente sagazes do que a geração anterior. Mas o laço que permanece é este: a ilusão de que podemos fazer dos reinos desta era o reino de Cristo, e que isso seja feito principalmente através de ação direta (especialmente na política).

A alternativa ao ideal de transformação cultural não é o mesmo que passividade. Muito menos a Escritura permite uma separação do nosso chamado em Cristo de nosso chamado no mundo. Não somos cristãos na oração e pagãos no trabalho. As nossas convicções bíblicas formam a nossa abordagem para todas as questões da vida. Mas é precisamente esta a razão pela qual temos necessidade de avaliar essas convicções. Precisamos recuperar nossa direção bíblica. Se amadurecermos em nossas convicções teológicas e pressupostos quanto à natureza da cultura, começaremos a ver que as sociedades, tais como as igrejas, são formadas em longos períodos e por meio de todos os diversos chamados que nos ocupam todo dia.

Vivemos no tempo entre os dois adventos de Cristo: o "já" e o "ainda não" da nossa salvação. Somente quando Cristo voltar é que julgará as nações diretamente, e reinará sobre seu cosmos restaurado em *shalom* eterno: justiça e paz. "Pois nesta esperança fomos salvos". Mas Paulo acrescenta: "Ora, esperança que se vê não é esperança; pois o que alguém vê, como o espera? Mas, se esperamos o que não vemos, com paciência o aguardamos" (Rm 8.24 – 25). Portanto, o que precisamos é um modo de pensar sobre a relativa justiça e paz em um mundo caído, o qual jaz sob o domínio do pecado e da morte.

Somos cidadãos da nova criação de Deus em Cristo, mas somos também cidadãos dos reinos e culturas comuns em que Deus, por sua providência, nos colocou. Deus está construindo o seu reino neste mundo por meio de sua Palavra e sacramentos, mas sabemos que os reinos desta era não serão tornados em reino de Cristo até que ele volte. Vivemos como sal e luz, mas sem ilusões quanto à Cristandade. Assim, não somos utópicos nem passivos. Pelo contrário, Cristo está edificando a sua igreja (Mt 16.18), e nós estamos "recebendo o reino" pela graça de Deus no corpo de Cristo (Hb 12.28; cf. Lucas 12.32). A redenção já obtida objetivamente por Cristo para nós não é somente a salvação da alma, mas a ressurreição do corpo; não só das pessoas, mas de toda a criação renovada. A questão não é *se* Deus governa sobre os reinos da terra neste exato momento, mas *como* ele reina sobre sua igreja mediante sua graça salvadora e sobre os poderes terreais mediante sua graça comum.

Ao aprofundarmos e corrigirmos nossa visão teológica, também precisamos aprofundar e corrigir nossa visão cultural. Um exemplo notável dessa convergência é oferecido pelo sociólogo cristão James Davison Hunter. Em *To Change the World* [Transformar o mundo] ele explica como as culturas se desenvolvem e o perigo de pensar que tentativas diretas e imediatas de mudar a sociedade sejam efetivas.[86] O seu próprio modelo de "presença fiel" parece navegar sabiamente em nosso envolvimento cultural entre o transformismo e a apatia.

---

86 Veja James D. Hunter, *To Change the World* (Oxford: Oxford University Press, 2010).

No processo de viver nosso discipulado ordinário, na verdade, algumas pessoas poderão ser chamadas para notáveis atos de heroísmo e liderança sacrificial. No decurso de suas vocações comuns, alguns podem ser elogiados por seu brilho artístico, suas lutas políticas ou seus descobrimentos científicos. É crucial que cristãos cumpram seus diversos chamados como sal e luz em um mundo sem sabor e cheio de trevas. Mas o *reino de Cristo* prossegue diretamente pelo ajuntamento milagroso, feito pelo Espírito, de um povo em volta do Cordeiro, para a glória do Pai através dos meios ordinários da graça. Além de jungir Cristo e a sua obra à igreja e seus labores, como também unir a era por vir com a presente era, a ênfase de transformação poderá ofuscar a distinção entre graça salvadora e graça comum.

Amar o próximo é mais difícil do que amar as causas
Vale a pena de repetir um ponto anterior: é fácil transformar os outros em instrumentos da nossa ambição em vez de amá-los pelo que são, como nós: portadores da imagem de Deus. Eles se tornam atores coadjuvantes — se não acessórios — no filme de nossa vida.

Amar os vizinhos de verdade por meio de ações específicas todo dia pode ser muito mais corriqueiro, e também difícil, do que tentar transformar a cultura. A despeito do papel ou lugar na sociedade a qual Deus nos designou por nosso chamado, estamos contentes. Nossa identidade já está determinada por estarmos "em Cristo", não por nossas realizações. A medida de excelência é amor diário por nosso próximo durante este tempo entre os dois adventos de Cristo. Paulo fez murchar os egos inflados dos coríntios quando relembrou:

> Irmãos, reparai, pois, na vossa vocação; visto que não foram chamados muitos sábios segundo a carne, nem muitos poderosos, nem muitos de nobre nascimento; pelo contrário, Deus escolheu as coisas loucas do mundo para envergonhar os sábios e escolheu as coisas fracas do mundo para envergonhar as fortes; e Deus escolheu as coisas humildes do mundo, e as desprezadas, e aquelas que não são, para reduzir a nada as que são; a fim de que ninguém se vanglorie na presença de Deus (1Coríntios 1.26 – 29)

É evidente pelas cartas de Paulo que os membros da igreja de Corinto estavam muito ansiosos para se encaixarem nessa cultura. Se a sociedade dos coríntios colocasse tão alto valor sobre estilo acima da substância, eles fariam o mesmo. Se os processos eram comuns, então os crentes também podiam correr para os tribunais para processar uns aos outros. Se a imoralidade sexual era tolerada pela sociedade, ela podia ser acomodada na igreja. Se as divisões socioeconômicas estreitas caracterizavam a vida civil, poderiam haver posições de hierarquia na igreja seguindo as mesmas linhas.

Paulo não estava criando uma nova espécie de elitismo, em que os verdadeiramente espirituais eram simplesmente trabalhadores comuns. Se todo mundo fosse faxineiro ou carpinteiro, onde estariam os outros serviços — como governar, estudar, abrir grandes casas para que viessem colegas crentes? Pelo contrário, Paulo mirava a inveja e ambição de crentes coríntios que, com a ajuda dos "superapóstolos", estavam bebendo uma versão do evangelho da prosperidade. Certamente, "não muitos" dos eleitos são pessoas que aparecem nas páginas de *Caras* ou *Quem* ou em entrevistas para a *CNN*. Alguns o são. O importante é que o chamado no mundo que possuem não lhes dá nenhuma posição ou privilégio no corpo de Cristo. A chave é reconhecer que a igreja é lugar onde muitos membros do corpo, quem quer que sejam, podem ser vistos como sendo igualmente essenciais ao funcionamento de todo o corpo.

A idolatria, tanto da pessoa comum quanto da elite cultural, resulta, pelo menos em parte, da perda de visão da orientação correta. Essa idolatria colocará um fardo sobre os ídolos para vir e atuar por nós ou então sofrer as consequências de nossa decepção coletiva. Porém, se o prazer e a glória de Deus são o alvo último e o bem do próximo o alvo penúltimo, envolveremos a cultura da forma que Deus dotou, preparou e nos chamou a fazer. Parece que os evangélicos não se importam bastante com a "alta cultura" a ponto de investir em óperas ou sinfonias evangélicas, mas existe um anseio por ícones da cultura popular dentro de nossa subcultura. É reanimador quando alguém de fama mundial recusa ser um "cristão troféu". Recentemente perguntaram a Jon Foreman, cantor principal de *Switchfoot*, se ele considera a sua banda "cristã". Ele respondeu:

> Honestamente, esta questão me entristece, porque sinto que ela representa uma questão muito maior do que simplesmente umas melodias SF. De forma verdadeiramente socrática, deixe-me fazer algumas perguntas: Será que Lewis ou Tolkien mencionam Cristo em qualquer uma de suas séries de ficção? Seriam cristãs as sonatas de Bach? O que é mais parecido com Cristo: alimentar os pobres, fazer móveis, limpar os banheiros, ou pintar um pôr do sol? [...]

A posição de que o líder do louvor seja mais espiritual do que um faxineiro é condescendente e defeituosa. Estes diferentes chamados e propósitos demonstram ainda mais a soberania de Deus.[87]

Quanto às próprias músicas, Foreman acrescenta:

Nenhuma dessas canções nasceu de novo, e com esse fim não existe a tal música cristã. Não. Cristo não veio morrer por meus cânticos, ele veio por mim. Sim. Minhas músicas fazem parte da minha vida. Sou crente em Jesus. Muitas dessas canções falam sobre essa crença. A obrigação de dizer isto ou aquilo não me parece a gloriosa liberdade pela qual Cristo morreu por mim... Já ouvi muitas pessoas dizerem Jesus Cristo quando não estavam falando do seu redentor. Veja, Jesus não morreu por minhas melodias. Assim, não existe hierarquia da vida ou dos cânticos ou da profissão— somente obediência. Temos um chamado para tomar a cruz e segui-lo. Podemos ter certeza de que essas estradas serão diferentes para cada um de nós. Assim como temos um corpo e cada parte tem diferente função, assim também, em Cristo, nós que somos muitos formamos um só corpo, e cada um de nós pertence a todos os outros. Por favor, seja lerdo em julgar os "irmãos" que possuem chamados diferentes.

Em termos mais concretos, o ideal da transformação cultural reflete uma espécie de ambição coletiva que despreza a fidelidade ordinária. Estou agora me dirigindo a pastores como

---

[87] www.challies.com/music-movies/another-switchfoot-concert (acessado em 16 de dezembro de 2013).

eu. Pense na enfermeira que se arrastou da cama para assistir os meios de graça depois de trabalhar em plantão direto de quinze horas. Os pastores não devem sentir culpa por não terem cuidado das necessidades físicas de centenas de vizinhos no hospital nesta semana que passou. Mas por que deveriam lançar o peso sobre esta enfermeira, por deixar de "viver a sua fé", porque ela gestou horas extensas de amor ao próximo em sua vocação ordinária, em vez de fazê-lo em vocação de "ministério" identificável relacionado à igreja?

Ou então, imagine os pais de quatro filhos, um dos quais portador de rara doença no sangue. Os dois trabalham incansavelmente, um deles fora de casa, amando e servindo ao próximo. Gostariam de ter mais amigos e abrir sua casa para eles. Tocados pelas oportunidades e necessidade de voluntários para toda espécie de boas causas, eles descobrem que todo o seu tempo, energia e recursos são gastos em cuidados com sua família. São eles transformadores do mundo? Deveriam dar mais tempo para "encontrar seu ministério" numa igreja, para que a igreja receba o crédito por causar impacto sobre a comunidade?

Penso também no banqueiro que veio hoje à minha igreja. Na quinta-feira ele esticou um pouco as "melhores práticas" para conceder um empréstimo de juros baixos para que uma jovem família responsável, porém desprotegida, comprasse a sua primeira casa.

Imagino a mãe e o pai que, embora cansados após o fim de um dia cheio de trabalho, leem a Escritura e oram com seus filhos, e em seguida os colocam na cama com histórias que estimulam a imaginação. Algumas noites eles se esquecem ou simplesmente não conseguem cruzar a linha final do dia, mas haverá outro dia amanhã.

Há a professora de Escola dominical que se esforça em preparar a lição e trabalhar em dois empregos; o estudante de ensino médio cuja vocação é aprender, desenvolver e assumir responsabilidades cívicas como também na igreja; o artista que luta para sobreviver, que nos faz parar para imaginarmos o nosso lugar no mundo de forma um pouco diferente; o advogado que processa o que a justiça exige e defende os direitos do acusado — que na semana passada ofereceu horas *pro bono* a uma vítima que não tinha dinheiro para pagar por orientação jurídica.

Ora, todas essas pessoas estão aí, diante de nós. Depois da sua longa semana, cheia de esperanças e temores da presente era, anseiam ouvir algo novo, algo que ainda não ouviram, não puderam ouvir, nas diversas instituições, mídia e personalidades que encontraram nos últimos seis dias passados. Há pessoas solteiras que lutam em seus relacionamentos, indagando se estes sempre estarão sozinhos — e se eles são culpados por isso. Outros lutam em seus casamentos, perturbados pelo jeito que os filhos parecem ignorá-los, lutando com a possibilidade real que um ou ambos seja despedido do emprego.

Você é embaixador de Cristo, a quem ele confiou suas palavras. Você não ousa falar em nome dele, exceto pelo fato que ele autorizou e ordenou que você assim fizesse. O que você vai dizer? Essa gente é o pelotão para a sua visão pessoal de ministério importante, que muda sua comunidade e o seu mundo? Não basta "diligenciardes por viver tranquilamente, cuidar do que é vosso e trabalhar com as próprias mãos, como vos ordenamos; de modo que vos porteis com dignidade para com os de fora e de nada venhais a precisar" (1Ts 4.1 – 12)? Amar e servir ao próximo — especialmente aqueles que estão mais próximos e são mais dependentes de nós — não obstante o peso?

Graças ao Senhor pelos *Wilberforces*, de quem podemos dizer que mudaram o mundo. Porém, eles o fizeram em seus chamados seculares como crentes e como vizinhos. Isto é o que James Hunter chama de "presença fiel". Além do mais, eles não começaram procurando mudar o mundo, mas sim, viver sua identidade em Cristo onde estavam, em todas as maneiras ordinárias, as quais acabaram apresentando momentos extraordinários, de extraordinárias oportunidades, para serviço extraordinário. Existe aquela grande cena das *Crônicas de Narnia*, de C. S. Lewis, onde Aslan informa a Caspiano que ele está prestes a tornar-se rei de Narnia. "Não acho que estou pronto", replica o jovem príncipe. Aslan responde: "É exatamente por esta razão que sei que você está pronto".

Gente comum

Temos de cuidar para não perder o valor do ordinário, por vê-lo como apenas mais um meio para alcançar a grandeza. Verdade, existem muitas pessoas comuns que, precisamente por seus chamados ordinários, às vezes causam um impacto extraordinário. Mas é verdade também que a vida ordinária tem impacto ordinário que é lindo por si mesmo. A escolha tinha de ser feita entre ignorar a queixa de uma criança ou levá-la ao médico. Naquele momento não era nada que abalasse o mundo. Ao escolher o segundo, a atarefada mãe salvou a vida de sua filha.

Menos catastrófica, mas não menos perigosa, será a escolha de fazer algo grande quando o chamado é exatamente por alguma pequena coisa naquele momento. O hábito de ler histórias para os filhos na hora de dormir muitas vezes é cansativo. As devocionais em família e particulares também podem ser cansativas. Os trabalhos diários da casa podem ser uma incumbência desagradável para os estudantes, como é também chato para os professores gastar tempo corrigindo trabalhos. Muitas vezes, fazer as rondas é tédio para os médicos e enfermeiros. Mas a fidelidade diária a esses chamados — mais acertadamente, a Deus e ao próximo a quem ele nos chamou para servir — é precisamente o que enriquece a vida.

Não precisamos de mais um herói. Precisamos de um Salvador, aquele que "nenhuma beleza havia que nos agradasse. Era desprezado... e dele não fizemos caso", no entanto, ele carregou sobre si os nossos pecados (Isa 53.2 – 3). De fato, precisamos ser salvos da nossa própria adoração de heróis, quer de nós mesmos quer de outros. Jesus Cristo jamais nos decepciona porque não é apenas alguém a quem admiramos por suas realizações, mas alguém em quem confiar, porque tudo que ele fez foi por nós. Precisamos da comunhão dos santos que a quem ele escolheu e redimiu conosco e para nós. Precisamos dos crentes ordinários de cada geração, raça, origem socioeconômica, a quem somos unidos pelo batismo a um só Senhor e uma só fé por um só Espírito. Simplesmente precisamos de pastores comuns que entreguem com fidelidade a Palavra da vida e os seus sacramentos, presbíteros que nos guiem à maturidade, e diáconos que ajudem a manter os dons temporais em circulação no corpo.

As igrejas que realmente conhecemos são, muitas vezes, os lugares mais difíceis do mundo, especialmente se somos criativos, ambiciosos e atraídos pela novidade. A paciente disciplina de pertencer a uma comunidade (preferivelmente, a mesma comunidade local) no decorrer de longo período é difícil para aqueles de nós que nasceram depois de 1964. Analistas de crescimento da igreja frequentemente nos dizem que a "lealdade à marca" é algo que pertence ao passado e que as igrejas simplesmente têm de se acostumar ao fato, assim como nos falaram que igrejas de nichos crescem mais rapidamente porque as pessoas gostam de cultos junto àqueles que são como eles (etnicamente, pela geração e socioeconomicamente). Temos Corinto escrito em todos nós.

No abstrato, uma igreja pode ser ótima — a companhia invisível dos eleitos de Deus. Como diz o ditado: "Viver acima, com amor pelos santos — Oh, que glória! Mas viver cá na terra com os santos que conheço, bem, essa é outra história". Vemo-nos como sempre "nos mexendo", causando impacto — e queremos outros como nós que sejam acessórios ou atores coadjuvantes em nosso filme. O contentamento vem quando sabemos que o corpo de Cristo é muito maior do que qualquer um de seus membros sozinhos. Mesmo Cristo se considera incompleto até que todo o seu corpo partilhe da glória de sua ressurreição.

Reconhecendo isso, o que nos parece tédio rotineiro junto a pessoas chatas pode, na verdade, assumir aspecto muito diferente. Como um vasto campo, estamos crescendo juntos até uma colheita, cuja glória só aparecerá plenamente no final dos tempos. Precisamos de pais ordinários, que se importam com as inúmeras pequenas coisas de cada dia, que cuidam do jardim de Deus e os dirijam ao Pai celeste, o verdadeiro herói "que tanto amou ao mundo que deu seu Filho unigênito" (João 3.16).

Não precisamos de mais um herói

Mesmo na sociedade, precisamos de vizinhos ordinários que desdenhem seus papéis na história. Precisamos menos de cristãos que queiram se destacar dos seus vizinhos fazendo algo que demonstre o reino de Deus em toda sua glória. Precisamos mais cristãos que tomem seus lugares junto dos vizinhos crentes e dos descrentes numa troca diária de dons. Não é esperado que o ladrão se torne em monge ou evangelista famoso, mas "aquele que furtava não furte mais; antes, trabalhe, fazendo com as próprias mãos o que é bom, para que tenha com que acudir ao necessitado" (Ef 4.28).

George Eliot conclui seu romance clássico, *Middlemarch*, com profunda elegia à sua personagem principal. Dorothea é uma pessoa comum que seguiu interesses ordinários, os quais acabaram fazendo uma diferença que ninguém esperava:

> Ainda que o seu espírito fosse profundamente tocado, permaneciam nela indagações mais refinadas, se bem que essas não fossem tão claramente visíveis. Toda sua natureza, como aquela da qual Cyrus minara as forças, se desgastava sobre a terra em canais sem grande nome. Contudo, sua influência sobre os que a rodeavam era incalculável, pois o crescente bem do mundo depende em parte de atos não históricos. O fato das coisas não estarem tão más comigo e com você como poderiam estar, é devido, em parte, ao grande número de pessoas que viveram com fidelidade suas vidas escondidas, que repousam em túmulos que jamais serão visitados.[88]

---

88 George Eliot, Middlemarch (Londres: Penguin, 1994), 838.

Exercício ~~~~~~

1. Será que não temos tendência de ler a Bíblia — especialmente o Antigo Testamento — como um catálogo de heróis? Com é que nossos pressupostos culturais do que é "corajoso e belo" dão forma a nossas expectações do que deveremos encontrar nessas histórias? Como deveríamos ler essas histórias?
2. O que são chamados "ordinários"? Quais os critérios que utilizamos para dar ordem às vocações na igreja e no mundo? Elas são bíblicas?
3. Somos chamados por Deus na Escritura a transformar a cultura? Quais alguns pontos fracos dessa abordagem, tanto teologicamente quanto em nosso entendimento da cultura?
4. O que você achou da resposta do principal cantor de *Switchfoot*, citado neste capítulo?
5. Considere/discuta alguns exemplos dos vizinhos atuais que cruzam o seu caminho todo dia. Como você os ama e serve? Parece estranho mencionar as "pequenas" coisas ordinárias, como se fossem demasiadamente triviais? Por quê?

Capítulo 9
O ECOSSISTEMA DE DEUS

Os ecossistemas são redes de vida interdependentes. Nenhuma gigantesca sequoia pode existir sem a sua floresta, e nenhuma floresta pode existir separada de seu *habitat* mais amplo. Quando o delicado equilíbrio é perturbado, todo o ecossistema é afetado.

A igreja não é simplesmente uma instituição com uma teologia sistemática, mas um organismo com uma forma de vida. Em frente ao computador, sou responsável pelo que desejo aprender e me tornar — ou pelo menos penso que sou. Porém, na igreja visível não estou à frente de nada. Pelo contrário, estou no meio da ação. Tenho algumas intimações, mas na verdade eu não sei o que virei a ser depois que a igreja terminar comigo. Estando assimilado à fé e prática da minha igreja, eu não perdi a minha identidade. Pelo contrário, eu a encontro "em Cristo", juntamente com o seu corpo. A igreja não é apenas para onde vão os discípulos; é o lugar onde são feitos os discípulos.

O Reino é como um jardim

Embora seja um pouco caricata, acho que existe alguma verdade nas generalizações que estou prestes a fazer. A tendência da teologia Católica Romana é ver o reino de Cristo como uma escada ou torre cósmica, conduzindo dos estágios inferiores para a hierarquia dirigida pelo papa. Os anabatistas tendem a ver o reino mais como um monastério, uma comunidade de verdadeiros santos chamados para fora do mundo e da igreja mundana. As igrejas luteranas e reformadas, às vezes, tendem a ver o reino como uma escola, enquanto os evangélicos (pelo menos nos Estados Unidos) tendem a vê-lo mais como um mercado.

Mas Deus vê o seu reino como um jardim. O predomínio de metáforas orgânicas para o reino de Deus na Escritura é impressionante. O Salmo 1.3 – 4 compara o herdeiro do pacto à "árvore plantada junto a corrente de águas, que, no devido tempo, dá o seu fruto, e cuja folhagem não murcha; e tudo quanto ele faz será bem-sucedido". Em contraste: "Os ímpios não são assim; são, porém, como a palha que o vento dispersa". No final, os ímpios não permanecerão na floresta de Deus (1.5 – 6).

Israel é a vinha do Senhor. Profetizando o exílio, Isaías canta um lamento pela vinha. O amado a plantou, zelou por ela, cuidou como se fosse dele. Estava sempre buscando seu sucesso, "mas deu uvas bravas". *Yahweh* diz: "Agora, pois, ó moradores de Jerusalém e homens de Judá, julgai, vos peço, entre mim e a minha vinha. Que mais se podia fazer ainda à minha vinha, que eu lhe não tenha feito?" Ele vai quebrar a cerca, o muro e a torre de vigília.

> Sachou-a, limpou-a das pedras e a plantou de vides escolhidas; edificou no meio dela uma torre e também abriu um

lagar. Ele esperava que desse uvas boas. E como, esperando eu que desse uvas boas, veio a produzir uvas bravas? Agora, pois, vos farei saber o que pretendo fazer à minha vinha: tirarei a sua sebe, para que a vinha sirva de pasto; derribarei o seu muro, para que seja pisada (Is 5.2 – 6).

"Eu mesmo te plantei como vide excelente, da semente mais pura", diz o Senhor por meio de Jeremias. "Como, pois, te tornaste para mim uma planta degenerada, como de vide brava?" (Jr 2.21). Em vez de ser um oásis de vida, a igreja assimilou o deserto de idolatria que a cerca. Com ecos explícitos do Éden depois da Queda, a imagem que encontramos repetidamente nos profetas é a do jardineiro que se retira, fazendo o oásis voltar a ser terra estéril de espinhos e abrolhos. Não é um exército invasor de pagãos que fez isto.

"Muitos pastores destruíram a minha vinha e pisaram o meu quinhão; a porção que era o meu prazer, tornaram-na em deserto. Em assolação a tornaram, e a mim clama no seu abandono; toda a terra está devastada, porque ninguém há que tome isso a peito" (Jr 12.10).

Contudo, vem o dia quando o proprietário da vinha enviará um pastor-jardineiro fiel:

> Curarei a sua infidelidade, eu de mim mesmo os amarei, porque a minha ira se apartou deles. Serei para Israel como orvalho, ele florescerá como o lírio e lançará as suas raízes como o cedro do Líbano. Estender-se-ão os seus ramos, o seu esplendor será como o da oliveira, e sua fragrância, como a do Líbano. Os que se assentam de novo à sua som-

bra voltarão; serão vivificados como o cereal e florescerão como a vide; a sua fama será como a do vinho do Líbano. Ó Efraim, que tenho eu com os ídolos? Eu te ouvirei e cuidarei de ti; sou como o cipreste verde; de mim procede o teu fruto. (Os 14.4 – 8)

Tendo em mente tais passagens, sem dúvida, é que Jesus proclama o Pai como agricultor e ele mesmo como a videira. João Batista já havia anunciado: "Já está posto o machado à raiz das árvores; toda árvore, pois, que não produz bom fruto é cortada e lançada ao fogo" (Mt 3.10).

O reino é como o semeador que espalhou as sementes que caíram em diferentes solos. Algumas caíram à beira da estrada e foram comidas pelas aves. Outras, não possuindo raízes, "murcharam" no calor do sol. Algumas caíram entre os espinhos e foram sufocadas. "Outra, enfim, caiu em boa terra e deu fruto: a cem, a sessenta e a trinta por um" (Mt 13.1 – 9). O reino é como um jardim onde um inimigo semeia ervas daninhas entre o trigo. Não podemos ver a diferença dos dois até a colheita, assim Jesus adverte os discípulos a não tentar arrancar o mato do jardim até a sua volta (13.24 – 30).

> Outra parábola lhes propôs, dizendo: O reino dos céus é semelhante a um grão de mostarda, que um homem tomou e plantou no seu campo; o qual é, na verdade, a menor de todas as sementes, e, crescida, é maior do que as hortaliças, e se faz árvore, de modo que as aves do céu vêm aninhar-se nos seus ramos. (Mateus 13.31 – 32)

O ecossistema de Deus

Às vezes ouço pastores descartarem sua responsabilidade, dizendo que existem diferentes tipos de igreja para diferentes tipos de pessoas. Mas nosso Senhor não nos permite este luxo. Alguns repousam sobre os louros da sua ortodoxia. "Outras igrejas evangelizam as pessoas; nós as ensinamos". Isso é como dizer que outros vão espalhar a semente, mas nosso nicho é o solo mais profundo. Outros rejeitam as críticas de superficialidade com o famoso ditame de D. L. Moody: "Gosto do meu jeito de fazer mais do que do seu jeito de não fazer". Mas não basta espalhar a semente para longe se ela não tiver terra fértil em que germinar.

Lucas recorda a parábola da figueira estéril, plantada num vinhedo. Quando chegou o tempo, ele ficou surpreso por não encontrar fruto, mesmo após cuidar dela por três anos. (Jesus se refere ao próprio ministério).

> Então, Jesus proferiu a seguinte parábola: Certo homem tinha uma figueira plantada na sua vinha e, vindo procurar fruto nela, não achou. Pelo que disse ao viticultor: Há três anos venho procurar fruto nesta figueira e não acho; podes cortá--la; para que está ela ainda ocupando inutilmente a terra? Ele, porém, respondeu: Senhor, deixa-a ainda este ano, até que eu escave ao redor dela e lhe ponha estrume. Se vier a dar fruto, bem está; se não, mandarás cortá-la. (Lucas 13.6 – 9)

Jesus está dando a Israel uma última chance de arrependimento, porém, vem o juízo. O tema percorre todas as parábolas. "Porque o reino dos céus é semelhante a um dono de casa que saiu de madrugada para assalariar trabalhadores para a sua vinha", disse Jesus (Mt 20.1). Noutra parábola, Jesus diz que o mestre enviou dois filhos para trabalhar na vinha. Um disse que não iria, mas acabou indo; o outro disse que iria, mas não foi. "Em verdade vos digo: os cobradores de impostos e as prostitutas entram no reino de Deus antes de vós". Os líderes religiosos rejeitaram o chamado ao arrependimento de João Batista, enquanto os moralmente excluídos abraçaram a sua mensagem (Mt 21.28 – 32).

A próxima parábola fala de um senhor "que plantou uma vinha e a cercou, fez um lagar e uma torre" — são evidentes os ecos de Isaías 5.1. Alugando-a, ele viajou para fora do país. Próximo ao tempo da colheita, os que alugaram a terra bateram e mataram os servos enviados pelo Senhor, um após outro. Finalmente, o mestre enviou seu próprio filho, mas os trabalhadores maus estavam ainda mais ávidos por matá-lo para se apropriarem da vinha. "Portanto, vos digo que o reino de Deus vos será tirado e será entregue a um povo que lhe produza os respectivos frutos" (Mt 21.33 – 43). Entendendo o que ele dizia, os líderes religiosos queriam prender a Jesus, mas temiam as multidões (21.45 – 46).

Em seguida, no Monte do Templo, naquela última semana, Jesus lamentou por Jerusalém da mesma maneira que Jeremias. Ele amaldiçoou a figueira: "Cedo de manhã, ao voltar para a cidade, teve fome; e, vendo uma figueira à beira do caminho, aproximou-se dela; e, não tendo achado senão folhas, disse-lhe: Nunca mais nasça fruto de ti!" (Mt 21.18 – 19). Não é surpresa que estas parábolas tenham sido colocadas na última semana, no Monte do Templo, em meio a profecias diretas que anunciavam a destruição do templo e o fim da Era do antigo pacto.

Agora Jesus é o templo como também a videira.

> Eu sou a videira verdadeira, e meu Pai é o agricultor. Todo ramo que, estando em mim, não der fruto, ele o corta; e todo o que dá fruto limpa, para que produza mais fruto ainda. Vós já estais limpos pela palavra que vos tenho falado; permanecei em mim, e eu permanecerei em vós. Como não pode o ramo produzir fruto de si mesmo, se não permanecer na videira, assim, nem vós o podeis dar, se não permanecerdes em mim. Eu sou a videira, vós, os ramos. Quem permanece em mim, e eu, nele, esse dá muito fruto; porque sem mim nada podeis fazer. (João 15.1 – 5)

Unidos a Cristo pela fé, somos simultaneamente unidos aos outros ramos. Não somos a videira, mas um galho conectado inextricavelmente à árvore da vida.

Quais são algumas linhas comuns que podemos desenhar juntos pela analogia orgânica que Jesus faz de seu reino? Primeiro, é o reino *dele*. Segundo, não existe relacionamento pessoal com Cristo, a Videira, sem estar na igreja, seus ramos. Terceiro, o crescimento deste reino (bem como de cada membro dele) é lento. Quem imaginaria que um minúsculo grão de mostarda se tornaria grandíssima árvore com os galhos enchendo a terra? Mas isso não é algo que se possa medir dia a dia. Quarto, dá muito trabalho. O jardineiro sempre está fazendo alguma coisa para cuidar da vinha com vistas à colheita.

De que maneira o jardim de Deus cresce?

Não existem atalhos. Todo o adubo do mundo não pode compensar o trabalho árduo. O solo tem de estar certo: profundo o suficiente e rico o bastante para nutrir a semente. O mato tem de ser arrancado para não sufocar a planta em crescimento. Um minuto ele está plantando, no outro está regando, podando, cavando ao redor das raízes, fertilizando. O ambiente agreste está sempre procurando dominar a videira.

Imagine o que aconteceria se o jardineiro, impaciente com o lerdo progresso, ficasse arrancando as plantas e transplantando-as a outro local. Ou espalhando a terra bastante para aumentar o perímetro plantado, mas sem dar profundidade suficiente? Ou, distraído pelo crescimento imediato, ignorasse as pragas que devoram as folhas? Ou, no seu zelo pela pureza da vinha, acidentalmente cortasse ramos que estavam vivos, os quais ele achava que estivessem mortos? Isto faz forte contraste ao Mestre da Vinha, que não quebra o ramo ferido, mas cuida dele até que volte à plena saúde (Is 42.3 com Mt 12.20).

Ao lado da analogia orgânica, temos a arquitetônica: o reino como um edifício. Na verdade, muitas vezes as duas se combinam em uma metáfora misturada — e dá certo! O quadro é de um edifício vivo e em crescimento. Eis como Paulo o descreve:

> Assim, já não sois estrangeiros e peregrinos, mas concidadãos dos santos, e sois da família de Deus, edificados sobre o fundamento dos apóstolos e profetas, sendo ele mesmo, Cristo Jesus, a pedra angular; no qual todo o edifício, bem ajustado, cresce para santuário dedicado ao Senhor, no qual também vós juntamente estais sendo edificados para habitação de Deus no Espírito. (Ef 2.19 – 22)

Em sua ascensão, Cristo começou a chover dons sobre a igreja, enviando seu Espírito a distribuí-los a todos os santos.

O ecossistema de Deus

Todos compartilham igualmente do dom de Cristo e de seu Espírito: "um só Senhor, uma só fé, um só batismo", diz ele. "Mas a graça foi dada a cada um de nós conforme a medida do dom de Cristo. Os dons que Paulo ressalta aqui com o propósito do seu argumento são os profetas e apóstolos, e agora "os evangelistas, pastores e mestres", que nos conduzem todos à maturidade. Mediante o seu ministério, acontece a

> edificação do corpo de Cristo, até que todos cheguemos à unidade da fé e do pleno conhecimento do Filho de Deus, à perfeita varonilidade, à medida da estatura da plenitude de Cristo, para que não mais sejamos como meninos, agitados de um lado para outro e levados ao redor por todo vento de doutrina, pela artimanha dos homens, pela astúcia com que induzem ao erro (Ef 4.4 – 14).

Como dizem, Roma não foi construída num só dia — nem a igreja ou qualquer expressão local dela. Nem o crente. Cada um de nós é pedra viva, inserida em edifício vivo, sendo Cristo a pedra fundamental. Como uma árvore, o edifício cresce para cima e para fora. Como os galhos, as pedras estão sendo sempre adicionadas. Mas leva tempo. A maioria das coisas que os construtores fazem em um dia normal pode parecer relativamente enfadonha: martelar, perfurar, marcar, cortar, e assim em diante. Existe muita coisa entre o enfiar a primeira pá na terra na cerimônia inicial e o cortar da fita na inauguração. Até que Cristo volte, a fita inaugural da igreja não será cortada, revelando o eterno santuário de Deus.

Não é surpreendente que o Senhor tenha selecionado as analogias na agricultura? As outras grandes estão bem próximas à metáfora básica da raiz. A igreja é o pasto, onde Cristo é o bom Pastor, que provê sub pastores que nos guiem em nossa peregrinação. Assim como o solo é importante para suas plantas, conforme Jesus enfatizou, assim também é o pasto para as ovelhas. Não somente somos alimentados pela doutrina, como se fôssemos apenas cérebros independentes, mas em nutrientes que somente podem ser produzidos em determinado ambiente.

Talvez a analogia mais dominante para os evangélicos no decorrer de muitas gerações seja o "fogo". Existem "fogos de avivamento", Deus é "ardente" e "consumidor" e "alastra seu fogo pelo mundo". Na Escritura, Deus é "um fogo consumidor", mas a intenção desta analogia é desconcertante (Hb 12.29). As boas-novas são que não chegamos ao Monte Sinai, com chamas de fogo, mas ao Monte Sião, com um festival das hostes celestiais celebrando a obra salvadora de Cristo (12.12 – 24).

Mas o que dizer de Pentecostes, com chamas pairando sobre a cabeça de cada pessoa? No contexto, as chamas representam o testemunho a respeito de Cristo, não o zelo das testemunhas. Esperamos que esse testemunho seja apaixonado, mas este não é o ponto central. Quanto mais profunda a raiz na Palavra de Deus, mais o nosso testemunho será autêntico, imbuído de convicção pessoal. Contudo, o poder de Deus para a salvação não está em nossa paixão por Deus, mas na paixão que ele demonstrou para conosco, pecadores, ao enviar seu Filho para nos redimir.

Nenhuma dessas outras metáforas tem ressonância escritural tão profunda e ampla quanto a da analogia orgânica;

nossas igrejas e famílias precisam desesperadamente recuperar este retrato na prática.

O sábado como cinturão verde de Deus

Imagine viver em um vilarejo onde todos andassem até a igreja da paróquia, voltassem para casa para conversas em família sobre o sermão, descansassem, para então retornar ao culto vespertino. Durante a tarde poderia haver uma visita ao lar de idosos ou orfanato em obras de misericórdia.

Claro que essa realidade nunca foi uniforme. Além dos hipócritas, sempre houve legalistas que transformavam o festival em funeral. Os cristãos sempre lutaram para manter o foco sobre o porvir que está rompendo em nossa era presente e má. No entanto, o fato de que mesmo os que não levavam seu cristianismo a sério tinham de fingir (ou pelo menos não causar ofensas pública) mostra como a cultura local nos molda como pessoas.

A prática de cultuar no dia que Jesus ressuscitou — o primeiro dia da semana — reverte até o tempo dos apóstolos (Mt 28.1; Marcos 16.2; Lucas 24.1; João 20.1; Atos 20.7; 1Coríntios 16.2; Ap 1.10). No entanto, é extremamente difícil praticar o Dia do Senhor em nossa sociedade hoje. Poucos vizinhos o tratam como "cinturão verde" no tempo. Muitos, incluindo cristãos, parecem confusos quando você recusa um convite para um jogo de futebol no horário do culto, seja de manhã ou à noite. Na verdade, muitas atividades da *igreja* no domingo têm pouco a ver com inculcar a fé; são mais para oferecer aos jovens alguma coisa "segura" para fazer.

Além disso, para nossa conveniência, um número crescente de igrejas oferece um cardápio de serviços nos outros dias. Além do culto de domingo, podemos escolher participar em um grupo pequeno com pessoas do mesmo estágio de vida ou interesses.

Colocando de lado os chamados e passatempos ordinários da semana, o nosso chamado no dia do Senhor é compartilhar, junto com nossos co-herdeiros, dos poderes da era vindoura. Isso não ocorre simplesmente *esvaziando* o dia com uma lista de regras, mas *enchendo-o* com a procura por tesouros, os quais o sábado cristão orienta a nós, à nossa família e aos santos como nós em nossa cidadania celeste. Contudo, todo mundo em redor de nós vê o domingo como o dia ideal para uma ida ao *shopping*, praticar esportes, e outras formas de diversão. O que preenche nosso domingo enche o nosso coração durante a semana. O dia do Senhor não é uma prisão, mas um palácio. É um maravilhoso presente poder desligar os apetrechos que interrompem nossos horários regulares e fincar as raízes no solo fértil, que produz as árvores no jardim de Deus. É um prazer deixar de lado nossas associações normais com amigos e colegas de trabalho — até mesmo com membros da família que não são cristãos— a fim de comungar com co-herdeiros do reino quanto às novas que ouvimos sobre a era que está prestes a chegar.

"Reduzir, Reutilizar, Reciclar"

Essa fórmula faz parte de nossa psique hoje. Porém, havia um tempo quando muitos de nós considerávamos isso uma exigência onerosa. Eventualmente, mudamos alguns hábitos pelo interesse na sustentabilidade. Essa não é uma má fórmula para o jardim de Deus.

Temos de *reduzir* as distrações e o consumo voraz. Muitas coisas que fazemos como "algo mais" não são em si ruins. Mas, coletivamente, contribuem para o zumbido do redemoinho de confusão, que nos impede de fixar os olhos em Cristo e em seu reino, bem como em seus meios ordinários de graça. Desse jeito, jamais vamos adiante do evangelho para outra coisa. J. I. Packer e Gary A. Parrett bem disseram:

> Cremos, porém, que é imperativo passar para além do leite do Evangelho para a carne do Evangelho. De fato, o Evangelho é mais profundo e multifacetado do que nossa mente finita consegue entender. Jamais nos movemos *saindo* do Evangelho; vamos em frente *para* o Evangelho.[89]

Também precisamos *reutilizar* os recursos que Deus nos deu no passado. Formas que dão moldura ao culto público — oração em conjunto, adoração e confissão — são maneiras de pensar extraindo da Escritura, para que a palavra de Cristo habite ricamente em todos nós. Uma treliça não faz uma trepadeira crescer, mas a faz crescer em direção certa. Os Salmos treinam nossos corações a derramar nossos tristes lamentos, e também nosso louvor transbordando de alegria, para recordar a fidelidade de Deus no passado, invocar a sua fidelidade para o futuro, confessar nossos pecados e professar a nossa fé naquele que nos absolve com sua palavra de perdão. Em Atos 2.42, lemos que os primeiros crentes se reuniam não só para o ensino dos apóstolos, comunhão e partir do pão, mas também para "as orações". As orações corporativas de confissão, intercessão e louvor teriam sido conhecidas desde o tempo dos judeus criados na sinagoga.

---

[89] J. I. Packer and Gary A. Parrett, *Grounded in the Gospel: Building Believers the Old-Fashioned Way* (Grand Rapids: Baker, 2010), 96.

Necessitamos também *reciclar*. Isso envolve dois movimentos: retornar às fontes e adaptá-las a nosso tempo e lugar. Reciclar não deverá ser equivalente a simples repetição de chavões e fórmulas. Precisamos exercitar discernimento quando avaliamos formas e práticas mais antigas, mas não precisamos inventar tudo, nós mesmos. Formas mais antigas, hinos e orações não são melhores por serem antigas, mas por serem tesouros do sótão da família. É necessário garantir que as nossas formas comuniquem às pessoas de nosso tempo e lugar, mas não precisamos mudar tudo em cada geração.

Deus recicla até mesmo os seus ministros. Eles vêm e vão, mas o ministério é a dádiva que entrega continuamente. Carl Trueman lembra com sabedoria:

> O relojoeiro da elite, Patek Philippe, tinha um ditame que ia assim: "Na verdade, você não é proprietário de um Patek Philippe; você apenas cuida dele para a próxima geração". Assim também é com as igrejas, em termos do vigor de sua vida e ortodoxia. Aqueles quem foram privilegiados a ponto de estarem envolvidos na designação dos seus sucessores, ou os que podem apenas dar forma à natureza da sessão [conselho local de presbíteros], os quais supervisionarão a busca, tem de estar certos de suas escolhas. Eles não são donos da igreja; apenas cuidam dela para a próxima geração.[90]

Lembra do meu exemplo do jardineiro que planta uma árvore e então, em atividade inquieta, arranca-a pela raiz e a

---

[90] Carl Trueman, "On Pastoral Succession," at www.reformation21.org/blog/2011/06/on-pastoral-succession.php (acessado em 18 de março de 2014).

transplanta toda semana? Essa árvore provavelmente nunca produzirá frutos, e é provável que murche e morra. Por que achar, então, que as igrejas precisam imitar a inovação perpétua da *Microsoft* em vez do cuidado paciente de um bom jardineiro?

Correndo atrás da última moda para o crescimento espiritual, crescimento de igreja e impacto cultural, eventualmente esquecemos a maneira de alcançar os perdidos e manter os que foram alcançados. Os meios ordinários da graça tornam-se noticiário de ontem. Como os orelhões públicos de telefone, dizem-nos os empreiteiros emergentes, as igrejas comuns ainda podem estar por aí e acolá, mas ninguém mais os utiliza. Antigamente, os crentes se reuniam para "a doutrina dos apóstolos e na comunhão, no partir do pão e nas orações", mas isso foi antes de existir *iPads*. Em gerações passadas, a videira de Cristo que produzia era cuidada com as disciplinas familiares diárias de ensino do catecismo, leitura bíblica e oração, mas como fazer isso com o *meu* horário corrido? Dizer que o método apostólico de crescimento da igreja — em amplitude e profundidade — é a pregação, o ensino, o batismo, a Ceia do Senhor e responsabilidade para com os presbíteros só vai provocar a reação: "Está falando *sério*?"

Hoje em dia os pastores, jardineiros debaixo de Cristo, estão se destruindo em índices alarmantes. Muitos deles identificam expectativas nada realistas como sendo a principal razão para isso. Sem dúvida, muitos deles foram ao seminário porque queriam servir ao lado de Cristo em sua vinha. Queriam semear, regar, cuidar de sua vinha. Contudo, ainda no seminário podem ter encontrado uma confusa coleção de opções para ministérios de nichos, enquanto tinham a esperança de dominar o hebraico e o grego, história da igreja, e diversos ramos de teologia e estudos bíblicos. Queriam seguir "Procura apresentar-te a Deus aprovado, como obreiro que não tem de que se envergonhar, que maneja bem a palavra da verdade" (2Tm 2.15). Mas estavam sendo preparados para as muitas pressões que encontrariam nas verdadeiras igrejas dos nossos dias. Então, descobriram que isto é, de fato, o caso. Espera-se deles que sejam chefe executivo, terapeuta, humorista, treinador e o melhor amigo.

Em face dessas pressões, os pastores e presbíteros — e também o resto da congregação — precisam sair da roda-viva e perguntar o que realmente importa. Qual é a comissão de Cristo para os seus embaixadores? Quais as qualificações e a descrição do emprego dos oficiais da igreja que encontramos nos escritos dos apóstolos? Se não reduzirmos, reutilizarmos e reciclarmos, primeiramente retornando a todas as fontes bíblicas, descobriremos em algum ponto, se já não o fizemos, que o estado atual do ministério é insustentável para os pastores e para aqueles a quem eles servem.

Disciplinas pessoais

Em eras mais saudáveis, as disciplinas eclesiásticas estavam firmemente estabelecidas. Apesar da perseguição e falta de incentivos para a conversão, a igreja antiga seguia um programa de ensino e avaliação bastante rigoroso, que precedia o batismo e a membresia de adultos convertidos. Afinal de contas, os gentios vieram do paganismo.

Talvez não pensemos que nossa gente seja pagã. Esse é nosso primeiro erro. De qualquer modo, a igreja antiga crescia e se desenvolvia por todo o império romano, contra todos os embates, mediante práticas cuidadosas, deliberadas e formais de catequese. A catequese é simplesmente instrução, identificada especificamente como uma forma comum de sãs palavras em formato de perguntas e respostas. Os novos cristãos e seus filhos aprendiam esses resumos da fé, enquanto os santos mais velhos continuamente aprofundavam o seu entendimento por meio dessas declarações compartilhadas. Crescemos juntos, tendo a mesma mente e o mesmo coração.

Essas práticas deixaram rapidamente de ser vigentes com a anexação de Cristo ao império romano sob Constantino. Tornaram-se mais difíceis de sustentar na igreja medieval por inúmeras razões. Eventualmente o evangelho foi considerado um dado sem importância. Assumiram simplesmente que se você estava vivo e era europeu, você era cristão.

A Reforma procurou recuperar essas práticas antigas, embora persistissem as pressuposições da "Cristandade". Lutero escreveu seus catecismos breve e longo, enquanto o *Catecismo de Heidelberg* e os *Catecismos Maior e Breve de Westminster* têm formado a fé comum de gerações de crentes reformados em todos os continentes. Cada pessoa foi chamada a confiar em Cristo, aprender a fé e professá-la publicamente perante a congregação. Presbíteros assumiam a responsabilidade de cuidar do rebanho, visitar regularmente os seus lares, e repreender, corrigir, instruir e encorajá-los. Diáconos cuidavam das necessidades temporais, para que ninguém estivesse sem o necessário para a vida.

Não é preciso dizer que essa disciplina eclesiástica se tornou muito escassa na terra que Dietrich Bonhoeffer descreveu como "Protestantismo sem a Reforma". Numa terra que desafia cada vez mais as autoridades externas, a fé pessoal e responsabilidade agora significam que nenhum ser humano — nem mesmo um concílio de seres humanos — pode interferir no relacionamento pessoal do indivíduo com Deus. Os Estados Unidos é a primeira nação na história a fazer da escolha pessoal o cerne de seu credo. Nisto as igrejas não são apenas influenciadas como também as que influenciam, especialmente quando a vontade soberana individual se sobrepõe a todas as taxas formadas pelas tradições clássicas e bíblicas.

Entre os muitos programas, livros e sermões sobre discipulado e fazer discípulos, quantos dão prioridade ao papel da igreja e à importância da submissão ao ensino e direção daqueles a quem Cristo colocou sobre nós? Até mesmo as disciplinas ordinárias de devocionais em família parecem estar desaparecendo. Durante séculos, os crentes eram criados com oração, cânticos, instrução e leitura da Bíblia em família toda manhã e à noite. Os reformadores e seus herdeiros espirituais não somente escreveram catecismos com este propósito, como também livros com leituras diárias, orações e hinos. Sabiam eles que, por mais central que fosse o ministério público, ele era desempenhado semanalmente, e precisava ser suplementado e apoiado por hábitos diários.

Enquanto as disciplinas na igreja e na família estavam subordinadas às disciplinas privadas, o peso de crescimento na fé era colocado quase exclusivamente sobre o indivíduo. Se o discipulado estilo "faça você mesmo" era a ordem do dia a não tanto tempo, o que hoje nos surpreende é a extensão a que até mesmo as disciplinas pessoais parecem estar retrocedendo. Parece que há cada vez menos interesse na oração e meditação pessoal na Palavra de Deus do que em qualquer outro tempo desde a Idade Média. Isso nos sugere que, quando as disciplinas públicas (especialmente o culto semanal) perdem sua influência sobre nós, as disciplinas da família, e as particulares, com certeza seguirão o mesmo rumo.

Temos de repensar as nossas prioridades. Recuperar um apreço pelo que é ordinário é pelo menos um passo nessa direção. Crescemos por meio de práticas ordinárias, diárias, habituais. O culto semanal da Palavra e do sacramento, junto com a confissão pública do pecado e da fé, as orações e o louvor, são fonte que flui para nossos lares e nosso ambiente particular durante a semana inteira. São todas essas disciplinas — públicas, familiares e privadas — que precisamos recuperar. Parecem até comuns – e de fato são! Mas é precisamente assim que o jardim de Deus cresce a cada dia.

Ramos emergentes

Quando a escolha pessoal é conceito chave, o *status* dos filhos no reino não fica exatamente claro. Às vezes existe o medo de que os pais "interfiram" no relacionamento pessoal da criança com Jesus. Alguns de nossos vizinhos mais francos vão um passo além, indagando se estaríamos abusando das crianças ao "doutriná-los" antes que possam escolher para si mesmos uma religião (ou nenhuma religião).

O problema é que nossos filhos cada vez mais não recebem o suficiente da fé cristã, até mesmo para apostatar dela devidamente. Se você quer falar de lavagem cerebral dos filhos, não é a igreja o melhor exemplo. Um professor de *marketing* explica: "Existem apenas duas maneiras de aumentar a freguesia.

Ou fazemos que mudem para a sua marca ou fazemos com que cresçam nela desde que nasceram". O presidente de uma cadeia de lojas especializadas em crianças diz: "Todas essas pessoas entendem algo bem básico e lógico, que se você for dono desta criança em tenra idade, pode ser dono dela por muitos anos. As companhias estão dizendo: 'Ei, quero ser dono do garoto cada vez mais novo!" Um executivo da *General Mills* acrescenta: "Quando se trata de obter consumidores infantis, nós seguimos o modelo da *Proctor & Gamble*, que diz 'do berço até a sepultura'. Cremos em alcançá-los cedo e mantê-los para toda a vida". Finalmente, o presidente de uma agência de propaganda líder declara: "O melhor dos anúncios faz com que as pessoas sintam que, sem o seu produto, você é um perdedor. As crianças são muito sensíveis a isso... Abrimos a vulnerabilidade emocional, e isso é muito fácil fazer com as crianças porque elas são as mais emocionalmente vulneráveis".[91]

Não ousamos imaginar que nossos filhos façam escolhas neutras, assim como nós não as fazemos. Eles já estão sendo cultivados para tomar seu lugar na sucessão de consumidores contratuais. Será que nossas igrejas e lares estão transplantando-os para o jardim de Deus? Nossas declarações e estratégias de visão são modeladas pela Grande Comissão, tendo como alvo um crescimento sustentável tanto em amplitude quanto em profundidade? Estamos envolvendo as pessoas no pacto da graça ou fazendo *marketing* de contratos para bens e serviços religiosos? Não é simplesmente que vendemos algo diferente da *Proctor & Gamble*, mas que, em razão de se tratar do evangelho vindo do céu, não estamos *vendendo* nada. Não são os

---

91 Kasser, *The High Price of Materialism*, 91.

valores da companhia que devem imbuir nossas sessões de estratégia e encher nossos corações, mas o valor eterno de estar em Cristo, de viver na videira, acrescentando ramos por meio de nosso testemunho, crescendo em sua vinha até que ele volte para a colheita.

Em interessante artigo na revista *The Atlantic*, Larry Alex Taunton refletiu sobre sua pesquisa a respeito de jovens ateus.[92] Ele discerniu uma linha comum nos depoimentos. Muitos tinham sido criados em igrejas, a maioria delas evangélicas, mas na verdade não tinham sido plantados profundamente na fé.

Uma pessoa, Filipe, estava apenas descobrindo as coisas quando o pastor da mocidade foi mandado embora por não atrair número suficiente de jovens à igreja. Tudo se resumia em "dar as mãos e cantar *kumbaya*", alguém disse "com olhar de desprezo". Ele disse ainda: "Senti falta do meu antigo pastor dos jovens. Ele realmente conhecia a Bíblia". Essas não eram as caras azedas do novo ateísmo, como Richard Dawkins, mas jovens que pareciam realmente desanimados por não conseguir encontrar respostas às suas grandes perguntas.

Surgiu um retrato composto. Os jovens ateus entrevistados haviam frequentado a igreja, mas disseram que "a missão e a mensagem de suas igrejas eram muito vagas". "Sentiam que suas igrejas ofereciam apenas respostas superficiais para as questões mais difíceis da vida". "Com seriedade, frequentemente concluíram que os cultos, em sua maioria, eram rasos, inócuos e, no fim, irrelevantes. Como disse Ben, um estudante de engenharia da Universidade do Texas, sem pa-

---

92 Larry Alex Taunton, "Listening to Youth Atheists: Lessons for a Stronger Christianity", *The Atlantic* (6 de junho de 2013), disponível em www.theatlantic.com/national/archive/2013/06/listening-to-young-atheists-lessons-for-a-stronger-cristiãoity/276584/ (acessado em 10 de março de 2014).

pas na língua: 'Comecei a realmente ficar entediado com a chatice da igreja'". Eles também "expressaram respeito por aqueles pastores que levavam a Bíblia a sério", que eram convictos da verdade mesmo onde ela batia de frente com a opinião pública.

Dada nossa atenção às "melhores práticas" de jardinagem espiritual, nossos lares e igrejas necessitam ser mais acessíveis às crianças e jovens, sem ser centradas nos jovens e nas crianças. Concordo com Ivy Beckwith que "ao proibir as crianças no culto de sua comunidade de fé, estamos efetivamente os proibindo de participar de peça importante de seu desenvolvimento espiritual, negando-lhes a oportunidade de aprender como adorar a Deus na tradição de sua comunidade".[93]

Kenda Creasy Dean, pastora Metodista e professora de ministério e cultura da juventude no Seminário de Princeton, esteve envolvida no Estudo Nacional dos Jovens e da Religião (NSYR). Um gigantesco projeto sociológico de três anos (2003 – 2005). As conclusões da NSYR eram um tanto agourentas. Ao examinar essas conclusões, o livro de Dean: *Almost Christian* (Quase Cristão) começa:

> Eis a essência do que você está prestes a ler: os jovens americanos estão bem, teoricamente, com a fé religiosa — mas isso não lhes preocupa muito, e não dura a ponto de sobreviver por muito tempo depois de se formarem do ensino médio. Mais uma coisa: nós somos os responsáveis por isso.[94]

---

[93] Ivy Beckwith, *Formational Children's Ministry: Shaping Children Using Story, Ritual, and Relationship* (Grand Rapids: Baker, 2010), 98.

[94] Kenda Creasy Dean, *Almost Christian: What the Faith of Our Teenagers Is Telling the American Church* (Oxford: Oxford University Press, 2010), 3.

O ecossistema de Deus

Ela diz que os jovens criados em igreja muitas vezes não se sentem ligadas a ela. Não sentem conexão em nível teológico. Noutras palavras, eles não sabem o que creem nem o porquê. Não sabem nem o que duvidam, e mesmo quando sabem, não estão muito convencidos de que as pessoas que conhecem poderiam aliviar essas dúvidas. De qualquer maneira, não importa. Eles também não se sentem conectados em nível social. Não intencionalmente, o efeito total do ministério da mocidade tem sido de alienar as gerações mais jovens da vida e ministério ordinários de uma igreja. Dean argumenta que ao mudar tão radicalmente das formas tradicionais — como incluir os jovens no culto regular, usar um catecismo para ensinar as coisas básicas e reforçar a fé em casa — temos, sem perceber, solapado a sua fé.

Kate Murphy concorda. Ela conta a história de Jonathan. Sara, uma santa idosa, acabara de morrer. Jonathan, um adolescente, perguntou se poderia tomar o lugar dela no coro daquele domingo. Ele não somente sentiu-se ligado a Sara; sentiu conexão com a igreja e compartilhava o luto por essa perda. Isso simplesmente não costuma acontecer nos guetos dos grupos de mocidade. "Acho que tenho realizado o ministério da mocidade com integridade", diz Kate. "Mas talvez eu estivesse, sem intenção, desligando as crianças do corpo mais amplo de Cristo. As pessoas jovens em minha congregação atual — uma igreja que muitas famílias jamais iriam querer participar porque 'não tem nada para a juventude' — são muito mais propensas a permanecer ligadas à fé e se tornarem membros ativos da igreja quando adultos, porque é isso que já são e sempre serão".[95] Precisamos

---

95 Kate Murphy, "Is Youth Ministry Killing a igreja?", em www.christiancentury.org/blogs/archive/2010 – 02/youthministry-killing-church (acessado em 10 de março de 2014).

repensar como ministramos à mocidade, como os conectamos à grande "nuvem de testemunhas". No nível curricular, sugiro que rejeitemos os métodos educacionais "centrados na criança" em favor da instrução "centrada no conteúdo".

Tendo eu mesmo quatro filhos, entendo a dificuldade de ter as crianças na igreja. Nossa igreja tem uma sala de choro, onde os pais podem ainda participar do culto até certo ponto, mas é difícil. Mas não seria essa uma das tarefas dos pais? Eventualmente os pais decidem quando sairão do berçário [da sala de choro]. É surpreendente quão cedo as crianças aprendem o hábito de ficar sentados e escutar. Mesmo quando ficam rabiscando e se distraindo por uns dois anos, esses hábitos de participação na comunhão dos santos são como uma treliça. Não garantem que todos eventualmente responderão em fé, mas propiciam um escutar mais atento do evangelho pelo qual a fé forma raízes e cresce no coração.

Além da preocupação com os pais, muitos cristãos indagam se faz bem às crianças permanecerem no culto regular. Afinal, elas não entendem o que está acontecendo. Mas imagine se você não vai deixar os pequeninos sentarem-se às refeições com a família porque não entendem os rituais nem as boas maneiras. Ou se vamos deixar os bebês isolados no berçário com nada mais que móbiles e bichinhos de apertar porque eles não entendem o diálogo do resto da família a redor deles. Instintivamente, sabemos que é importante para nossos filhos adquirem linguagem e os rituais comuns do ambiente familiar a fim de amadurecer. Imagine só, proibir os nossos adolescentes de assistir ao enterro de seus avós porque não entendem disso. Nós os levamos precisamente para que venham a entender, sabendo que a nossa paciência (bem como a deles) será recompensada mais tarde e que o acontecimento será oportunidade para a maturidade. Jesus cresceu em sabedoria e conhecimento. Ele aprendeu o Saltério e os ritmos da liturgia da sinagoga. Quando jovem adulto, tomou o rolo de Isaías e leu a seu respeito, sabendo exatamente onde abrir rolo.

No estágio *gramatical*, as crianças estão simplesmente absorvendo a linguagem de Sião: os termos e "o padrão das sãs palavras" (2Tm 1.13) que compartilhamos com o corpo mais amplo de Cristo através das épocas. Acho que às vezes estamos preocupados demais em "impor" a nossa fé sobre nossos filhos. Afinal, é um relacionamento pessoal com Jesus, e não queremos interferir com o seu livre-arbítrio. Mas não pensamos assim quanto a outras coisas que eles aprendem por memorização neste estágio. Não repreendemos os professores por "impor" o aprendizado do alfabeto ou da tabuada. Nossos sentimentos morais não se ofendem quando os pais corrigem a má gramática dos filhos. Além do mais, lembre-se da agenda explícita expressa por executivos de *marketing* no começo deste capítulo. As crianças estão sendo catequizadas todo dia, mas no quê?

Os credos ecumênicos e as confissões evangélicas são lugar importante para começar, e se as crianças aprendem esses sumários em casa e na escola dominical, serão mais propensos a fazer parte do resto do corpo, confessando publicamente essa fé no culto a cada semana. De fato, os reformadores protestantes recuperaram a antiga prática da instrução por meio de um catecismo. Com o seu formato de perguntas e respostas, estes catecismos ensinam o cerne de nossa fé católica e evangélica.[96]

---

96 Veja Packer e Parrett, *Grounded in the Gospel*.

Então, quando os jovens se aproximam do estágio *lógico* de seu desenvolvimento, enxergam as relações entre as diversas doutrinas e podem começar a fazer algumas de suas próprias conexões. Não estão mais papagueando as respostas que aprenderam por decoreba— agora estão entrando na história, eles mesmos, e pensando nas suas implicações. Questionar as coisas faz parte de ser adolescente. Em vez de ver isto como ameaça, devemos dar boas-vindas a isso como o caminho para a profissão pessoal da fé.

É precisamente ao fazer perguntas — até mesmo com algum "empurra e traz" — que chegamos a entender e assumir a fé. Tristemente, muitos pais e líderes de igreja estão em perigo de "impor" sua fé nesses anos da adolescência em reação a um processo de questionamento que é entendido como rebeldia. Este não é o estágio "gramatical", e a igreja deveria ser o lugar mais seguro para que mentes inquiridoras descubram as melhores respostas às perguntas que terão quando adultos. Agora que se preparam para ir à faculdade, a formação catequética, esperamos, terá desempenhado grande parcela de sua própria fé. Isso também os ajudará a estar

> sempre preparados para responder a todo aquele que vos pedir razão da esperança que há em vós, fazendo-o, todavia, com mansidão e temor, com boa consciência, de modo que, naquilo em que falam contra vós outros, fiquem envergonhados os que difamam o vosso bom procedimento em Cristo. (1Pe 3.15)

Mas não é questão apenas de conteúdo e método de instrução corretos. Também crescemos cada vez mais em nossa união com Cristo e seu corpo por meio de práticas sociais intencionais e estruturadas que foram ordenadas por Cristo. Lembremos do ministério ordinário e semanal de Atos 2: "Então, os que lhe aceitaram a palavra foram batizados, havendo um acréscimo naquele dia de quase três mil pessoas. E perseveravam na doutrina dos apóstolos e na comunhão, no partir do pão e nas orações" (2.41 – 42).

Que lugar o meu batismo tem agora na minha vida diária? O que isto me diz sobre quem são meus parentes mais próximos? Até mesmo mais do que marido e esposa, somos irmãos e irmãs em Cristo. Até mais que os filhos em uma família natural, somos co-herdeiros e filhos adotivos junto ao Pai, no Filho, pelo Espírito. Serei eu beneficiado por ser submisso ao "ensino e a comunhão" dos pastores debaixo de Cristo? O que está sendo dado a mim, feito por mim e para mim na Ceia do Senhor, quando sou atraído para fora do casulo fechado em mim mesmo para me agarrar a Cristo pela fé e a meus irmãos em amor?

Como é que "as orações" formam minha própria participação em Cristo e em seu corpo, para que, mesmo que eu ore em particular ou com minha família, ainda o faça com Cristo e sua igreja? Algumas dessas orações são também cantadas. Estes cânticos fazem com que "Habite, ricamente, em vós a palavra de Cristo" (Cl 3.16)? Os passeios do grupo de mocidade são planejados em sintonia com as atividades mais amplas da igreja ou regularmente atraem os jovens para longe da igreja, mesmo na ocasião do culto público ordinário no Dia do Senhor?

Sempre que possível, o pastor deverá dirigir as classes de profissão ou confirmação da fé. Isso ajuda a conectá-los mais uma vez ao corpo mais extenso. Acho intrigante que, apesar de suas agendas muito cheias, Lutero, Bucer, Calvino, Knox, e outros reformadores ensinavam o catecismo toda semana aos jovens. Isso causa uma profunda impressão sobre a pessoa jovem, por ela ser tomada a sério pelo ministro do rebanho todo. O fato de que o mesmo ministro que os dirige em seus questionamentos neste estágio também está conduzindo toda a congregação na adoração a cada semana possui calma, mas poderosa integridade. Se nossos jovens saírem para a faculdade sem serem firmados na verdade e sem lutarem honestamente com as suas dúvidas, não deveremos nos surpreender que durmam pela manhã de domingo quando estiverem na faculdade. Na situação atual, temo que estejamos mandando muitos jovens desarmados para a batalha.

Ainda há lugar para o ministério aos jovens? Absolutamente sim — de fato, este é o ponto do argumento que acabamos de fazer. Mas há lugar para os ministérios de mocidade e seus ministros da juventude? Temos alguns maravilhosos exemplos de ministérios entre jovens que estão focados na integração em vez de segregação.[97]

Acho útil pensar no ministério aos jovens como para eclesiástico. Idealmente, tais ministérios cumprem seu chamado andando ao lado (*para*) da igreja, conduzindo as pessoas à igreja. Dependendo de vários fatores, isto pode ser feito melhor chamando um pastor de mocidade ou designando um presbítero para supervisionar a coordenação de diversos eventos.

---

97 Veja de Brian Cosby, *Giving Up Gimmicks: Recovering Youth Ministry from an Entertainment Culture* (Phillipsburg, NJ: Presbyterian & Reformed, 2012).

O ecossistema de Deus

Por exemplo, o que aconteceria se houvesse tantas excursões para os lares de idosos e outros lugares de cuidar dos necessitados, quanto idas a parques temáticos? E se tivéssemos mais discussões focadas no conteúdo da fé em vez de conversas importantes, mas muitas vezes exageradas, sobre namoro, relacionamentos e autoestima? Não estou convicto de que exista resposta simples, e não me oponho a ministérios com alvos diretos para os jovens. A questão é se estamos contribuindo ou desviando da missão da igreja de edificar cada membro em um só corpo, conectado à Cabeça viva.

Com o evangelho, até mesmo este mundo adquire uma luz diferente. Começamos a ver mais cores, sentir mais sabores, ter prazer nesta vida de formas que antes pareciam impossíveis.

É especialmente no corpo de Cristo que o novo mundo — o mundo real — se torna vivo para nós. Observando a saúde, riqueza e felicidade dos maus, Asafe confessa: "pouco faltou para que se desviassem os meus passos". (Sl 73.2). Mas então ele entrou no santuário e tudo começou a entrar nos lugares certos (73.16 – 28). Semelhantemente, cada vez que ouvimos a Palavra de Deus, testemunhamos um batismo, recebemos a Ceia e participamos da confissão comum, oração e louvor, o mundo familiar da semana de trabalho parece uma sombra passageira. Seus cânticos de sirene tornam-se mais fracos quando ouvimos aproximar o som de uma tocante sinfonia. Começamos a saborear bocados da festa de casamento que está sendo preparada. Até mesmo mediante esses meios comuns, algo extraordinário chegou, está chegando, chegará. Esperamos pacientemente por isso.

Exercício

1. Discuta as imagens da agricultura e orgânicas que a Escritura nos dá para o reino de Cristo. Como isso difere de outras maneiras de pensar nisso?
2. Como cresce o jardim de Deus? Você consegue ver isto de formas concretas em sua própria vida, família e igreja? Quais são algumas das maneiras em que tendemos a solapar essa visão de crescimento em Cristo?
3. Como são as suas disciplinas pessoais? Por que elas são importantes?
4. Avalie algumas das principais formas pelas quais as crianças são alimentadas na fé em sua igreja. Estes métodos são saudáveis/insalubres? Por quê?

Em um discurso como paraninfo de formatura em 1987, o

Capítulo 10
PARE DE SONHAR E AME O PRÓXIMO

comediante Bill Cosby mirou o exagero usual que se tornou normal nesses eventos: "Vocês não vão mudar o mundo, portanto, nem tentem fazer isso". O melhor que podem fazer é viver cada dia com integridade e responsabilidade, recomendou, enquanto as risadas viraram pigarros e mexidas nos assentos. "Parem de ter sonhos narcisistas, fazendo com que todas as outras pessoas se encaixem neles", Cosby disse também aos formandos da Universidade *Temple* em 2012. "Vocês têm bastante tempo, mas não passem todo o tempo sonhando. Acordem!"[98]

Desde a infância nos dizem que podemos ser e fazer qualquer coisa que quisermos, fazer de nós aquilo que sonhamos. Muitas vezes, perdemos as árvores pela floresta em busca de causas ambiciosas, em vez de pessoas de verdade que Deus enviou à nossa vida para aquele momento, aquela hora, aquele

---

[98] www.whitehorseinn.org/blog/page/2/#sthash.k4HPTftD.dpuf.

dia, ou ano.

Querendo nos inspirar, essa mensagem constante pode, na verdade, nos paralisar de medo. Este capítulo enfoca a importância de permanecer nos postos aos quais Deus nos chamou: como filhos, pais, família mais ampla, vizinhos, colegas de trabalho e cidadãos. Precisamos parar de procurar chamados extraordinários que deem significado à nossa vida, o que frequentemente nos estimula a pensar nos outros como ferramentas em nossa elaboração de nós mesmos. Não são "os pobres" que precisam de nós, mas pessoas específicas — muitas das quais encontramos todo dia. O nosso próximo está bem à nossa frente. Recorde aquela linha final que mencionei no capítulo 8, do livro *Middlemarch*, de George Eliot:

> o crescente bem do mundo depende em parte de atos não históricos. O fato das coisas não estarem tão más como poderiam estar comigo e com você, é devido, em parte, ao grande número de pessoas que viveram fielmente no anonimato, que repousam em túmulos que jamais serão visitados.

Vá em frente, Menina!

A intensidade do preparo para o sucesso adulto, especialmente por pais *Boomer* e *Buster*, tem causado muito estresse para os meninos, mas para as meninas pode ser uma tragédia maior. Somos ambivalentes quanto ao papel das mulheres — em casa, na igreja, e na sociedade. Essa tensão é transferida às crianças, especialmente às meninas. Por um lado, é esperado que elas se preparem para serem esposas e mães segundo Provérbios 31. Isso já é muita pressão. Mas, por outro lado, também são estimuladas em muitos aspectos a serem tudo que um homem pode ser, fazer tudo que os homens fazem. Somos esquizofrênicos nessas questões, colocando essas duas expectativas contraditórias e incríveis sobre nossas meninas.

Tentando viver seus próprios sonhos, bem como os que a sociedade e os pais colocaram sobre elas, muitas jovens mulheres estão adiando o casamento, e especialmente os filhos. Em muitos casos, esses chegam exatamente na hora errada: quando as mulheres profissionais jovens estão a pleno vapor em suas carreiras. As mulheres que são excluídas como preguiçosas são as que decidem desde o começo que só querem ser esposa e mãe. Elas têm de se preparar para responder nas reuniões de ex-alunos do ensino médio ou da faculdade que são apenas "donas de casa que cuidam dos filhos". No rosto da antiga colega lê-se, mesmo quando as palavras não saem: "Agora, falando sério, você não trabalha?" Isto é o que ouvem muitas vezes de crentes como elas!

Quero tomar cuidado aqui. Não sou daqueles que quer que a filha more na roça e faça sua manteiga em casa. Especialmente desde a Segunda Guerra Mundial, quando as mulheres ajudaram a alcançar a vitória por sua heroica labuta nas fábricas e até mesmo em diversos papéis nas forças armadas, todo um setor da economia tem sido dirigido a tecnologias que poupem o tempo em seus lares. Em parte, o raciocínio era que as mulheres podiam se libertar das tarefas domésticas para seguir outros interesses e até mesmo outras vocações. Eu não poderia ter cursado a universidade se minha mãe não tivesse trabalhado fora. As esposas trabalham incansavelmente para ajudar seus maridos a cursar o seminário onde eu leciono. Diferente de outras épocas, as igrejas assumem muito menos a responsabilidade por seus jovens aspirantes ao santo ofício. Assim, elas não estão em posição de fazer essas dedicadas esposas sentirem-se mais culpadas por tomar medidas que socorram a família.

As mulheres têm chamados fora de casa. Não são apenas esposas e mães, mas também amigas e vizinhas que cultivam a cultura, de inúmeras formas, no nível mais local onde estão. Muitas têm também chamados adicionais para os quais foram educadas e treinadas. Como seus comparsas masculinos, elas têm dívidas do tempo de estudante e expectativas de se darem bem com o curso que fizeram. Evitando o legalismo e antinomianismo, precisamos de muita sabedoria. Cada caso será diferente dos outros. As mulheres solteiras, bem como os casais, deverão decidir, eles mesmos, o que é melhor em seu caso, baseado em princípios bíblicos e as características específicas da sua própria situação.

Quero, porém, desafiar o estresse específico que vem de tentar ser uma "mulher maravilha". Já tratei das questões que atingem ambos os gêneros, de ambição e inquietação. Essas características pressionam tanto homens quanto mulheres a fazer de seu trabalho um ídolo. Em reação contra este perigo, muitos pais esperam enfocar a família, porém, com expectativas extraordinárias. Frequentemente, os pais estão esgotados enquanto tentam equilibrar suas vocações estrangeiras e domésticas. Eles têm de ser senhores guerreiros, criar Daniéis e Déboras no exército do Senhor. Mas grande parte dessa expectação cai especificamente sobre as mães. Ora, a família também pode se tornar ídolo, mesmo que você trabalhe de tempo integral dentro de seu lar. Assim, além de ser taxista, levando a criançada para lá e para cá entre diversas atividades, mamãe tem de ser pastora, professora (especialista em tudo), voluntária, assistente social e *chef*. Em um mundo de alto risco, tudo depende da supermãe. Os conservadores e progressistas têm diferentes formas de substituir as ambições de grandeza por atenção ao ordinário.

Em nenhum lugar o ordinário é mais importante à cultura, e menos valioso em nossa sociedade, do que em relação à maternidade. Aqui não estou dizendo nada a favor ou contra as mulheres que trabalham fora de casa. Estou apenas sugerindo que o fardo que colocamos sobre as mulheres — mesmo desde a infância — as torna ansiosas quanto à vida, empurrando-as para a expectativa de insatisfação com os aspectos normais e diários da vida, os quais são tão essenciais para o desenvolvimento de raízes profundas, sabedoria e alimento para toda a família.

Muitas coisas que as mães fazem em casa não são nem mesmo mensuráveis, embora estupendamente deleitosas no dia a dia. Muito é entediante, repetitivo e sem o estímulo intelectual que encontramos na companhia de adultos. Em miríades de formas, o chamado diário de morrer para o eu é sentido mais fortemente pelas mães. Elas precisam de menos exigências e chantagem emocional, e mais encorajamento enquanto investem nas tarefas ordinárias que resultam em dividendos a longo prazo.

Em outras vocações, podemos seguir as melhores práticas, com a expectativa geral de sucesso evidente para nós e para os outros. Mas na maternidade não existe promoção ou premiação. O sucesso é medido em anos, não dias nem meses, e nunca há a certeza de que todas as coisas que fez a cada dia fizeram a diferença. As mães estão no coração da troca de dons que irradia em círculos concêntricos cada vez maiores, do lar para a vizinhança e igreja, e para a sociedade como um todo. Precisamente porque são dons, e não bens de consumo, os trabalhos domésticos sustentam as comunidades de formas que não podem ser medidas ou avaliadas pelo mercado. Esta é a sua força, não sua fraqueza.

Tudo que falei sobre maternidade tem aplicações óbvias aos pais também. A ambição nos estimula a dois erros. Primeiro, ficamos consumidos por nosso trabalho. Segundo, tentamos compensar isso com "tempo de qualidade": grandes investimentos nas férias da família. Precisamos tirar a pressão de cima de ambos, pai e mãe, deixar que respirem, e, descansados na graça de Deus, permitir que se deliciem com a conversa ordinária no carro, a conversa normal durante o culto doméstico, e os incontáveis momentos que se acrescentam. Nossas famílias, incluindo nós mesmos, não necessitam de mais tempo de qualidade, mas de maior quantidade de tempo. É ali que acontecem as melhores coisas. Pensamos que tais acontecimentos são espontâneos — e em certo sentido são. Mas, na verdade, são coisas que surgem borbulhantes quando as pessoas vivem juntas a vida corriqueira.

Pessoas versus *projetos*

Tenho já citado a primeira resposta do Breve Catecismo de Westminster: "O alvo principal do homem é glorificar a Deus e gozá-lo para sempre". Às vezes, é mais fácil glorificar a Deus (ou tentar fazê-lo) do que ter nele nosso prazer. Mesmo tendo os melhores motivos e intenções, podemos ficar tão ocupados

Pare de sonhar e ame o próximo

procurando louvar a Deus por aquilo que fazemos por ele, que não nos deleitamos nele pelo que ele é e pelo que fez por nós.

Acontece o mesmo com nosso próximo. Podemos estar tão envolvidos em fazer as coisas pelo próximo que os utilizamos como projetos de serviço. As suas necessidades — até mesmo as suas desgraças — oferecem oportunidade para aumentar nossa autoimagem e "crescer como pessoa". Como subprodutos, essas coisas não são em si mesmo erradas, mas existe o perigo de transformarmos as outras pessoas em instrumentos para nossos próprios fins egoístas.

Será que *gostamos* do nosso vizinho? É muito mais fácil servir um vizinho do que ter prazer nele ou nela. É bem mais cômodo ver a mim e meu serviço como um presente para alguém menos afortunado, sem ver a pessoa "carente" como um presente para mim. Além disso, é bem mais fácil ajudar o "próximo" que sirvo na fila de sopa para os sem teto — a quem provavelmente não verei de novo, pelo menos não por mais que cinco a dez minutos de cada vez — do que meu vizinho que mora ao lado da minha casa e me acorda depois da meia-noite com suas festas barulhentas. É mais fácil me entregar a um projeto de servir os pobres do que dar mais atenção à minha esposa e meus filhos. Isso é corriqueiro. Não consigo ver o impacto da dúzia ou mais de pequenas conversas, correções, risadas e tarefas que acontecem em um dia — ou mesmo em uma semana. Um mês, talvez mesmo em um ano. Não consigo mediar coisas simples. Porém, supostamente, consigo contar quantas almas foram ganhas ou quantas pessoas foram alimentadas ou quanto dinheiro foi dado a determinado projeto especial.

Olhamos o trabalho de alguém como Madre Teresa do

seu ponto final, como figura ganhadora do prêmio Nobel, que fundou uma ordem de freiras espalhadas por toda a Índia e por todo o mundo em favor dos pobres. No entanto, ela descreveu sua própria vida em termos de incontáveis decisões e atos que não parecem nada revolucionários numa escala diária. Ela aprendeu a ajudar a pessoa com a qual estava naquele momento — vizinhos de verdade, não "os pobres" em geral, mas pessoas criadas à imagem de Deus, que precisavam de algo específico que ela tinha para dar.

Um homem costumava passar por uma enorme obra de construção a caminho de seu trabalho. Um dia, ele parou para perguntar às pessoas o que estavam fazendo. Um operário respondeu: "levando terra". Outro replicou: "Quebrando as pedras". Ficando de pé, um terceiro homem disse animado: "Estou construindo uma catedral". O alvo era extraordinário, e foi isto que motivou o que parecia superficialmente nada mais que rotina chata. Temos de pensar desse jeito. Não precisamos ser Michelangelo para ter prazer em construir o andaime que ele usou para pintar a Capela Sistina. Não apenas no ministério pastoral, mas em todas as vocações, alguns plantam, outros regam, mas o Senhor é que dá o crescimento.

Dois tipos de sacrifício

A lei do Antigo Testamento providenciava dois tipos distintos de sacrifício: ações de graças e sacrifício pela culpa. O primeiro era natural para nossa condição de criaturas: ofertas de tributos dados ao grande Rei. Em Romanos 1, Paulo diz que a primeira evidência de que somos caídos em Adão é não sermos mais gratos. Depois da Queda, foi necessário algo mais: uma oferta pela culpa, um sacrifício para tirar os pecados.

É impressionante como essa ideia de não atingir a meta e os deuses estarem zangados conosco permeia todas as religiões do mundo. Por isso é que jogavam os filhos nos vulcões e ofereciam sacrifício anual de uma pessoa, criando esquemas elaborados para apaziguar os deuses ou as forças da natureza. "Se fizermos x, então deus ou os deuses farão y". Esta lógica está evidente até no cristianismo; é a nossa religião natural, o que nosso computador registra quando deixamos de registrar nossos próprios dados.

Mas a boa-nova é que Deus providencia o sacrifico pela culpa. Em Gênesis 3, depois da Queda, Deus vestiu Adão e Eva com peles de um sacrifício que apontava para o Cordeiro de Deus que tira o pecado do mundo. Deus não estava em nada preso a isso. Da sua parte, foi um ato de pura misericórdia. Todo o sistema sacrifical do Antigo Testamento apontava para a frente, para o momento quando Deus Filho, em carne como nós, suportaria a maldição pelos nossos pecados e daria fim a todos os sacrifícios.

Agora vivemos em uma economia de graça, não economia de dívida. Finalmente estamos livres para sermos gratos, para nos oferecer em "sacrifício vivo" de louvor, em vez de sacrifícios mortos pela culpa. Somos os recebedores de tudo. Não estamos construindo um reino, mas recebendo o reino. Não estamos apaziguando a Deus, mas recebendo seu dom de justiça em seu Filho.

Como receptores nesse intercâmbio pactual entre o Pai e o Filho encarnado, a igreja vive em uma economia de gratidão em vez de sacrifício ou como uma extensão da obra expiadora de Cristo. *Somos receptores passivos do dom da salvação, mas por ele passamos a ser adoradores ativos, em vida de ações de graças, que é demonstrada principalmente no serviço amável ao próximo.*

Especialmente quando nos ajuntamos para o culto corporativo, somos lembrados de que debaixo de todos os contratos que fizemos durante a semana, a realidade é fundamentalmente ordenada pela fidelidade pactual de Deus. Deus fala, e nós respondemos com ações de graça. Aqui, a lógica do mercado (a dívida) é deslocada pela lógica doxológica da graça (dom).

Cristo é a oferta de gratidão plenamente satisfatória (uma vida que agrada a Deus em nosso favor) bem como a oferta pela culpa (substituto por nossos pecados). Note especialmente os dois pontos cruciais de 2Coríntios 1.19 – 20:

> Porque o Filho de Deus, Cristo Jesus, que foi, por nosso intermédio, anunciado entre vós, isto é, por mim, e Silvano, e Timóteo, não foi sim e não; mas sempre nele houve o sim. Porque quantas são as promessas de Deus, tantas têm nele o sim; porquanto também por ele é o amém para glória de Deus, por nosso intermédio.

Ao cumprir nossas dívidas, ele torna nossa vida em ofertas de gratidão a Deus. Ele coloca uma nova economia em seu lugar, para que "por ele" possamos "dizer o amém a Deus por sua glória". O Dom foi dado; portanto, estamos livres para dar: graças a Deus, e nossas boas obras ao nosso próximo.

Até que as pessoas estejam persuadidas que Deus é a fonte de todo bem, Calvino insiste: "eles jamais se dedicarão plena, verdadeira e sinceramente a ele".[99] A graça inspira a gratidão. "Existe... um paralelo exato a esse respeito entre a piedade e a fé", observa o especialista em Calvino, Brian Gerrish. Somente devido ao perdão dos pecados que vem de Cristo é que a consciência inquieta poderá ser assegurada de que Deus é realmente bom e a fonte de todo bem.[100]

Somente por Deus, portanto, todos os bons e perfeitos dons vêm ao mundo e são distribuídos por nós no banquete. A igreja é o ambiente onde os pecadores são recebedores, mas são também as pessoas espalhadas para cumprir os seus chamados comuns. Nesse último, a igreja não tem domínio. Ela não pode ordenar a comunidade do pacto a abraçar ideologias, políticas, partidos ou candidatos específicos. Só pode dar testemunho do reino da graça, não inaugurar o reino da glória. Daí, tanto Calvino quanto Lutero se referem a "dois reinos" que precisam ser mantidos distintos na presente era, embora o crente participe de ambos.[101]

Gustav Wingren resume positivamente a preocupação de Lutero com o próximo como receptor das boas obras do crente. Em vez de viver nos monastérios, entregando a vida em serviço a si mesmos e à própria salvação, ou viver nos castelos, mandando no mundo para espelhar o reino de Cristo, Lutero argumenta, os crentes deveriam amar e servir ao próximo mediante as suas vocações no mundo, onde seus vizinhos precisam deles.[102] "Deus não precisa de nossas boas

---

99 João Calvino, *Institutas*, 1.2.2.
100 Ibid., 3.3.19.
101 Ibid., 4.20.1 – 3.
102 Gustav Wingren, *Luther on Vocation* (trad. Carl C. Rasmussen; Evansville, IN: Ballast, 1994; reimpresso da edição Augsburg-Fortress), 2.

obras, mas o nosso próximo precisa delas".[103] Enquanto ofertamos nossas obras a Deus, simultaneamente "tentamos tirar Cristo do seu trono" e negligenciamos nosso próximo, pois tais obras "foram feitas claramente, não por amor do próximo, mas para serem exibidas diante de Deus".[104] Deus desce para servir a humanidade por meio das nossas vocações, para que, em vez de ver as boas obras como nossas obras para Deus, elas sejam agora vistas como obras de Deus para nosso próximo, realizadas por Deus através de nós. Por esta razão, as duas ordens ficam desconcertadas quando tentamos apresentar as boas obras a Deus como se ele precisasse delas. Em contraste, quando somos dominados pela superabundância do dom gracioso de Deus, expressamos nossa gratidão em obras de amor horizontal e de serviço ao próximo.

Esta visão da vocação tem numerosas implicações para a vida social. "Em seu *Tratado sobre a Liberdade Cristã*, o pensamento principal é que o cristão vive em Cristo pela fé e em seu próximo pelo amor".[105]

> Em fé, quando aceitamos o dom, o homem descobre que não é somente o "céu puro com suas estrelas, onde Cristo reina em suas obras", mas também a terra é purificada "com suas árvores e relva, aonde estamos em casa com tudo que é nosso". Não existe nada mais prazeroso e amável sobre a terra do que o nosso próximo. O amor não pensa em realizar obras, ele encontra alegria nas pessoas; quando algo bom é

---

103 Ibid., 10.
104 Ibid., 13, 31.
105 Ibid., 42.

feito pelo próximo, isso não dá a aparência de que amar seja realizar obras, mas a obra simplesmente é dom que flui naturalmente desse amor.[106]

Debaixo da lei, em Adão, estamos presos no ciclo do pecado e morte, ressentimento e desespero, autojustiça e autocondenação. Porém, sob a graça, em Cristo, somos não somente justificados à parte lei, como também, pela primeira vez, somos capacitados a responder a essa lei do amor que chama dos mais profundos recessos do ser, como criaturas pactualmente constituídas. Não é a própria lei que muda, mas nossa relação com ela, que faz toda a diferença.

Em uma economia da graça, há o bastante para alcançar a todos. O amor e a generosidade do Pai não são escassos. A sua mesa está repleta de suntuoso alimento. É por isso que convidamos os que não podem retribuir. Afinal de contas, não é a nossa mesa, mas a dele. É Cristo que nos fala hoje nas palavras do profeta:

> Ah! Todos vós, os que tendes sede, vinde às águas; e vós, os que não tendes dinheiro, vinde, comprai e comei; sim, vinde e comprai, sem dinheiro e sem preço, vinho e leite. Por que gastais o dinheiro naquilo que não é pão, e o vosso suor, naquilo que não satisfaz? Ouvi-me atentamente, comei o que é bom e vos deleitareis com finos manjares (Is 55.1 – 2)

A mão generosa de Deus está aberta a nós e se abre aos outros sentados juntos a nós. Começamos a nos deleitar não

---

106 Ibid., 43.

somente em Deus, como também em nosso próximo. Não somos mais *mestres modernos,* nem *turistas pós-modernos,* mas *peregrinos perdoados* a caminho da cidade construída por Deus, enquanto ele prepara para nós uma mesa no deserto.

Assim como o evangelho nos direciona para fora de nós mesmos ao divino estrangeiro que nos encontra em paz e reconciliação, ele nos livra para uma piedade extrovertida, que não está mais obcecada pela autocondenação nem pela autojustificação. O evangelho nos capacita a concentrar, não no processo interior de hábitos introspectivos e nosso próprio progresso moral, mas volta nossa atenção para fora, para os estrangeiros como nós, que estão ao redor de nós. O evangelho nos torna extrospectivos, voltando nosso olhar para cima, para Deus em fé, e para fora, para o nosso próximo em amor. Esta é a verdadeira liberdade — somos livres da culpa e tirania do pecado, para que realmente possamos amar as pessoas como dons em vez de dívidas.

Entrando no descanso de Deus

O Dia do Senhor não é mais uma esteira rolante, mas um dia de descanso do nosso trabalho, enquanto nos aquecemos pela maravilhosa provisão para nossa salvação e nossas necessidades temporais (Hb 4.1 – 5). Afinal de contas, "Ao SENHOR pertence a terra e tudo o que nela se contém, o mundo e os que nele habitam" (Sl 24.1). Neste santo dia, descansamos no cuidado de Deus por nosso bem-estar temporal. Mais que isso, descansamos somente nele para a vida eterna. É a oportunidade de receber um reino em vez de construí-lo; de sermos beneficiários em vez de benfeitores; de sermos herdeiros em vez de empregados; de mais uma vez estar do lado receptor do "Filho do Homem [que] veio não para ser servido, mas para servir e dar sua vida em resgate de muitos" (Mateus 20.28). Podemos aquietar-nos e saber que *Yahweh* é Deus (Sl 46.10).

Este descanso não é o cessar de toda a atividade. É unir-nos ao Senhor em sua conquista da morte e do inferno, receber e dispensar os despojos da sua vitória. É abrir as janelas aos raios que irradiam da era por vir, onde Cristo reina em graça, aguardando juntos o dia em que ele voltará para reinar em glória. Cheios da intensidade dessa graça soberana, o Dia do Senhor se torna uma ponte para a transformação de toda nossa vida, de forma que todo dia é aquecido por sua luz.

"E descansou Deus, no sétimo dia, de todas as obras que fizera" (Hb 4.4). No entanto, Israel, como Adão, falhou na prova, portanto, perdeu o descanso do sábado. Como Paulo diz em Romanos 10, ironicamente, Israel buscou esse descanso pelas obras, mas não o alcançou, enquanto aqueles que não o buscaram pelas obras, mas o receberam pela fé, o alcançaram. Diferente dos sumos sacerdotes do antigo pacto: "Tendo, pois, a Jesus, o Filho de Deus, como grande sumo sacerdote que penetrou os céus, conservemos firmes a nossa confissão" (4.14). Tomando o seu trono à destra do Pai, ele a garantiu como nosso trono junto a ele em glória eterna. "Acheguemo-nos, portanto, confiadamente, junto ao trono da graça, a fim de recebermos misericórdia e acharmos graça para socorro em ocasião oportuna" (4.16).

Assim, novamente existe mais um "hoje": o espaço na história para entrar no sábado eterno com Deus, ao descansarmos de nossas obras porque Cristo já cumpriu todas as nossas lutas diárias em nosso favor. Ele nos chama para não lutar por esse descanso ao guardar, sujeitar e vigiar, mas simplesmente entrar no *seu* descanso pela fé que está por trás do Rei vencedor.

Impossível de parar?

"Todos vocês vão morrer". Essa não é a mensagem que os formandos da faculdade estão acostumados a ouvir, o que pode ser a razão pela qual o discurso de formatura feito pelo cinegrafista Joss Whedon tenha criado tanto alvoroço na mídia. Em nossa cultura jovem, até mesmo os adultos maduros são estimulados a recuperar a sua adolescência interior. "Posso estar velho, mas jamais vou amadurecer", li ontem em uma placa de carro.

Mas não há como negar que está ficando mais difícil nos manter acima das expectativas. O assunto mais tabu da nossa sociedade é a morte. Pelo menos na Califórnia, as pessoas não morrem; elas simplesmente "partem" — ou melhor, continuam vivas em seus legados e cada uma das lembranças que deixaram para trás. Não se engane: a morte nos ronda e eventualmente nos para onde quer que estejamos. A sabedoria nos conclama a usar esse fato como alavanca para reorientar-nos às coisas realmente importantes. Essas coisas acabam sendo coisas corriqueiras.

A verdade é que cada um de nós pode ser parado. De fato, todos nós paramos. Nosso coração para de bater, paramos de mexer e paramos de respirar. Como Whedon ressaltou em seu discurso de formatura, até mesmo começamos a desacelerar exatamente na hora que nossas ambições estão mais acesas.

Pare de sonhar e ame o próximo

O estoico em cada um de nós imagina que estejamos independentes de Deus e um do outro, até que não estejamos mais. No livro *In The Little Way of Ruth Leming* [O pequeno caminho de Ruth Leming], Rod Dreher reflete:

> A cultura contemporânea nos estimula a fazer ilhas de nós mesmos para obtermos realização pessoal, avançarmos na carreira, nos divertir, e todas as exigências do ser soberano. Quando vem o sofrimento e a morte — e eles certamente virão — queremos estar num lugar que conhecemos e somos conhecidos. Queremos — não, necessitamos — poder dizer, como Mike fez: "Estamos encostados, mas encostados um no outro".[107]

Ruth, irmã de Dreher, jamais deixou a cidadezinha da Louisiana onde cresceram, mas vivia uma vida simples de serviço amoroso em sua comunidade. Quando ela ficou com câncer, Dreher mudou de volta para sua casa, deixando as alturas deslumbrantes do jornalismo de Nova York. Um amigo lhe disse:

> "Tudo que eu fiz foi para progredir em minha carreira. Correr atrás de dinheiro, dos bons empregos. E nos demos bem. Mas estamos sozinhos no mundo, disse ele. Quase todo mundo que eu conheço é assim. A minha família está espalhada pelo país inteiro. Meus filhos só telefonam quando querem alguma coisa... quando envelhecemos, os filhos não voltam para casa para cuidar de nós, mesmo se quisessem,

---

[107] Rod Dreher, *The Little Way of Ruth Leming: A Southern Girl, a Small Town, and the Secret of a Good Life* (New York: Grand Central, 2013), 209.

porque nós todos vamos a um condomínio de luxo com campo de golfe para gozar nossa aposentadoria. Este é o mundo que fizemos para nós. Tenho inveja de você por conseguir escapar dele".[108]

Dreher acrecenta:

Nunca teria imaginado que passaria a manhã do quadragésimo terceiro aniversário de minha irmã caçula no cemitério, assistindo enquanto os coveiros levantavam no lugar a pedra do seu túmulo. Mas as pessoas nunca pensam nessas coisas quando são jovens. Ninguém pensa em limites, e quanto precisaremos uns dos outros. Mas, se vivermos tempo suficiente, veremos o sofrimento. Isso chega perto da gente. Despedaça a ilusão que nos é tão cara, de autossuficiência, de autonomia, de ter o controle. Olhe só: uma esposa e mãe, uma boa mulher no auge da vida, morrendo de câncer. Isso não acontece só com as outras pessoas. Acontece na sua família. Daí, o que você vai fazer?[109]

"Ensina-nos a contar os nossos dias, para que alcancemos coração sábio" (Sl 90.12). Quando fazemos isso, encolhemos um pouquinho, mas Deus e o seu mundo se tornam muito maiores. Sempre que isso acontece, estaremos prontos a aproveitar ao máximo aquilo que é simples.

---

108 Ibid., 216
109 Ibid., 267.

Pare de sonhar e ame o próximo

Exercício ◇◇

1. Como são dadas especialmente às mulheres, desde a infância, expectativas que podem ser pesadas, confusas e impossíveis?
2. Às vezes você tem tendência de tratar as pessoas como se fossem projetos? Por que fazemos isto, e como deveríamos tratá-las?
3. Quais os dois tipos diferentes de sacrifício no Antigo Testamento? Como é que Cristo cumpre a ambos e o que isso significa para nossa vida atual?
4. Você adquire força para a sua vida de fé ativa de um lugar máximo de descanso em Cristo? Quais os desafios em nossa vida diária?
5. Considere/discuta a ênfase dominada pelos jovens "impossíveis de parar". Como nossa percepção das coisas muda ao ficarmos mais velhos? (Esta é especialmente boa para ser discutida em grupo com idades variadas).

Capítulo 11
DEPOIS DO CORRIQUEIRO: ANTEVENDO A REVOLUÇÃO

No presente, todo mundo é impelido por uma expectação do futuro. De acordo com o espírito de nosso tempo, não viemos de nenhum lugar e não vamos a lugar nenhum, mas no ínterim, podemos fazer algo de nós mesmos.

Os cristãos são impelidos por uma história diferente. Nossa origem é extraordinariamente nobre, mas nos rebelamos contra essa glória dependente. Não contentes em ser lua que reflete a glória do sol, exigimos ser o próprio sol. No entanto, alguns eventos extraordinários ocorreram na história para nos redimir — e redimir nossa história — do pecado e da morte. O destino sobre o qual pusemos nossa esperança não é em nada ordinário. É nada menos que "a ressurreição do corpo e a vida eterna". Um dia, não haverá distinção entre o céu e a terra. Fé passará a ser visão. Não estaremos mais vivendo pelas promessas. Não haverá mais dias ordinários. *A Próxima Grande Coisa* é a volta de Cristo. Até então, vivemos na esperança que transforma nossa vida ordinária aqui e agora.

Cristo já garantiu esse glorioso destino para nós como as "primícias", porém, tudo em nossa experiência diária parece contar contra isso. Nosso corpo se decompõe, perdemos nossa memória, e parece que desmoronamos exatamente quando queríamos salvar o mundo. Não fosse o surpreendente anúncio do evangelho, vacilaríamos entre utopia e niilismo. Por tudo que vemos a nosso redor e em nossas vidas, este evangelho parece bom demais para ser verdade.

Não tão bom quanto vai ser

A vida que vivemos agora nos prepara para tudo depois da ressurreição dos mortos. Este evento não inaugurará o fim dos tempos, mas o fim do tempo conforme medido pela lei do pecado e da morte. Não será o fim deste mundo, mas seu renascimento. Na Escritura, o sábado era para o tempo o que a Terra Santa, com o templo em seu cerne, era para o espaço. Eram prelúdios, breves intimações de atrações prestes a acontecer. No reino que Cristo inaugurou e consumirá em sua volta, todo dia será sábado eterno e toda a terra — na verdade, todo o cosmos, será o seu santuário.

Comparados com essa espécie de evento radical, nossa vida parece excessivamente breve. Mas a era por vir não está selada e separada de nossa vida aqui e agora. Em vez disso, o retrato que recebemos indistintamente pelos profetas, e mais claramente no Novo Testamento, é que a época que virá já está penetrando a presente era do mal, mediante a poderosa força do Espírito Santo.

Operando pelo meio ordinário da graça, o Espírito não somente nos dá as coisas boas. Ele mesmo é o dom de Deus

Depois do corriqueiro: antevendo a revolução

Pai e do Filho. Em muitas sociedades pré-modernas, a pessoa podia entregar alguma coisa valiosa, como uma capa, para garantir um empréstimo. Em casos extremos, podia-se oferecer um membro da família como penhor ou depósito até que o empréstimo total fosse pago. Na Escritura, contudo, o próprio Deus se entrega como garantia. O Pai e o Filho concederam o Espírito Santo, "o qual é o penhor da nossa herança, até ao resgate da sua propriedade, em louvor da sua glória" (Ef 1.14).

É o Espírito Santo que renova e cuida do jardim — dentro de nós e entre nós e os outros ramos — garantindo que produzamos fruto do Espírito: paciência, amor, levar as cargas um do outro, autocontrole, e outros atributos propícios à tensão "já mas ainda não" da nossa vida de aqui e agora.

Seria mais fácil viver em um mundo de "ou isso ou aquilo". Poderíamos estar "mortos em transgressões e pecados", ignorantes das reivindicações de Deus e sua obra salvadora em nosso favor. Ou, poderíamos ser glorificados, aperfeiçoados de corpo e alma, aqui e agora. Porém, ambos são ilusões, se estamos em Cristo. Não existem cristãos de primeira classe que tenham atingido a vitória sobre todo pecado conhecido, bem como a maldição que é comum à humanidade desde a Queda. Também não existem cristãos carnais que foram perdoados, mas que não têm o Espírito e seu poder santificador.

Existem duas espécies de evangelho da prosperidade. Um promete saúde, riqueza e felicidade pessoal. Outro promete transformação social. Nas duas versões os resultados dependem de nós. Nós trazemos o reino de Deus à terra, ou a nós mesmos ou à sociedade, ao seguir determinadas leis espirituais ou agendas morais e políticas. Os dois se esquecem de que a salvação vem do alto, é dom de Deus. Os dois se esquecem de que quando somos batizados em Cristo, o modelo de nossa vida é sofrimento que conduz à glória naquela revolução cataclísmica que Cristo trará com sua volta. Os dois se esquecem de que nossa vida e o mundo como são agora não são tão bons quanto devem ser. Não temos agora a melhor vida nem o melhor mundo.

Contudo, o perigo oposto é ignorar as boas-novas de que a nova criação já tenha começado. Cristo já inaugurou o seu reino, embora ainda não o tenha consumado. Se fecharmos o reino vindouro como coisa inteiramente do futuro, poderemos facilmente confundir o "simples" com a presente era que está desvanecendo. A posição difícil é estar na intersecção precária desta era presente, que está presa pelo pecado e morte, e a era futura, que é fruto da vitória de Cristo que o Espírito está plantando, cuidando e espalhando em nosso coração e nosso mundo por meio do evangelho. O jardim está crescendo, mas como um quadro brilhante que foi desgastado pelo conflito entre essas duas eras. Os ventos quentes sopram contra nós, mas a brisa suave da graça do Espírito mantém o jardim florescendo e se espalhando pelo deserto.

O próximo grande evento — não, o verdadeiro acontecimento
"Eis que faço novas todas as coisas" (Ap 21.5). Há, no impulso revolucionário, algo que foi emprestado do evangelho. Na verdade, a igreja proclama junto com os profetas e apóstolos que nosso Senhor Jesus Cristo inaugurou um reino, o qual, em sua consumação, assimilará para si todos os poderes e regimes mundanos. Essa proclamação é mais radical quanto à culpa e

miséria da raça humana do que qualquer pessimista, e mais alegre na perspectiva de um cosmos completamente transformado do que o mais animado otimista poderia imaginar. Além do mais, anuncia completo perdão dos pecados e justificação. A boa-nova não termina com as pessoas regeneradas tendo a paz de Deus em seus corações. Essas maravilhosas verdades nos dão confiança de que, apesar da aparência das coisas, a promessa de Deus permanece firme, mesmo agora, enquanto você e eu ainda carecemos da glória de Deus. Porém, o benefício último da nossa salvação é que seremos como Deus, e que toda a criação será renovada na força do Espírito.

É como se o mundo inteiro estivesse clamando pela libertação que Paulo descreve em Romanos 8. Mesmo o revolucionário ateu sente a necessidade de roubar as rosas do jardim cristão para dar dignidade à sua visão utópica. Seu moderno dogma do progresso é pouco mais que uma versão secularizada da promessa bíblica de um mundo redimido sem privações, injustiças, guerras e contendas.

Como argumentei em um capítulo anterior, o anseio pela *Próxima Grande Coisa* esteve muitas vezes ligado a uma visão de salvação centrada numa experiência de conversão radical e uma visão da vida cristã marcado por esses momentos radicais. Com certeza, existe aqui uma verdade também. Quem pode negar o caráter radical do novo nascimento que torna os espiritualmente mortos vivos em Cristo?

O problema não está em reconhecermos com a Escritura o caráter radical da salvação ou a novidade radical do mundo na era por vir, mas que esperamos que a consumação venha logo demais. O crente passivo esqueceu a novidade que o Espírito já trouxe a este mundo mediante a palavra de Cristo. Ele pode acreditar que as coisas serão novas no futuro, quando Cristo voltar. Mas em vez de experimentar a vida agora como as primícias dessa consumação, parece que ele enxerga essa vida como sendo relativamente sem mudança, intocada pelo advento de Deus em Jesus Cristo. O santo ativista, porém, pode esquecer que a *Próxima Grande Coisa* no tempo de Deus é a volta de Cristo. Somente a sua volta trará aquela divisão absoluta na história entre o tempo de morte e o tempo da vida eterna.

A difícil, mas necessária, localização da existência cristã para agora é essa época paradoxal de "já e ainda não". A *Próxima Grande Coisa* não é outro Pentecostes ou outro apóstolo ou causa política ou social. É a volta de Cristo. Ao exigir satisfação imediata do anseio de nosso coração, substituímos este evento por espetáculos fabricados. Ironicamente, a vida cristã mais fiel é a que abraça uma peregrinação em vez de uma conquista. A vida comum — de discipulado sustentável e formação de discípulos — é a ordem do dia, ao vivermos cada momento em ansiosa expectação da *Próxima Grande Coisa* no cronograma de Deus.

Se você soubesse que Jesus voltaria amanhã

O que aconteceria se soubesse que Jesus voltaria amanhã cedo? Essa pergunta foi feita muitas vezes na igreja em que eu cresci. Caso não tivéssemos resposta pronta, geralmente nos diziam o que *deveríamos* estar fazendo quando o dia chegasse. A pergunta tinha intenção de acender o fogo debaixo de nós para que ousássemos coisas extraordinárias. Quem queria ser achado fazendo compras no supermercado ou dirigindo o carro até sua casa depois do trabalho do dia? Porém, os cristãos mais sábios nos lembram de que resposta melhor seria sermos encontrados em nossos chamados diários, glorificando e tendo prazer em Deus de maneiras simples e comuns. Apreciando de sua janela o perfume de abril e o cacarejar das galinhas, dizem que Lutero declarou: "Mesmo que eu soubesse que o mundo iria acabar amanhã, ainda hoje plantaria uma macieira".

Ainda que esta fosse uma das muitas citações espúrias de Lutero, ela ainda expressa uma sabedoria bíblica que muitas vezes ele partilhava.[110] Afinal, o apóstolo Paulo respondeu a essa pergunta diretamente em 1Tessalonicenses 4. Quando se aproxima o dia do Senhor, diz ele, os crentes são aconselhados "a diligenciardes por viver tranquilamente, cuidar do que é vosso e trabalhar com as próprias mãos, como vos ordenamos" (4.11). Isso não soa como algo que transforme o mundo. Mas é precisamente nos hábitos que formam uma vida como essa que os crentes vivem "de modo que vos porteis com dignidade para com os de fora e de nada venhais a precisar" (v. 12).

Conforme vimos, cada um de nós é um ramo da videira, e também trabalhador na vinha. Paulo falava disso especialmente em referência a si mesmo e outros ministros da Palavra. Alguns plantam, outros regam, mas é o Senhor que dá o crescimento. Isso não é libertador?

O que você fez hoje pelo Reino? Temos tendência de hesitar nesse ponto, tentando desesperadamente recordar alguma coisa notável. Mas todo dia, de modo que nem mesmo sabemos, o reino cresce e nosso próximo está sendo servido. Pode

---

110 Veja o excelente tratamento por Gene Edward Veith, *God At Work: Finding Your Christian Vocation in All of Life* (Wheaton, IL: Crossway, 2002)..

ser numa calma referência na sala de cafezinho que leve o colega de trabalho, semanas mais tarde, a perguntar sobre a vida e a morte, talvez até dirigindo a pergunta a outro crente e não a você. Você preparou o lanche das crianças e as levou a tempo para a escola. Trabalhou bem com suas mãos para suprir aos vizinhos com aquilo que necessitavam e — a propósito, novamente: "Edificarei a minha igreja, e as portas do inferno não prevalecerão contra ela" (Mt 16.18). Fique no ponto. Não perca o foco. Jesus já prendeu Satanás (Marcos 3.27; Lucas 10.17). Somos agora livres para fazer as pequenas coisas que têm importância, sem ansiedade a respeito de como tudo vai acabar no final. "No mundo, passais por aflições; mas tende bom ânimo; eu venci o mundo" (João 16.33).

Última chamada: morrer como vocação

Os cristãos sábios do passado pensavam na vida como, num sentido mais profundo, uma preparação para a morte. A literatura puritana está repleta disso, com livros populares sobre "morrer bem". Não fomos criados para essa morte. É desnatural para nós, a despeito do jeito animado que a tratamos como trivialidade — principalmente pelo medo. A morte não pode ter propósito, qualquer significado transcendente, conforme muitos de nossos vizinhos dizem, porque se tivesse, poderíamos ser levados a questionar se ela seria alguma espécie de juízo divino sobre nós. Nossa cultura está patologicamente comprometida a adiar e até mesmo negar a realidade da morte, porque ela desconhece a justificação do ímpio que remove o aguilhão, e a ressurreição dos mortos que dá à nossa vida um começo feliz, que não termina, que vai além de tudo que já conhecemos. Assim, em vez de funerais, temos "celebrações da vida", com animadas lembranças daqueles que partiram.

Por causa do evangelho, os crentes são livres para tomar sua cruz final, a morte, como um chamado de Deus. Depois de anos de muitos chamados como filhos, pais, vizinhos, patrões e empregados, e assim em diante, nosso último chamado é para enfrentar a morte, não com autoconfiança estoica, mas na segurança de que é, na verdade, o "último inimigo" e não terá a última palavra (1Co 15.26). Deus nos chama primeira e principalmente a lançar-nos ao seu cuidado, seguros na mediação de seu Filho, e sustentados por seu Espírito. Desta confiança, ele nos conclama a testemunhar a nossa família, vizinhos e amigos que não estamos apenas "passando", mas morrendo. No entanto, nossa esperança está em que seremos ressuscitados à gloriosa semelhança de Jesus Cristo.

Vivendo cada dia à luz deste "último inimigo", com a segurança da vitória final de Cristo sobre ele, choramos, mas não nos desanimamos quando enfrentamos as formas mais amenas do sofrimento. O apóstolo Paulo podia seguir o curso que no final conduziria ao martírio, não por vã ambição, mas por amor de Cristo e no serviço a outros.

> Pelo que, tendo este ministério, segundo a misericórdia que nos foi feita, não desfalecemos; pelo contrário, rejeitamos as coisas que, por vergonhosas, se ocultam, não andando com astúcia, nem adulterando a palavra de Deus; antes, nos recomendamos à consciência de todo homem, na presença de Deus, pela manifestação da verdade. (2Co 4.1 – 2a)

Isto está em forte contraste aos "superapóstolos", que atraíam as multidões com os seus dons naturais.

> Temos, porém, este tesouro em vasos de barro, para que a excelência do poder seja de Deus e não de nós. Em tudo somos atribulados, porém não angustiados; perplexos, porém não desanimados; perseguidos, porém não desamparados; abatidos, porém não destruídos; levando sempre no corpo o morrer de Jesus, para que também a sua vida se manifeste em nosso corpo... De modo que, em nós, opera a morte, mas, em vós, a vida. (2Co 4.7 – 10, 12)

Uma teologia de glória vê a aparência externa das coisas, mas a teologia da cruz está jungida à promessa que foi ouvida:

> Por isso, não desanimamos; pelo contrário, mesmo que o nosso homem exterior se corrompa, contudo, o nosso homem interior se renova de dia em dia. Porque a nossa leve e momentânea tribulação produz para nós eterno peso de glória, acima de toda comparação, não atentando nós nas coisas que se veem, mas nas que se não veem; porque as que se veem são temporais, e as que se não veem são eternas (2Co 4.16 – 18).

O contraste entre o visível e o invisível não é o mesmo dos mundos inferior e superior de Platão. Não é como se o mundo visível que conhecemos fosse apenas sombra comparado ao âmbito invisível do espírito puro. Em vez de dois mundos, os apóstolos tinham em mente duas épocas: este mundo em sua forma atual, sob o domínio do pecado e da morte, e este mundo em sua forma redimida e ressurreta, quando Cristo voltar. Mesmo agora, os raios da era vindoura estão perfurando a era presente. Conforme Paulo ensina acima, a ressurreição final já começou, tendo Jesus como primícias, junto com a regeneração do ser interior. O que vemos e podemos medir visivelmente conta contra essa nova criação, mas vivemos pela promessa.

A parede de separação entre gentios e judeus, simbolizada pelo pátio externo do templo dos gentios e o pátio interno já foi derrubada em Cristo. Em Cristo, não apenas entramos no Santo Lugar, mas no Santo dos Santos, onde nem os judeus podiam entrar, exceto pela representação do sumo sacerdote uma vez por ano. Aprendemos pela visão de João em Apocalipse que até mesmo o limite entre céu e terra desaparecerá. A sala do trono de Deus não será mais invisível a nós, nem meramente visível em uma capital terrestre, mas estará em nosso meio. Sua glória encherá a terra e a renovará dia a dia.

Finalmente será céu na terra. Isso não é um sonho. Já foi garantido pela vitória de Cristo sobre o pecado e a morte. Para o momento, é apenas uma promessa, com um adiantamento do nosso tesouro final que está sendo dado em prestações regulares.

A vida que agora vivemos pelo Espírito é, portanto, uma entrada ou depósito de segurança sobre as bênçãos da era vindoura. Vivemos no mundo ordinário, com sua maldição comum e graça comum, somos simplesmente crentes, com nosso crescimento ordinário em Cristo mediante os meios ordinários de graça, e nossos chamados ordinários na família, igreja e no mundo. Podemos estar contentes em meio aos altos e baixos, porque temos todas as bênçãos espirituais em Cristo e compartilhamos com os santos como nós na troca dos dons.

Agora vemos com maior clareza que os vícios que nos deturparam são corrupção dos dons originais. Fomos feitos para ter fome e sede de glória, mas os quisemos sem Deus — em nossos próprios termos. Em Cristo, porém, seremos glorificados muito além da condição de Adão e Eva no jardim. Todos os nossos desejos — e outros dos quais não estávamos explicitamente cônscios — serão satisfeitos além de toda imaginação. É precisamente por causa dessa extraordinária esperança, portanto, que podemos abraçar a vida corriqueira e ordinária que Deus nos dá aqui e agora.

> Porque para mim tenho por certo que os sofrimentos do tempo presente não podem ser comparados com a glória a ser revelada em nós. A ardente expectativa da criação aguarda a revelação dos filhos de Deus. Pois a criação está sujeita à vaidade, não voluntariamente, mas por causa daquele que a sujeitou, na esperança de que a própria criação será redimida do cativeiro da corrupção, para a liberdade da glória dos filhos de Deus. Porque sabemos que toda a criação, a um só tempo, geme e suporta angústias até agora. E não somente ela, mas também nós, que temos as primícias do Espírito, igualmente gememos em nosso íntimo, aguardando a adoção de filhos, a redenção do nosso corpo. Porque, na esperança, fomos salvos. Ora, esperança que se vê não é esperança; pois o que alguém vê, como o espera? Mas, se esperamos o que não vemos, com paciência o aguardamos. (Rm 8.18 – 25)

Isto é bastante para fazer até de nossa vida ordinária um antegozo da revolução extraordinária que está prestes a chegar.

Depois do corriqueiro: antevendo a revolução

Exercício

1. Como a esperança extraordinária da redenção final revela nova luz sobre a nossa vida corriqueira de aqui e agora?
2. Como cristãos, vivemos a tensão entre o "já", mas "ainda não". O que isso quer dizer? É relevante e prático para nossa vida diária?
3. O que você faria se soubesse que Jesus voltará hoje? Por quê?
4. Será a morte uma vocação? Se for, como isso redireciona nosso pensamento quando a viver a cada dia?

FIEL
MINISTÉRIO

O Ministério Fiel visa apoiar a igreja de Deus, fornecendo conteúdo fiel às Escrituras através de conferências, cursos teológicos, literatura, ministério Adote um Pastor e conteúdo online gratuito.

Disponibilizamos em nosso site centenas de recursos, como vídeos de pregações e conferências, artigos, e-books, audiolivros, blog e muito mais. Lá também é possível assinar nosso informativo e se tornar parte da comunidade Fiel, recebendo acesso a esses e outros mate- riais, além de promoções exclusivas.

Visite nosso site

www.ministeriofiel.com.br

Esta obra foi composta em Arno Pro Regular 13.7, e impressa
na Promove Artes Gráficas sobre o papel Pólen Natural 70g/m²,
para Editora Fiel, em Outubro de 2024.